作文课的味道

听黄厚江讲作文

Zuowenke de Weidao
Ting Huang Houjiang Jiang Zuowen

黄厚江 著

大夏书系·语文之道

华东师范大学出版社
ECNUP
全国百佳图书出版单位

序 学问深处是性情
——记"语文农夫"黄厚江

我的师父黄厚江老师常自称是"农民的儿子"。这其实不是自谦,我猜想,他内心对此大约有些小小的自得。在城市化、工业化进程加快的今天,农民正变得越来越少。做个好的农民其实不易,需要通晓时令节气,了解农作物习性,听得懂布谷鸟的叫声,看得懂天气阴晴,懂得依时而为、顺性而施。师父出身于农民家庭,高中毕业后务过几年农,是生产队里干农活的好手。农民的出身加上务农的经历,成就了师父一生不变的质朴底色。

"最不像专家的专家"

师父外出讲学,常常穿一件冲锋衣,蹬一双休闲鞋,挎一只小背包,普通得如同上街买菜的邻家大伯。有老师打趣,形容他是"最不像专家的专家"。师父如农民般质朴,这份质朴中带着些倔强。他看不惯花里胡哨的语文教学流派招式,认为语文应以本色、自然的面目示人。在语文教育这块土地上,他就像个朴实本分的老农,执著倔强地守护着自己的园子。

听过师父讲座的老师,都会被他诙谐、幽默的语言感染。他总爱用通俗的比喻将深奥的理论表达得浅显易懂,让人听后难以忘记。他常用的比喻,也散发着农民的质朴气息:"语文是农业,用太多化肥不好。""本色语文就像农民种地,要在自己的地里种自己的庄稼,不要种了别人的田,荒了自己的地。""理想的语文课堂应该是:在种菜中喜欢种菜,在种菜中学会种菜。"……质朴平易的表达中蕴含着大智慧、大学问。师父"高而能下",通晓教育、教学理论,但不玩空洞的概念，不作无意义的理论建构，而始终匍匐于大地，以最原始的方式躬耕于田野，坚持自己的行动研究。

师父非常尊崇叶圣陶先生，潜心学习叶老的语文教育思想，从中汲取了丰富的营养。他常常提起叶老当年办过的一个农场——"生生农场"。叶老让孩子们在农场里自己种菜、种瓜。师父认为，叶老的"生生农场"，其意义不只是优秀的生活教育、劳动教育的范本，更是叶老教育理念的生动诠释。如果将叶老办农场的教育思想迁移到语文教学上来，就是让学生在实践中喜欢语文，在听说读写中发展能力。

"带着作文的种子进课堂"

师父本色、质朴的语文教学思想与实践，影响我至深。近几年，他潜心研究中学写作教学，成果颇丰。关于写作教学，他的一个重要理念是教师要"带着作文的种子进课堂"，主张作文教学应作用于学生的写作过程。正如农夫耕作，选好一粒种子，播进土壤，给它合适的养料后，还在关注着它的萌芽破土，直至长成主干、展开分枝、生出绿叶。

师父的作文课常常围绕一条主线分层推进，既有纵向深入，又有横向拓展，条理清晰，逻辑严密。其中，选好教学生长点是第一关键。师父认为，好的教学生长点，就像一粒好"种子"，是工具性与人文性的统一、生长性与操作性的统一，是开放的、有生机的，能够激发学生的写作冲动和表达欲望。这粒"种子"，可以是学生的习作、故事，也可以是教师的亲身经历或随笔文章，还可以是贴近学生生活的时事、美文。

选好"种子"后，如何用其来催发、培育学生的写作激情，也大有学问。我发现，师父在教学中很善于创设情境或设置矛盾，为学生提供一个"写作场"。如《写出人物的特点》一课，师父将自己"奉献"出去，做学生写作的"模特"；再如《写出特别之处背后的故事》一课，他选用了内蒙古作家鲍尔吉·原野的《雪地贺卡》一文。这样做，总能让学生有话可说，有话可写，并且会说得越来越精彩，写得越来越漂亮。同时，师父又善于借助矛盾追问，让课堂具有饱满的张力。

听师父的作文课，我常常联想起《明湖居听书》中对王小玉声音的描写，常常会有"愈翻愈险，愈险愈奇"之感。在对课文的解读上，师父总能翻出新意，让学生愈发主动，生成愈发精彩。师父的课堂语言亲切自然，似与学生聊天，使学生不知不觉受到感染、熏陶。聊天中，他常常笑眯眯地倾听学生的发言，不动声色地追问、质疑、补充，带着学生往更深处思考。在这种宽松、愉悦的氛围中，学生的言说欲望被激发，种下去的写作与表达的"种子"，由此获得了源源不断的生长动力。听师父的作文课，无论是上课学生还是听课老师，总会深深沉浸在课堂中，忘记了时间的流逝。

"一切妙境皆共生"

好的农夫不会将优质的种子私藏起来，而是会拿出来与人分享。师父就是这样的好"农夫"。

有一次，我执教一节作文公开课《学会具体分析》，请师父点评，师父作了中肯的点评后，对我这节课所使用的材料之一——一句非洲谚语，非常感兴趣，思考了良久。隔了没几天，他邀我到苏州中学听他上一节作文课。我一听才发现，这节课所用的材料与我那节课的完全相同，所教的内容却完全不同。师父的课堂，围绕那句令他深思的非洲谚语"一个人可以走得很快，但不可以走得很远，只有一群人才能走得更远"展开。第一环节，师父让学生谈谈愿意选择一个人走还是一群人走，并说说理由；第二环节，他根据学生在第一环节选择的观点分组，让大家尝试否定对方的观点，证明自己的观点；第三环节，他引导学生跳出二元对立的思维定式，想想有没有其他可能；第四环节，他提示学生回看题目，结合快与慢、远与更远两组矛盾，再次解读一个人走与一群人走的关系。整节课，学生的思维火花不断迸发，说得越来越好，连听课的我都感觉到思考的快乐与畅快言说的喜悦。听完课，我与师父说起感悟，他笑称，这节课的一些设计还是受我那节课启发，这便是"一切妙境皆共生"。

唯开放才能革新，唯革新才能共生。师父虽然是名师、大家，但他不端架子，始终以一种谦卑的姿态待人处世、做学问。他琢磨出一节新课来，便像农夫培育出新品种般喜悦，常常招呼我们这些徒弟前去观课、磨课。有一次，我和几位同门连听了师父的两节课，一节教作文，一节教现代诗。课后，我们围坐在一起谈语说文，毫不客气，有一说一。师父在一旁笑眯眯地"洗耳恭听"。那幕场景，可谓"共生妙境"也。

学问深处是性情。跟随师父学习的时间愈久，愈能发现他为人的性情与趣味。这些日子，师父正创作一部长篇小说，情节、人物煞是动人。师父爱拉着熟人，一遍遍讲述小说里的故事。其情景之有趣，颇像一位耕作有成的农夫，守着即将丰收的庄稼，拉住路过的乡邻，兴奋地絮叨着。是的，当劳作成为一种审美活动，成为自己的志趣所在，即便辛劳也是甘甜的。恰如汪曾祺先生在果园里开心地喷着波尔多液，搭着葡萄棚，劳作已成为一种享受，我的师父黄厚江，就是这样一位快乐的农夫，他挽着裤腿，赤脚走在语文的田埂上，播种语文回归的希望……

江苏省苏州市工业园区教师发展中心教研员　徐　飞

2015年2月2日

目 录

第一章　作文指导课

第 1 节课

☞ **教学实录**

　　3 ｜ 记叙文中的描写

☞ **听课者说**

　　13 ｜ 经验型评价：共生课堂的催化剂

☞ **学生习作**

　　17 ｜ 丢

第 2 节课

☞ **教学实录**

　　19 ｜ 写出人物的特点

☞ **听课者说**

　　28 ｜ 让作文课成为一个写的过程

☞ **学生习作**

　　33 ｜ 认识黄厚江老师

第 3 节课

☞ **教学实录**

　　35 ｜ 主题的提炼与角度的选择

☞ **听课者说**
　40 | 生长性：语文共生教学的本质特征

☞ **学生习作**
　44 | 身后的目光

第 4 节课

☞ **教学实录**
　46 | 议论性材料的分析与立意的选择

☞ **听课者说**
　53 | 共生写作教学的原点与拐点

☞ **学生习作**
　56 | 梭罗的小木屋

第二章　作文评讲课

第 5 节课

☞ **教学实录**
　63 | 让观点更鲜明

☞ **听课者说**
　68 | 聚焦和裂变：作文评讲课的共生追求

☞ **学生习作**
　72 | 一万个人眼中就应该有一万种风
　73 | 人身如舟心是风

第 6 节课

☞ **教学实录**
　75 ｜ 记叙文故事情节的展开

☞ **听课者说**
　85 ｜ 打开写作教学的"黑箱"

☞ **学生习作**
　89 ｜ 牵动内心的声音

第 7 节课

☞ **教学实录**
　91 ｜ 用情节表现主题

☞ **听课者说**
　98 ｜ 半成品写作：作文评讲的一种好形式

☞ **学生习作**
　100 ｜ 寻　找

第 8 节课

☞ **教学实录**
　102 ｜ 用"感激"唤醒"感动"

☞ **听课者说**
　105 ｜ "唤醒"的不只是"感动"

☞ **学生习作**
　108 ｜ 感　动

第三章 能力训练课

第 9 节课

☞ **教学实录**
117 | 写出特别之处背后的故事

☞ **听课者说**
127 | 读写不仅仅是一种"结合"

☞ **学生习作**
131 | 快乐男孩

第 10 节课

☞ **教学实录**
133 | 材料的理解和叙述

☞ **听课者说**
148 | 作文课应该是个训练的过程

☞ **学生习作**
152 | 返璞归真,去伪存真

第 11 节课

☞ **教学实录**
154 | 议论文思路的展开

☞ **听课者说**
161 | 共生共长,让思想开花

☞ **学生习作**
164 | 智慧是知道自己的季节

第 12 节课

☞ **教学实录**
166 | 格言的改造和思想的提炼

☞ **听课者说**
174 | 思想之花是这样绽放的

☞ **学生习作**
181 | 不自由,也别死

第四章　写作理念课

第 13 节课

☞ **教学实录**
191 | 一则材料的多种使用

☞ **听课者说**
201 | 一节带给我们全新感受的作文课

☞ **学生习作**
205 | 我的山羊伙计
206 | 致梅津采夫园长书

第 14 节课

☞ **教学实录**
208 | 在别人的树上开自己的花

☞ **听课者说**
214 | 每节写作课都是一项微课程

☞ 学生习作
222 | "你们的英文很棒！"

第 15 节课

☞ 教学实录
224 | 自我提升和再度作文

☞ 听课者说
235 | 让学生在自悟中学习写作

☞ 学生习作
238 | 嵇康人生：凤头·猪肚·豹尾
240 | 规　　则

245 | 附录　共生写作教学的基本认识及操作要领
257 | 后　记

01

第一章
作文指导课

第 1 节课

教学实录

记叙文中的描写
——写一件事

师：上课，今天我们上一节作文课。

师：先问一个问题，大家丢过东西吗？（学生思考，点头。）

师：有没有人从来没有丢过东西？（学生摇头）

师：有时候，东西丢了能丢出一篇好作文，就看你会不会写。现在你说说（指身边一位同学），哪个东西丢了你最心疼，并且印象很深。

生：磁铁。我把它带到学校里，对着篮球架往上扔，结果它吸在上面了。（生笑）

师：你眼看着它却拿不到了，就是没办法。

师：还有没有谁丢了东西？女同学说说看。

生：我丢过手机。（另一同学说，是的。）

师：哦，你也知道的。

师：（接着问）你丢了什么？

生：小学的时候我丢了从商店新买的东西。

师：是什么东西？

生：就是一个水晶球。

师：女孩子玩的，我小时候不玩。（师生同笑）

师：看来大家已经一一想起来丢的东西是什么了。现在能不能把你丢掉的东西描述一下，让我们一读就知道是个什么样的东西，并且知道你自己很喜欢？

请大家描写一下你丢的东西（师板书），有两个要求：一是写出事物的特征，二是表现你的感情。给大家3分钟时间，看谁3分钟就能写出来。

（学生写作文）

师：3分钟时间到，如果有一句话没有写完可以赶快写完整，其他的内容想到了还没有写的，可以先留一留，等一下听听其他同学写的以后再补充。有的同学一句话都没有写，有的写了半句。听听人家怎么写，就知道怎么写了。

师：有没有同学主动交流的？——啊，有些同学还在拼命写！（生笑）

（师就近拿起一位同学的文章读：我丢了一个磁铁，它长二厘米，宽二厘米，厚二厘米，白色。）

师：（问同位）这篇文章如果10分你打几分？

生：2分。

师：这个分数让人很心寒，但也很有道理。

师：（问写作的同学）服气吗？

生：服气。

师：大家想想为什么只得2分。

生：黄老师要求描写，而他这个不是描写。

师：（又读一遍刚才学生写的内容）这个是不是描写？

生：不是。

师：对，这叫什么？这叫作说明。我为什么第一个评点他？因为一开始写，我就知道他错了。我看到他拿个小尺子在那里一边量一边写。记叙文中的描写能这么写吗？不能。如果让你描写妈妈，你拿尺子量一量，说，妈妈的脸长20厘米。（生大笑）

师：描写和说明有很多相似的地方，都要写出事物的特征。但是说明表达出的特征很客观，描写要更主观一点，是不能去量的。

（师读第二个同学的作文：我丢过一本最心爱的本子，这本子是一个同学送的，天蓝色，看着十分淡雅。封面上还有一艘小舟缓缓驶过，荡起阵阵涟漪。那个本子的底页上还有同学写给我的留言呢。）

师：（问同位）你给这个学生打几分？

生：9分。

师：眼光很准，这个物品描写得很详细。

师：你为什么扣一分？

生：封面上还可以写一点东西。我觉得可以把景物描写得更细致一点。

师：有没有同学有不同意见？

生：我觉得留悬念比较好，不要太具体。写得太具体，人家不想看。

师：你的观点我比较赞同。封面已经有风景，我们不需要通过想象写得更丰富。但是你说的悬念呢也不需要，悬念需要在写故事的时候用。——这个东西只要你喜欢就行。我觉得再添加风景，还不如描写自己经常摸着这个封面留下的痕迹，或者写作业时洒在上面的油渍或者什么，让我们感觉你对这个本子记忆深刻，也说明你很喜欢它。

师：我来看看你的，你对人家那么挑剔，你自己写得怎样呢？我想一般评点得好，就写得好。

生：我曾经珍藏过一支新加坡制造的笔，之所以说它珍贵是因为它是我最好的一个朋友送的。那支笔是粉红色的，顶端还有一个新加坡的狮子，十分小巧，那支笔笔头可以伸缩，一写字笔身就会发出紫色的荧光。

师：（问同位）她写得好不好？

生：好。

师：好在哪里？

生：形状特征描写出来了，顶端有新加坡的标志——狮子等。

师：你打几分？

生：8分。

师：2分扣在哪里？

生：她还可以描写得更细致。

师：可以细在哪里，你有没有想好？（生思考）

师：没想到没关系。因为你和这个笔之间没有什么感情。（转头对写文章的这位学生说）其实你对这支笔的喜爱，还可以表现在你使用这支笔时的感觉，比如用得很顺手，用它做作业特别爽，用笔时很开心等等。

师：几位同学都写得不错，写出了这个东西的特征，也写出了对这个东西的感情。

师：在记叙文里面能把一个东西的特征描写好，是非常重要的。把故事写得具体，善于在叙述的过程中抓住事物的特点，把它描写出来，并表达出对这个事物的喜爱，这是写好记叙文非常重要的一个要求。问题是一篇记叙文最主要的常常并不是描写一个物体。如果写一篇丢东西的作文，那么还可以描写什么内容呢?

生:写它丢的过程。

师:写丢的过程,常常是叙述,就是把事情的来龙去脉说完整,说具体。写记叙文,这也很重要,但仅仅如此还比较单薄,也比较单调。所以我们强调在写丢东西的过程中,还要有描写。大家觉得除了描写丢掉的东西,还可以描写什么呢?(问靠近的一个同学)你还会描写什么?

生:写丢的过程中的事情。

师:写什么内容呢?

生:心情。

师:一般都是写心情。主要是什么样的心情呢?

生:着急,烦躁。

师:写记叙文善于描写是很重要的,描写心情又是最常见的内容。能把心情描写得很细致,是非常重要的写作能力。现在请大家写一段心情。回想当初丢东西的情景,看能不能把丢了心爱的本子和笔的心情写出来。写得越细致越好,越丰富越好。

动笔写的时候先好好想一想,回顾一下当时是什么样的心情。想得细才能写得细,想得丰富才能写得丰富。

(学生描写心情)

师:好的。现在我们开始交流。看有没有同学能把急躁和烦恼的心理写得很细致的。

(师拿起一位同学的本子读起来:我看到磁铁下不来,心里很是着急,心想这下子完了,有什么办法能把它弄下来呢?我心里很后悔,为什么扔上去呢?现在好了,我长得不高也够不着,但是不把它拿下来,我的心情又平静不下来,虽然没有人责备我,但是我责备我自己。这是我心爱的磁铁啊!我想找老师,但我想他也不会理我,毕竟是我自己弄的。)

师:(问同学)这段描写你打几分?

生:7分。

师:好在哪里?

生:真实细致。

师:很专业。3分扣在哪里?

生:比较啰嗦。

师：(问写作的同学)你服不服气？

生：服气。

师：我觉得你真是老实。我替你感到不服气。我觉得这段描写至少可以得9分。(转身对评点的那位同学说)你这位同学有些太"残忍"了，要求太苛刻了。(生笑)

我为什么打9分？我觉得不是啰嗦，而是细致。描写就是要细致。他虽然只是主要从一个角度写烦躁着急，但是他写出了变化。描写心理是记叙文很重要的办法，而描写心理就是要细致，能写出变化则更好。大家看哦。"我看到磁铁下不来，心里很是着急，心想这下子完了，有什么办法能把它弄下来呢？"——这是着急。"为什么扔上去呢？现在好了"——这是自责。"我长得不高"——即使长得像黄老师这么高，也够不着——这是无助。(生笑)"不把它拿下来我的心情又平静不下来，虽然没有人责备我，但是我责备我自己"——这是矛盾。"这是我心爱的磁铁啊！我想找老师，但我想他也不会理我，毕竟是我自己弄的"——这是纠结。这些都是非常好的心理描写啊。

师：你的呢，我来读一读，这位丢了笔的同学。看看她的心理描写。

(师读：那是一个炎热的下午，和往常一样。当我想拿出笔做作业时，却发现那支笔被我丢了。那可是我最心爱的笔啊。我回想起上午发生的事，几个同学到我家玩。会不会是小红偷的呢？不可能。会不会是小洁偷的？更不可能。我昨天什么时候用了？我记得我昨天第一节课还用来着，可是却怎么也找不到了。我心里忙乱起来，一滴滴豆大的汗珠从滚烫的脸颊滚下来。窗外那只嘶哑的蝉又在鸣叫了，使我愈加烦躁。)

师：你是他的同桌，说说你的看法。

生：10分。

师：你这个马屁拍得没有水平。这难道是完美无缺的作文吗？拍马屁没有标准没有艺术就不好了。(生笑)

师：同意打10分的举手。(一部分人举手)

师：这篇文章的确写得很好。但能不能得满分呢？我们一起来看一看。"那支笔被我丢了。那可是我最心爱的笔啊。我回想起上午发生的事，几个同学到我家玩"——这是回想，首先要将自己放到情景中去。"会不会是小红偷的呢？不可能。会不会是小洁偷的？更不可能"——写猜测。两次猜测写出了心理活动的丰富。里面有个词我建议换一换,我觉得"偷"要改成"拿"才好。孔乙己都说读书人窃书不为偷。同学们之间用"偷"这词是不是有点刺眼?当然我是建议,大家再推敲。"我心里忙乱起来,一滴滴豆大的汗珠从滚烫的脸颊滚下来",这是不是心理?

生:不是,是表情。

师:但我觉得可以表现心理啊,一般人紧张起来都会流汗,写流汗可以写出心理紧张啊。

"窗外那只嘶哑的蝉又在鸣叫了,使我愈加烦躁",这是不是心理?窗外的蝉在叫,是在写心理吗?

生:是的,也是心里烦躁的表现。

师:是的。这些是通过环境写心理。真的不容易,写得这么丰富。看来要扣分还不容易。不过黄老师吹毛求疵提一个问题,就是心理变化还不够。比如先怀疑一位同学,然后一想这不可能啊,她可一直很诚实啊;再一想可能是另一个人,可是一想也不可能啊。——这样多一些变化的层次是不是更好?

(那位同学点头,其他同学也点头。)

师:有没有同学主动愿意交流自己的写作的?这个机会很难得啊。(生没有举手)

师:没有人愿意?那好吧。其实,把心理写丰富,这篇写丢东西的作文就有了一个很好的基础。如果还要描写,大家看除了描写丢了的东西,除了描写丢了东西的心情,还可以描写什么呢?

生:写丢东西以后发生的事情。

师:写什么事情呢?

生:丢东西以后事件的发展。

师:怎么发展呢?

生:写丢东西以后的语言行为。

师:描写丢东西以后的语言行为,那就是写找来找去找不到,连找五个地方找不到吗?这样写好不好?

(学生大多数摇头,也有人在犹豫。)

师:你们东西丢了找不找?(问靠近的一个学生)

生:不找。

师:这是要批评的。这太不懂得珍惜了,而且也写不出好文章。

师：(再问一个学生)你东西丢了找不找？

生：找。

师：怎么找？

生：到处找。

师：对，到处找，找不到，就不找。对吧？（生笑）是的，我知道，有些同学东西丢了找也不找，反正老爸有钱，再买呗。我刚才已经批评了。大家要懂得珍惜。这样才能写出好文章。我也知道有些同学找一找，找不到就不找了。这似乎可以理解，我们总不能整天就想着那个丢了的东西。但从写文章的角度讲，这样处理就过于简单了。描写事件的过程，也要善于写出变化还有矛盾。大家动脑筋想想，找的过程中会有什么样的矛盾呢？例如刚才那个女同学，你怀疑那两个女同学拿了你的东西，你有没有问她们？

生：没有。

师：为什么不问？

生：这……

师：假如你问，她们会高兴吗？

生：不高兴。

师：对了，这就是矛盾。生活中，我们或许并不适宜这样直接问，但写文章有时候是要故意激化矛盾的。这个矛盾首先就是和别人的矛盾。你可以想一想，你问了，她们会有什么样的表现，会有什么样的表情，她们的态度会不会有不一样的地方。这样一想，文章就丰富了。

师：还有什么矛盾？写事件发展的过程，要描写人的行为和态度的变化，更要把矛盾写出来。大家想一想，丢了东西除了会和怀疑的人形成矛盾，还会和谁形成矛盾？

（学生思考）

师：有没有办法发现寻找过程中其他的矛盾？

生：和自己。

师：和自己过不去？怎么过不去？后悔？自责？那是心理描写。当然也非常好。

生：摔东西。

师：很好啊。这也是一种矛盾。甚至有人还会揪自己一把，拍一下脑袋。这都是一种自我矛盾的行为。再想想，你丢了东西以后怎么办？（问一问同学）

生：我丢了一只小猫。天已经很晚了，我在想到底是回家等还是继续找。

师：你说的也是自己和自己的矛盾，是找还是不找的矛盾，是心理矛盾。

师：你们丢了东西，爸爸妈妈是什么态度？

生：不敢告诉妈妈。

师：不告诉？可是毕竟纸包不住火啊。如果告诉了，或者说如果妈妈知道了会怎么样？

生：会发火。

师：对啊，为什么不写妈妈发火呢？就写和妈妈的矛盾啊——作文中就是要把这个矛盾凸显出来。

师：你瞒着妈妈，妈妈肯定火了。你妈妈发火是什么样的表现？

生：骂！还会嘲讽我。脸色难看得不得了。

师：太好了！（生笑）你就描写妈妈的嘲讽，妈妈难看的脸色。她肯定说："早叫你小心，你不听。我就知道你买手机早晚会丢掉。"（生笑）你妈妈对你火了，你爸爸是什么态度？是一起对你火，还是对你妈妈火？

生：对妈妈火。

生：一起对我火。

生：坐山观虎斗———一点也不火。

师：这就好玩了！（生笑）你妈妈火了，或者说，你爸爸妈妈都火了，你什么态度？敢不敢对火？

生：不敢。

师：那怎么办？

生：一个人在房间里生闷气，作业也不想做。

师：还气得把作业摔在桌子上，嘴里还叽叽咕咕。对吧？当然是妈妈看不到的时候。我当年就这样。（生笑）有没有人敢和老妈对火的？

生：我敢。

师：你胆大！怎么对火？说来听听。

生：我说她就是马后炮，是幸灾乐祸，落井下石，别人难过、后悔的时候还这样说话！

师：我估计你当时脸色一定很难看。敢跟妈妈发火可不好。可是在记叙文中写出这样的矛盾，是非常好的。我们在记叙文中把事物的特点描写出来了，把心理变化写出来了，把人与人之间的矛盾和冲突写出来了，这一定是一篇非常优秀的记叙文。

现在黄老师要对你们提出更高的要求，让你们动脑筋了。大家想一想，描写事物的特点，描写人物心理变化，写出人与人之间的矛盾和冲突，这三个内容能不能融合在一起写？比如描写心理变化的时候，能不能描写丢掉的东西呢？认为能的举手。（生举手）

师：把三者融合起来写，不仅能，而且非常好。比如描写心理变化的时候，可以描写丢掉的东西，在写矛盾冲突时可以写自己的心理。有谁能试一试？

生：我认为，在写人物冲突时也可以描写丢掉的东西。比如我在寻找的过程中，可以去问别人有没有看到，有没有拿，这时我也可以想象丢掉的东西就像在眼前，就好像已经回到了我身边。

师：大家觉得能不能？

（部分学生回答：能。）

师：的确是能。当然，一样的道理，写心情的过程中也描写丢掉的东西，总是在眼前反复出现，那个笔上的小狮子好像在眼前跳着……写言行冲突的过程中能不能写心情？（生举手认为能）

师：肯定能。你说说看怎么写？

生：比如描写和妈妈的矛盾，写妈妈责怪的过程中可以写自己的心理，同时也可以写自己似乎觉得丢掉的东西在什么地方等着自己。

师：非常好。你这个已经是三个描写内容同时交融了。在记叙文中描写不同的内容交融，会使文章更加具有表现力。

同学们一定要记住，记叙文没有描写就是流水账，作文要描写的地方都是重点，有描写就有重点，就有详略。但是大家想一想，能不能不管什么内容都要细致描写呢？

生：不能。

师：当然不能。但应该根据什么呢？哪些内容需要描写呢？

（生思考）

师：其实，一个人是不可能不丢东西的，但如果能从丢东西的事情中懂得了一个道理，这个东西丢了也就值了。

师：（问一个学生）你丢东西之后有没有想到一个什么道理？

生：东西不要随便乱扔，如果是喜欢的东西就要好好保存。

师：是的，好东西要珍惜。什么时候才知道珍惜？

生：失去了才知道珍惜。

师：你们有没有丢了东西又找到的？找到之后感觉怎么样？

生：失而复得愈加可贵。

师：丢的东西越多，懂得的道理就越多。我小时候丢了一张和最好的朋友的合影，是不是照片很有用？

生：不是。

师：也许重要的不是丢掉的东西，而是相关的因素，常常是一份感情，是一份记忆，是一份友情。

师：你的本子丢了怀疑了谁，如果去问，你想想本来是好朋友的，肯定做不成朋友了。丢掉的不是东西，丧失的是一份——

生：友谊，还有友情。

师：我们这里不是德育课，但是道理不能不讲。从生活角度看，这是我们要懂得的做人的道理。这在文章中就叫作——

生：主题。

师：是的，文章中什么地方要好好描写，是由主题决定的。例如表现好东西要珍惜，重点要描写哪些内容？

生：要好好描写那个东西有价值。

生：描写我对那个东西的喜欢。

师：还应该描写一下扔之前的侥幸心理。如果要写失去的东西才可贵，要描写什么呢？要表现失去的才知道珍惜，应该重点描写什么？

生：言行。

师：什么言行？

生：对东西不太在意，总是随手扔。

师：妈妈提醒，还嫌妈妈啰嗦。如果写丢了东西伤害了朋友呢？

生：写言行，写矛盾。

师：写对朋友的怀疑，写对朋友的质问。

总之，写记叙文一定要描写，要细致描写，要能写出事物的特征，写出自己对事物的感情，写出心理的变化，写出人物之间的矛盾，但更要注意，一定要围绕主题进行描写，重点描写那些能够表现主题的内容。

今天这节课就上到这里。作业是根据今天课堂的内容以"丢东西"为话题写一篇记叙文。记住一定要有描写，要通过描写表现主题。

好的，下课。

听课者说

经验型评价：共生课堂的催化剂

江苏省苏州工业园区星港学校　王婷婷

"教师课堂评价就是指教师在课堂教学过程中，为了判断学生的学习情况，了解自己的教学效果，促进学生有效的学习，而对学生的学习信息包括学习方式与行为、学习态度与情绪等的采集、分析与利用。语文课堂上的教师评价语言就是发生在语文课堂上的语文教师对学生做出的评价性语言。"

据有关调查数据显示，根据评价方式，教师的评价语言一般可以分为如下几种：引导性评价、矫正性评价、激励性评价、表扬性评价和批评性评价。而根据评价的对象，又可以将它们分为知识的评价、能力的评价和情感态度的评价。

不难发现，根据评价方式和评价对象的不同，语文教师应该在课堂上使用不同的评价语言。当然什么样的评价语言是最有效的，最切合课堂实际发展的，就要看语文教师本身的教学经验以及对课堂的把握能力了。因此我认为在一般评价方式之外的教师经验型评价尤为重要，教师的经验型评价甚至可以成为共生课堂的催化剂。

我们知道，只有教师主体或者只有学生主体的教学，或者两个主体分离对立的教学，肯定不是理想的课堂教学。作文教学尤其如此。黄厚江老师的作文课《记叙文中的描写》让我对师生共生课堂的理解进一步加深。好的作文课固然需要有具有生长可能的教学设计作为支撑，然而实际教学过程中老师细致有效的经验型评价是课堂师生共生、生生共生的重要保证。

下面我就以黄老师的这节《记叙文中的描写》为例，谈一谈我对共生课堂经验型评价的一点体会。

一、将学习的知识经验化，让课堂评价激发学生的学习感悟

黄老师的这节作文课一开始便从生活中挖掘细节，让孩子们具有了情感提升的可能性。丢东西，每个人或多或少都经历过，创作的激情一下子被撩拨起来。先看第一处例子。"我丢了一个磁铁，它长二厘米，宽二厘米，厚二厘米，白色"，这是一个孩子的答案，话音刚落，同学们几乎笑成一片。黄老师不紧不慢地先请另一位同学来点评，随后毫不犹豫地对表达方式"描写"和"说明"进行了有效区分——"描写和说明有很多相似的地方，都要写出事物的特征。但是说明表达出的特征很客观，描写要更主观一点，是不能去量的"。这个评价既肯定了学生写出了事物的客观特征，同时又指出了容易混淆的两种表达方式——"描写"和"说明"在语言运用上的区别。尤其是黄老师幽默的语言"如果让你描写妈妈，你拿尺子量一量，说，妈妈的脸长20厘米"，让孩子们在欢笑声中立刻就能明确地感受到描写应该带有情感的表达。

再来看第二处例子。第二位同学写道："我丢过一本最心爱的本子，这本子是一个同学送的……封面上还有一艘小舟缓缓驶过……那个本子的底页上还有同学写给我的留言呢。"黄老师依旧请其他同学打分点评。在点评的过程中，有同学提出关于"想象"和"悬念"的尝试。一般情况下，老师的评价往往会止步于"想象"不属于描写的范畴，"悬念"也不适合用在此处等常规性评价，然而黄老师却一针见血地指出"悬念需要在写故事的时候用"。这样的评价有一种让学生豁然开朗的感觉，他们能明确感受到我们现在用的写作方法是描写，是将一件物品描写得具体生动且具有情感，不是在讲故事。而设置悬念的用意是在于让故事更生动，更有吸引力。这样的评价对学生能正确运用写作方法是有明确指导意义的。

二、将学习的要求经验化，让课堂评价激发学生的写作欲望和写作激情

黄老师在《共生写作和再生作文》(发表于《中学语文教学》2012年第1期)一文中这样阐述共生写作教学的意义：共生写作教学，对于激发学生进入写作主体具有显著的效果；可以使作文教学中教师和学生两个主体互相激活、高度融合，使作文教学进入一种理想的状态。可见，老师应该积极地参与到学生的写作活动中，甚至可以用自己的写作体验、写作经验激发学生的写作欲望和写作激情，有效评价引导学生的写作。

例如，黄老师在这节课中的这两段评价："我觉得再添加风景，还不如描写自己经常摸着这个封面留下的痕迹，或者写作业时洒在上面的油渍或者什么，让我们感觉你对这个本子记忆深刻，也说明你很喜欢它。""其实你对这个笔的喜爱，还可以表现在你使用这个笔时的感觉，比如用得很顺手，用它做作业特别爽，用笔时很开心等等。"这些句子里面包含的"我觉得""还可以表现在"等都说明了共生作文教学中的有效评价是带着教师的个人经验性的。在作文教学中，常常让学生参与到教师的写作活动中，教师也常常参与到学生的写作过程之中。这种互融相通应该就是共生写作教学的基本内涵，而教师的经验性评价往往是这种互通的催化剂。

三、将教学的结论经验化，让课堂评价成为新的教学环节的生长点

我们在教学过程中特别反对结论教学，黄老师就曾经说过：缺少教学过程和学习过程，简单传递结论、记忆结论是语文教学低效率的重要原因。而作文教学的结论化则更为严重。然而在实际教学过程中，不得不承认和关注到的一点是，我们必须给自己的课堂教学过程下几个"结论"，从而让教学过程像"一台节目"一样串起来。因而教学过程中的下结论恰恰体现了一个教师对课堂的敏锐度和掌控能力，而这些结论又能巧妙地变成下一个教学环节的生长点。以这堂作文课为例，黄老师在教学过程中一共下了如下几个结论：

① 善于在叙述的过程中抓住事物的特点，把它描写出来，并表达出对这个事物的喜爱，这是写好记叙文非常重要的一个要求。

② 把心理写丰富，这篇写丢东西的作文就有了一个很好的基础。

③ 描写事件的过程，也要善于写出变化还有矛盾。

④ 写文章有时候是要故意激化矛盾的。这个矛盾首先就是和别人的矛盾。

⑤ 记叙文中描写不同的内容交融，会使文章更加具有表现力。

这些结论看似是黄老师对教学环节的一个总结，实际上更多的是对学生进行的作文经验的指导和启发。举第四个结论为例：写文章有时候要故意激化矛盾。黄老师一直说：有矛盾，故事才精彩。这个就像是一部戏剧，有戏剧冲突，有人物矛盾，故事才有意思。本节课里，黄老师不仅引导学生感受"丢东西"之后可能会出现的矛盾关系，同时自己也是一个"课堂矛盾的挑起者"。例如，当一位孩子写出"丢磁铁"时的丰富的心理矛盾时，同桌对他的评价只有7分。这位同学也欣然接受了这一评分，黄老师却说："我觉得你真是老实。我替你感

到不服气。我觉得这段描写至少可以得 9 分。""你这位同学有些太'残忍'了，要求太苛刻了。"这样的评价不仅让我们看到了一位真实幽默的黄老师，也让我们感受到有"矛盾冲突"的课堂多了几分"百家争鸣"的乐趣。黄老师微笑着善意地激起了学生的思维矛盾，也用自己的经验评价了那位"丢磁铁"的同学丰富的心理活动。其他同学也跃跃欲试，想展现一下自己的写作成果！"丢磁铁"的同学更是对自己的作文增添了自信，原来"我"也可以写出如此细致如此丰富的心理活动呀！这样的课堂评价有效地刺激着学生的思维，无疑会成为下一个教学环节的良好生长点。于是"丢东西"后自己心里的矛盾、同学之间的误会、妈妈的嗔怪等等有意思的矛盾都被"撩拨"出来了，孩子们进一步感受到了记叙文中丰富的心理活动描写。

　　黄老师的这节作文课，首先要求学生抓住事物特点和对事物的情感，这是本堂作文课的"破土阶段"，学生有了创作的素材和欲望，也就让课堂的"萌芽"有了可能。接着，黄老师又积极地引导学生写出丢东西的心理，并对其中两位学生丰富的心理活动描写作了精当而有趣的点评，这是本节课的萌芽阶段，孩子的思维被老师渐渐激活，内心世界开始丰富起来。后来黄老师又试着让心理活动升华，"我们总不能整天就想着那个丢了的东西。但从写文章的角度讲，这样处理就过于简单了。描写事件的过程，也要善于写出变化还有矛盾"，他敏锐地关注到了学生写作过程中的发展状态，共生写作呈现出积极开放的情态，也让学生具备了相当大的可塑性。从不完善到完善，从共生到生长，教师的有效评价让两个主体交融、互动、共生，这也是教学高效率、高境界的重要标志。

　　曾经在黄老师的《"共生"与"对接"——共生写作教学再论》一文中看到了李卫东老师《开往远方的列车》这一师生共生、生生共生的经典案例，很是感动。其实，我们和孩子们上课时轻松的谈话甚至是幽默的打趣，都是一种和谐而温暖的共生。了解学生，了解学生最真实的感受，才能有共生。而教师对孩子们下意识的课堂评价就是课堂共生成长的最好催化剂。

　　以往，我们很多老师的作文指导就是教给学生写作知识，作文批改和作文评讲就是给学生的作文下一个结论。其实只要我们多去留心观察孩子们的思维发展，多从学生的需求角度考虑课堂的走向，进行细致有效的评价，我们的写作课堂就能对提高学生的写作水平有着不同寻常的意义。

学生习作

丢

江苏省苏州工业园区星港学校　周书禹

尽管丢失的钢笔已经找回，但那份自责和内疚一直刻在我心中，无法抹去。

作为十周岁的生日礼物，爸爸给我的一支派克钢笔，对于我来说真的是个好礼物。我第一天带着它来到学校，心里满是喜悦，很得意地拿给同学们看。除了好用，它实在是很漂亮。它全身是一种高贵的黑色，笔帽顶端有一个金色的星星图案，我觉得它代表着阳光和生机。这样的一支钢笔，自然是让周围的同学投来羡慕的眼光。而我呢，写字也更加认真了，字似乎也比以前漂亮多了。

可没过三天，我的派克钢笔就不见了。

那是一个炎热的上午，窗外没有一丝风。火一般毒辣的太阳炙烤着大地，树上的知了一遍遍地叫着。

像往常一样，大家照例在第二节课下课后进行大课间活动。但是当我回到教室后，却发现我的钢笔不见了。刚发现钢笔丢失时，我脑子一下就蒙了。但我立即就缓过神来，急忙动员前后左右桌的同学帮我一起寻找，但是它好像在与我玩捉迷藏似的，无论我怎么找也不见它的踪影。很快我就急出了一身汗，心里更是一团乱麻，外面的蝉叫声更是令我厌烦。完了，完了，回家要挨爸爸妈妈一顿臭骂了。唉，那么好的一支笔就这样被我弄丢了，太沮丧了，我差点就要哭了。老师在讲台上的讲课声犹如电影的画外音，我怎么也听不进去了。

课后，我把最要好的几个同学拉到一边，几人一商量，初步判断是被班上同学"偷"了。可考虑到大家都是同学，事情不宜声张，我们决定靠我们自己的力量把这个"内鬼"揪出来。几人一密谋，开始分工，各人利用课间的时候寻找机会看看同学们的文具盒和书包。可是就这样折腾了一天都一无所获。放学时我们又聚在一起，商量着第二天的调查工作。可连续三天我们仍然一无所获。我们决定换个观察同学的习惯和他们的言语表情，看看有没有异常。小亮，最调皮了，爱搞一点恶作剧，可他待人那么诚恳热情。琦琦成绩不行，习惯也不好，可为人很仗义……每个人都有点像，每个又都不太可能。就这样，我们观察着每个同学，可还是没有定论。

　　就在我完全绝望的时候，一次课间，不经意间，我忽然发现，它原来卡在桌兜的大缝隙里，还被一张课外报盖住了。哇，我的宝贝钢笔呀，你让我一通好找呀！呀呀呀！！我热情地亲吻了它好几口。

　　好朋友们知道我钢笔失而复得的消息，虽然都很高兴，但大家似乎都有一种说不出的感受。观察了那么多天，我们第一次真正了解了我们身边的这些同学，他们或者不太爱干净，或者喜欢拖拉，或者喜欢耍赖……但是我们大家都一样，都是可爱的孩子，每个人都有一颗纯洁的心。可是，我们几个人就因为一支钢笔，而无端地怀疑他们，甚至偷偷地调查他们……我们几个人谁都没有说出这些话，但我们心中都一样自责和内疚。

　　一直到现在，我还时时想起这支钢笔失而复得的事。我真想鼓起勇气和全班同学表达一下我的自责和愧疚。

第 2 节课

教学实录

写出人物的特点

师：同学们，我们开始上课。我想问一问，有没有同学认识我？——不认识，一个都不认识我吗？那我介绍一下，我叫黄厚江。草头黄，忠厚的厚，长江的江。现在请大家用"黄厚江"三个字分别组词，看看你们能组多少词，我想了解一下同学们掌握的词汇是不是丰富。

生：黄河。

师：黄河，挺好的。

生：黄酒。

生：硫黄。

师：硫磺是这个"黄"吗？

生：黄色。

生：黄土。

师：其实，从某种意义上说，我们大家都姓黄。知道为什么吗？能想到那个词吗？

生：炎黄子孙。

师：对。我们都是炎黄子孙。下面用厚组词。

生：厚积薄发。

师：出口不凡哪。大家读书要厚积薄发。

生：深厚。

生：厚道。

生：厚重。

师：厚重。大家肚子里的词语很丰富。再用江组词。

生：长江。

师：长江，挺好。

生：丽江。

师：丽江，还有吗？

生：大江。

师：长江，丽江，大江，是不是还有松花江？能不能换一个思路？

生：滨江临海。

师：滨江临海。嗯，有点学问。对，滨江临海是什么意思啊？

生：就是濒临大海和长江的意思。

师：很多诗句里有江，能说几句吗？

生：孤舟蓑笠翁，独钓寒江雪。

生：大江东去，浪淘尽，千古风流人物。

生：曲终人不见，江上数峰青。

师：非常好。刚才是用黄老师名字的三个字组词。下面要求高一点，你们能看出我这个人有什么特点吗？

生：慈祥。

师：慈祥，好啊。——这位女同学你讲讲。

生：忠厚，善良。

师：忠厚，善良，我就写忠厚，因为我觉得善良应该是人的共同特点。

生：聪明。

师：你能看出我聪明，说明你也很聪明了。

生：和蔼。

师：和蔼。还有不同的举举手。

生：谦虚，朴实。

生：开朗。

师：开朗，性格比较开朗。

生：有孩子的特点。

师：有童心。很多同学说我有这个特点。

生：幽默风趣。

师：我觉得我们班的同学记叙文一定写得好。因为你们词语丰富，观察敏锐，几分钟就能捕捉到人的特点，非常不容易。但要写出一个人的特点，还要有具体材料。现在请大家拿一张纸，拿一支笔，写一段话表现我的一个特点。只给5分钟，看看谁写得最多最好。提醒大家注意：写一个人的特点，一般可以从哪些方面入手？

师：好，现在我们开始交流。哪位愿意展示自己的习作？

生：黄老师是一个很有童心的人。说话时带有一点小幽默，语言风趣，非常容易交流，和孩子们打成一片，而且他的脸上时常带着一丝浅浅的微笑，就觉得非常友好可亲，忍不住就会和他去交朋友。

师：请问同位，你觉得他写得怎么样。

生：很好。

师：写出了什么特点？

生：童心。

师：对。哪一句最好？

生：他的脸上时常带着一丝浅浅的微笑。

师：对，两位同学，一位写得好，一位评点得也很好。紧紧围绕着童心，都是具体的描写，很好。当然，还可以更充实一点。这位同学你自己读，好吧。

生：他是一位幽默风趣的老师。眉宇间透着慈祥与和蔼，在与学生交谈时，举手投足间闪现着一股孩子气，岁月的沧桑使他的皱纹不经意间爬上了他的眼角，但掩盖不了他一颗炙热的童心，他就是我们敬爱的黄老师。

师：好，这位同学很有文采，也写得很好，但是也有不足。有没有同学对他提出修改的建议？没有？我再读一遍，我们一起讨论。

"他是一位幽默风趣的老师。眉宇间透着慈祥与和蔼，在与学生交谈时，举手投足间闪现着一股孩子气，岁月的沧桑使他的皱纹不经意间爬上了他的眼角，但掩盖不了他一颗炙热的童心"——后一句话我自己就不读了。我们首先看主要写我什么特点？

生：有童心。

师：也是有童心？后面有哪些具体内容可以表现童心呢？

生：眉宇间透着慈祥与和蔼，在与学生交谈时，举手投足间闪现着一股孩子气。

师：的确如此。这句话，尤其是后面一句"在与学生交谈时，举手投足间闪现着一股孩子气"很能表现童心的特点。但"眉宇间透着慈祥与和蔼"和童心关系不紧密。还有哪些句子和童心的特点关系不紧密？

生：他是一位幽默风趣的老师。

生：岁月的沧桑使他的皱纹不经意间爬上了他的眼角。

师：这些句子，或者联系不紧，或者特点表现得不具体。大家能不能帮助他修改一下？

生：眉宇间透着慈祥与和蔼，又闪烁着孩子的顽皮。

师：非常好。

生：被很多皱纹包围的眼睛中，有着孩子的光彩和单纯。

师：改得真好。有没有同学集中写幽默的特点呢？有没有？好的，这位同学。

生：黄老师眼睛虽小，但是炯炯有神，总是笑眯眯的，给人以慈祥的样子，言语中也不乏幽默，反映出了他的博学与睿智，他像爷爷般给人以亲切感。

师：好的。他写得怎么样？

生：我觉得他的语言不错，也写了很多的特点，但是不能突出地表现幽默。

师：评价得非常好。这位同学用了很多褒义词，但是大家要注意他有两个问题。"黄老师眼睛虽小，但是炯炯有神"，这表明了什么？"总是笑眯眯的，给人以慈祥的样子，言语中也不乏幽默，反映出了他的博学与睿智，他像爷爷般给人以亲切感"，这几句话又是写什么特点？

大家一定要记住，特点写多了等于没有特点。写人的文章一定要突出特点。有没有同学写其他特点的？比如写聪明的，有没有？（问一生）你写的什么特点？

生：我没有写聪明。

师：那你写的什么？

生：我写的慈祥。

师：好的，念出来给大家听听。

生：黄老师慈祥地望着我们，脸上的皱纹像一朵绽开了的野花。他用亲切而柔和的嗓音鼓励着同学发言，声音虽然沙沙的，但却像爷爷粗糙的大手抚摸你的心田，让人一下子放松下来。有一个同学回答不出问题，他便微笑着安慰他，眼睛像闪亮的星星和蔼地闪烁着。

师：她写得怎么样？

生：写得很好。

师：写得最好的是哪句？

生：她把老师的声音比作爷爷的大手抚摸着心田。

师：对，这句的确写得非常好。

生：突出黄老师慈爱的声音。

师：很好，她主要通过声音、肖像，抓住眼睛的细节，写慈祥。有没有写我聪明的？

生：没有。

师：现在规定就写聪明的特点。怎么写？

生：我觉得你的手挺秀气的，像是读书人的手。

师：秀气的手，可以看出是读书人。但秀气的手能不能表现人的聪明？很勉强。

生：深邃的目光让我们很容易联想到鲁迅先生。

师：请坐请坐，你夸奖我，我很感谢。但是有一个问题，鲁迅先生是聪明的代表吗？鲁迅当然是聪明人，但是鲁迅在我们大家心目中并不是聪明的代表，还不如说看到黄老师就想到陈景润。但也不好，不具体。请写出具体表现黄老师聪明的地方。

生：有个词语叫聪明绝顶。

师：有道理。但仍然比较概括，没有具体的描写。应该在对头发进行具体描写中让人看到聪明。

生：黄老师的言谈和眼神透露出聪明。

师：什么样的言谈透露聪明？

生：就是机智的话语。

师：机智的话语。非常好。机智，我也认可。能不能再具体一点？像——

生：简单的词语从您嘴巴里蹦出来，像有生命一样在跳动。

师：有意思。"像有生命一样在跳动"是聪明的表现吗？

生：让人爱听，耐人寻味。

生：使人很受启发。

师：语言中写出聪明，不容易。其实最容易的还是写肖像。大家看我的肖像，哪些地方可以看出聪明？

生：光脑袋。

师：有点道理。有人说，聪明的脑袋不长毛。当然也有人说，光脑袋是因为不够肥沃。

生：额头特别突出。

师：大家观察得不错。概括一下，写一个人的特点，比较容易的办法是从哪些方面入手？

生：肖像。

生：语言。

师：但是单单写其肖像，写语言，要写得丰满很难。如果要把一个人的特点写得很丰满，写得比较深入，除了写肖像、写语言等，还要怎么办？

生：通过具体的事件。

师：对，写具体的事件。上课到现在，大家了解了我的哪些事件？又可以写出什么特点？

生：自我介绍很有特点。

师：什么特点？

生：让我们组词。

师：表现出什么特点？

生：知识很渊博。

师：组几个词就能说渊博？再说还是你们组的词语啊。

生：很机智，上课有特点。

师：这还有点道理。还有吗？

生：和同学交流不一样。

师：表现在哪里？

生：从不批评。

师：不批评就好吗？我是都说你们好吗？

生：不是。但是很委婉，很含蓄。

师：是说我说话不明白吗？

生：不是。是尊重学生，循循善诱，善于启发。

师：你真会夸人。还有其他事件吗？

（生沉默）

师：我们刚刚认识，你们了解我的事件的确不多。大家想一想，如果写一个人，对他的事件了解不多。怎么办呢？

生：询问。

师：非常有道理。如果对所写的人了解的事件材料不多，可以询问，可以调查了解。可以问本人，也可以问别人。大家想不想听我说说我的故事？

生：想。

师：我知道你们想。那么黄老师说几个自己的故事，你们认真听，看看哪些事件对你写的特点有用，或者哪个事件能表现哪个特点。明白我的意思吗？

生：明白。

师：如果要说优点，首先我觉得自己做事情比较专心。只要读书写作，有人叫我，我都听不到。几十年来心都用在语文教学上，备课、上课、编教材、写论文，每天都要熬夜，30年几乎没有在夜里12点之前休息过。从不打牌，从不玩游戏。不管多累，一进入课堂就兴奋，就陶醉。二是和同学们的关系特别好。成绩好的我喜欢，成绩不好的我也喜欢，甚至特别调皮、行为不够规范的学生我也喜欢。有一届，有几个学生特别调皮，夏天上课，把衣服敞开，露出发达的胸肌，吓得女老师不敢上课。但他们的老大规定，老黄上课不许闹。每一届的同学都要给我起别名，有的叫我老黄，有的叫黄老，有的叫我逗逗，有的叫我江江，有的叫我老顽童，最近的一届叫我豆浆。

要说我的缺点，最主要的就是特别粗心。中午吃饭，女儿说菜凉了，让我用微波炉热一热。可是后来到微波炉中找不到菜了。哪里去了？菜被我放到冰箱里去了。晚上回家，钥匙常常打不开家里的门。门一开，邻居家的女主人出来了。我家住在四楼，我开的是五楼的门。

到此为止，你们有没有发现可用的材料？这位同学说一说。

生：你热爱语文，可以看出你聪明。

师：热爱语文就是聪明？有点勉强。其他同学有没有发现？

生：同学们给你起的外号，都可以表现出他们喜欢你，说明你喜欢孩子，课上得好。

师：有点道理。能表现刚才大家归纳的我的哪个特点？

生：有童心。

师：有道理。其他材料能表现什么特点呢？

生：我觉得最调皮的学生上你的课也不闹，说明你聪明。

师：这怎么理解？

生：他们那么调皮，根本不想学习，可是你能让他们听语文课，说明你很有办法。

师：我一开始觉得勉强，你这么一说，还真有点道理。

生：还有，你能够让这样的学生都敬佩你，听你的，说明你教育学生一定有自己的办法，这也表现出你的睿智和聪明。

师：你真不简单，说得头头是道，看到了我自己都没有看到的东西。大家还要注意，同一个材料也可以写出不同的特点来。比如说写肖像，写细节，可以写我的眼睛。能不能由我的眼睛写出不同的特点来？大家试试。

生：能。

师：能写哪些特点？

生：慈祥。

师：除了写慈祥，还能写什么？

生：童心。

师：大家能不能尝试一下？有没有同学想到？

生：黄老师小小的眼睛是那么和蔼，目光让人觉得那么温暖，就像我爷爷的目光。

师：我其实没有你描写的那么老，但你写得真好。这是写慈祥，有没有人能写一句表现童心的？

生：黄老师的眼睛非常小，但特别灵活，眼珠转来转去，就像是孩子的目光，那么单纯。

师：有点意思，但也有点夸张。我想问问大家，如果写一个人的特点，掌握的材料不够用了，怎么办？

生：可以想象。

师：还能想象？能想象出具体的事情？

生：比如说没有发生在这个人物身上，但是发生在别人身上的事情也可以写。

师：借用别人的事情，来写人物的特点？

生：是的。

师：比如说要写我的和蔼，可以写别人什么样的事情呢？

生：写别人严厉的事情。

师：我明白你的意思了。这不是想象，这是衬托。要写一个老师和蔼，可以写其他老师的严厉。对不对？

生：是的，可以对比。

师：很有道理。你写几句对比的内容看看。

（生开始写）

生：我们的班主任成天板着脸，大家一看见就害怕，只要听到他的脚步声，教室里就鸦雀无声。可和蔼的黄老师一进教室，大家就围在他身边，和他开心地说东说西，教室里充满了笑声。

师：你胆子真大，当心你们老师在听课。当然这是文学手法，不可当真。不过，写得真不错。运用衬托的手法，丰富了角度，也可以把人物写得更丰满。但侧面的表现不能太多。如果材料还不够，有没有其他办法呢？

生：有人说作文是三分真七分假。

师：三分真七分假，倒过来正好，七分真三分假吧。假的哪儿来呢？

生：可以自己想一些素材。

师：用什么办法想素材呢？可不能随便编造，当然如果合理想象也是可以的。但想象也要有基础。黄老师教你一招好吧。有一个选材方法叫假借，不知你说的是不是这个意思。明明这个事情是发生在他人身上，现在我们为了写这个人的特点，可以把他人的事情假借到这个人物身上来。

大家读过《三国演义》吗？《三国演义》中有一个张飞痛打邮差的情节。但据专家考证，痛打邮差的事情不是张飞干的，恰恰是刘备干的。但刘备的特点是仁厚，这个事情不能让他做，一做刘备就不仁厚了。为了突出张飞的粗野，罗贯中就把这个事件安排在张飞的身上，很符合他的特点。刚才有同学说"作文是三分真七分假"，这也是合理的"假"。

当然，有时候，对所写的人物进行采访也是很好的方法。前面有位同学说到"询问"，就包含了这个意思。比如你写我的"博学"，你可以问我是怎么读书的呀，读了哪些书呀；比如你写我的"和蔼"，你可以问问我同学们不做作业怎么办，作业不认真怎么处理。这样对我的了解就更深入了，材料也就更丰富了。但今天没有时间让同学们采访我了。

现在我们小结一下，今天我们上了一节什么课？

生：作文课。

师：什么作文课？

生：写人的作文课？

师：怎样才能写出一个人的特点？

生：写肖像，写语言，写行为。

生：写表现特点的具体事件。

生：还可以从侧面写。

生：还可以借用别人的事件写。

师：大家记得很全。好的，布置作业，请以"认识黄厚江"为题，写一篇记叙文，要写出人物的特点。大家想一想，这个题目能不能写成记事的记叙文。

生：不能。

生：能。

师：黄老师也觉得是能的。如果大家愿意，可以分别写一篇。下课，谢谢同学们。

听课者说

让作文课成为一个写的过程

江苏省苏州市立达中学　蒋祖霞

黄老师是教学过程论的坚定倡导者和实践者，他多次提出"作文教学要作用于学生的写作过程"的观点，强调教师要走进学生写的过程，要让学生在作文过程中体验写作，积累经验，在过程中提升写作素养。在《写出人物的特点》这节课中，我们再一次读到黄老师的这一作文教学思想。

一、这节课是学生写作体验不断完整丰富的过程

黄老师认为："让学生体验写作的过程，经历和积累种种写作的感受，是作文教学最最基本的教学内容。"可以说，这节课就是让学生充分体验写作过程的作文课。

为便于说明，我们先梳理一下这节写作指导课的六个主要环节：①用"黄厚江"三个字分别组词。②概括"我"的特点。③写一段话表现"我"的一个特点。④展示习作片段，评价交流后修改提升。⑤补充材料和事件，深入认识人物特点，丰富写人的手段。⑥拓宽写人的思路，认识写人的方法。

①②两个环节用"黄厚江"三个字分别组词以及说出"我"的特点，是教学导入，是写作的热身，更是为了让学生对人物有初步了解，为下面的"写人"作好必要的铺垫。③④⑤三个环节是教学的重点，是训练学生围绕一个特点多

角度、多层次地写人。而这三个环节之间又是层进关系。③是初步写出人物特点。④是在交流中引导学生由表及里地认识人物，是教学的过渡环节。⑤是深入写出人物特点，在补充材料后让学生理解事件、解读材料，运用多种方法深入写出人物特点。⑥是教学的收束。

经历即过程，用"黄厚江"三字分别组词，可以检查学生的阅读积累和语言积累，但更重要的是让学生初步了解人物，经历体验的过程。在与学生的交流对话中，让学生对"我"有最直接的认识了解，正因为有这一过程，所以才有后面的幽默风趣、慈祥和蔼等特点的概括，也因为有了这个原始素材的积累，可以肯定，最后的"认识黄厚江"的作文一定不会空洞无物。这个组词训练看似随便切入，无意插柳，实则别具匠心，妙手偶得，在整个教学过程中一直发挥着作用，而且学生也会因此而永远记住这一节特别的写作指导课。这样的写作体验过程对学生来说意义深远。

学生认识人物由陌生到熟悉、由外表到深入的过程，其实正是学生写作体验从朦胧到清晰，写作方法从单一到多样的过程。

在"写一段话表现'我'的一个特点"这个环节中，第二个同学描写的本是"幽默风趣"，但后面写的却是有童心。这时他的写作状态甚至整个班级的状态都是不清晰的、朦胧的，因为没有人发现问题，更没有人能提出修改的建议。于是教师放慢脚步，"我再读一遍，我们一起讨论"。经教师点拨，学生发现语句之间或联系不紧，或特点表现不具体的不足，进而修改出"眉宇间透着慈祥与和蔼，又闪烁着孩子的顽皮"，"被很多皱纹包围的眼睛中，有着孩子的光彩和单纯"等精彩句子。"特点写多了等于没有特点。写人的文章一定要突出特点。"学生在此获得的写作体验越来越清晰。为什么这么说呢？因为在第三则片段展示时，学生的评价就已经能一语中的："我觉得他的语言不错，也写了很多的特点，但是不能突出地表现幽默。"如此清晰的评价自然源于学生清晰的写作认识。这是教学开始时难以想象的场景，第二则的模糊状态还在眼前，第三则交流，学生就成长起来，可谓立竿见影。

伴随写作体验的丰富，写人的手法也开始多样起来。第四个同学写慈祥特点的时候，就不仅抓住了人物的肖像，而且能通过人物语言来表现。黄老师强调作文教学要"坚持自由写作和指令性写作的结合与互补"，如果把前面的学生写作称为自选动作，那么接下来就是规定动作。老师规定写聪明，"现在规定就写聪明的特点。怎么写？"这也是一段很值得玩味的教学。

第一个同学说写手,老师说很勉强。第二个同学说写目光,"也不好,不具体",第四个同学说"黄老师的言谈和眼神透露出聪明"。老师说,"其实最容易的还是写肖像",引导学生观察。"写一个人的特点,比较容易的办法是从哪些方面入手?"学生感悟,"肖像""语言"。老师追问"如果要把一个人的特点写得很丰满,写得比较深入,除了写肖像、写语言等,还要怎么办?"随着教学的深入,学生领悟还可以"通过具体的事件"。但是"上课到现在,大家了解了我的哪些事件?又可以写出什么特点?"尊重学生,循循善诱,善于启发,自不必说,重要的是教师在引导学生反复体验的过程中,学生的写作认识和能力得到不断提升。"大家想一想,如果写一个人,对他的事件了解不多。怎么办呢?"于是,可以想象、可以对比、可以衬托,如珠涌出。针对学生的"三分真七分假"的认识,教师穿插进张飞痛打邮差的情节,说明"假借"的选材方法。学生的写作手法也由单一走向多样。

黄老师坚持要对学生的写作过程形成影响,真是做到了极致。溯洄从之,不愤不启;溯游从之,不悱不发。为了给学生最真实的体验,真正不遗余力,不惜工本,用足功夫,让人佩服。

二、这节课是始终贯穿学生写作训练的过程

黄老师坚持要让学生在写的过程中学会写作,坚决反对把写作知识、写作方法和技巧作为作文教学的主要内容。他认为,"写作规律的认识,必须依靠学生自己的体悟","在自己的写作活动中形成自己的经验",而且"这应该是作文教学的主要内容"。(黄厚江《坚持自由写作和指令性写作的结合与互补》,《中学语文教学》2014 年第 8 期)观察黄老师的这节教学,可以发现,他紧紧围绕如何"写出人物的特点"这一主题,将写作训练完整地贯穿在整个教学过程中,坚持让学生在写的过程中学会写,所有经验的形成、方法的提炼都是在与学生的反复交流评价中学生自悟出来的。

因为要介入到写作过程中教写作,所以他不怕学生暴露写作缺陷。黄老师认为:"在作文教学中,通过典型的展示让学生对写作过程有正确的把握,是一个很有效的方法。这个典型,既可以是正面的成功的,也可以是反面的不成功的;既可以是本班同学的,也可以是作家等其他人的。作文评讲的过程,不应只是教师宣布批改结果,也不应只是宣读批改的评语,更不应只是开批斗会和表彰会,而应该是写作过程的展示和交流活动。师生之间、同学之间,或言其短,或言其长,或谈成功,或说失败,或谈感受,或提问题,或谈经验,或说困惑,互相得到的收获,绝不是我们通常的评讲形式所能相比的。"(《黄厚江讲语文》)显然,黄教师的目光不只注重最终的作品,他要介入到写作的每一个过程进行有效的指导,这就使得他的训练过程呈现的是一个循环往复向上的曲线过程,而非直线过程。按照一般的教法:完全可以先由教师讲述有关的写作知识,然后进行修改或写作。但是这样教,教师走不进学生的写作过程,有效的指导更是无从谈起。

还是以第④环节为例。

这一环节学生展示了四则作文片段,第二则片段,先讲"幽默风趣",后面又写"孩子气",学生读完,教师敏锐地捕捉到写作内容表达凌乱的缺陷,当发现无法达成与学生的交流时,黄老师没有放弃,自己再读一遍,努力为交流创造条件。果然,在引导学生先"言其长"再"言其短"之后,学生发现了不足,两个学生的修改非常精彩。这让我们看到什么是在写的过程中学会写。

第四则片段,学生写的是"慈祥",教师本来是在寻找写"聪明"的片段,但是因为已经问过了这位同学,不能无视,所以教者还是让他读自己的作文。这位同学的作文是几则当中写得最好的,学生评价"写得很好",黄老师追问"最好的是哪句"。在感叹黄老师尊重学生立场的同时,写作训练从未在黄老师的脑海中消失。既然是写作指导,那就一直围绕着写的体验来展开吧。

黄老师提倡让作文课成为一个写的过程,需要提醒的是,这个过程不只是指学生动笔写作的过程和行为,还是教师介入学生的写作过程中给予学生有效的指导和帮助的过程。可以说,黄老师这节课始终着力于学生的"写",为写铺垫,让学生分层次思考怎么写,引导学生从不同角度写;既有实在的动笔写,又有丰富的围绕写的思维互动。我们看到不少作文课,学生缺少的正是这样的写的过程和写的多样训练。

在不少语文教师那里,黄老师的这节作文指导课整个过程不会超过10分钟,我甚至能够想象出其教学的大概:"同学们,今天我们写一篇写人的记叙文。大家注意,写人要注意什么呢?一定要抓住人物特征,并选择典型的事例描写这些特征。当然人物描写除了正面描写之外,我们还可以通过侧面烘托来表现人物。好,现在开始写吧。"要求不可谓不清楚,指令不可谓不明确,但总觉得缺少一点什么。缺什么呢?缺过程。没有过程,教师的教学不会对学生产生影响,因而变得毫无意义。

三、这节课是学生写作能力逐步提升的过程

我们说，让学生体验写作过程，在写的过程中学会写，其目的还是要落实到学生写作能力的提升上来。

观察这节课，可以发现学生写人的能力得到了显著提升。

围绕怎样写人，这节课大致可分四步：第一步在分别组词中观察一个人，认识一个人；第二步是在互动中认识人物特点，概括人物特点；第三步写一段话并展示，引导学生初步写出人物特点；第四步是更深入地认识一个人，从而把人写得丰富。

第一步层级最低，但最重要，18位同学参与组词组句练习，从"黄河""黄酒"的普通到"曲终人不见，江上数峰青"的诗意，质量越来越高，完成了一个认识人的绝好铺垫。第二步是在对人物特点进行概括中，培养认识人物特点的能力。第三步是在多角度的写人训练中，使学生对写人的"突出特点"形成具体感受和清晰认识。第四步层级最高，是本节写人的重点，通过师生互动、生生共生，特别是学生写作体验的交流，让我们欣喜地看到学生写人意识的觉醒和写人能力的增强。环环相扣，步步深入，渐次展开，渐至佳境。

学生懂得了"没有发生在这个人物身上，但是发生在别人身上的事情也可以写"，学生学会了用另一个人物的"严厉"来衬托主要人物的和蔼。如果说这个环节还是教师的预设，那么下面的"七分真三分假"的教学就完全是课堂的生成了。学生的"真假"之说被教师否定，但"合理想象"被保留，黄老师汲取《三国演义》中的文学创作典型，这样的写人手法，相信会给学生有益的启迪，这一步的生成与预设同样精彩。

黄老师认为，提高写作能力，除了"读万卷书，行万里路"，除了学习写作知识和写作技巧外，"乐于发表自己的作品，互相交流写作的体验和体会，自我反思写作的过程，都是提高写作能力很重要的途径"（黄厚江《共生写作和再生作文》，《中学语文教学》2012年第1期）。这里的互相交流、互相影响、共同推进、共同提升，其实正是黄厚江老师倡导的共生写作思想的形象表述。学生也正是在不断的交流沟通、教师的"点化"（非讲授）之中，立体地经历了怎样写人的一个训练过程，进而悟得写人的体验和认识，提升写人能力。

尤为可贵的是，黄老师的作文教学，始终关注的是绝大多数学生的写作过程，黄老师作文课上的写的活动、围绕写的思维活动，都是群体的活动，而不

是几个"学生精英"的活动。他常常把温情的目光投向那些默默无闻、缺乏写作经验的学生，引导他们学会写作，关注他们的学习成长。在这节课中，我们看到的不仅仅是优秀学生高水准的佳作，更多的则是那些普通平常的甚至是写作能力较弱的同学写作能力的步步提升。而后者更让人赏心悦目，为之赞叹，因为课堂是属于所有学生的。

学生习作

认识黄厚江老师

湖南省湘潭江声实验学校　庞　铮

朱老师从青岛回来，口中就天天念叨着一个名字——黄厚江，那神情可是敬佩死了。朱老师可不经常夸人的哦！这不禁让我对这位享有"殊荣"的老师多了几分好奇。

幸运的是，周日下午，我真的有机会一睹黄老师的风采。

我们坐在偌大的会议室，静静地等待着这位贵客的到来。没多久，一个穿着暗红毛线衣、提着小纸袋的老头儿，在谭校长的陪同下健步走了进来：他的一边衣领半翘着，头发稀疏蓬松，像未经过打理。我想象着他的头发被风吹得张牙舞爪的情形，就不由得想笑出声来。这个黄老师，倒是有点像那个连领结都忘记打的藤野先生！

"同学们，你知道我姓什么吗？"略带调侃的语气从他嘴里缓缓吐出，让人感觉像是在听一曲悠扬缓慢的江南小调。

我们齐答道："姓黄。"

"那我叫黄什么呢？"他再次悠悠地说。

这个问题似乎是有些好笑的，因为他身后上方的电子显示屏上赫然写着："热烈欢迎特级教师黄厚江先生！"

我们又再次齐答。

他似乎没料想到我们会回答得如此整齐，神色中露出些许惊喜。一些同学示意他看向身后，他才明白其中的缘由，摸摸脑袋像个犯了错的孩子般不好意思地笑了。但他随即又话锋一转，说道："这么多人认识我，看来我还是很有名的嘛！"这幽默的话语使得整个会议室顿时欢乐起来，气氛一下子变得热闹了。这个迷糊的老师还是很可爱的！

  接着，他让我们用"黄""厚"组词，从普通的"黄土""厚度"组到有文化意蕴的词语"炎黄子孙""厚积薄发"，还从古今诗词的长廊中采撷了许多含有"江"的名句……他告诉我们怎样从人物的言行举止发现人物的特点，怎样运用典型事例表现人物的性格，怎样通过"嫁接"和"虚实"等手法来丰富人物的形象。黄老师还讲了一些关于他的故事，其中有一个我印象颇为深刻。他说他爱语文，甚至可以说到了痴迷的地步，他去出版社编写语文教材，他到全国各地讲语文课、作语文讲座，他回到家里写有关语文的论文。他说当他做这些事情时心中便会很满足。他又说他已经为自己写好了碑文，语言简单朴实，却真诚地透露出他对语文的那份执著——"这里躺着一个热爱语文的人"。

  有那么一瞬间，我更愿意相信我面前的这个老头是隔壁家养养花、泡泡茶、遛遛鸟的老爷爷，而不是知识渊博的特级教师。他实在太随和了，丝毫没有架子，我想他给"亦师亦友"这个词作了一个再好不过的诠释。

  幸福的时光总是过得很快，不知不觉，黄老师就行云流水般地上完了一节作文课。他眼睛很小却很清亮，吹散了生活灼热的急躁，为我们汇成了一条春夏秋冬永不结冰的作文长河；他知识渊博却能深入浅出，褪尽了作文课堂隔靴搔痒的虚浮，为我们指出了一条登堂入室的大道；他享有殊荣却能平易近人，揭开了成功人士神秘莫测的面纱，为我们养成谦虚谨慎的品格作出了榜样……在这堂课上，黄老师带领我们完成了一次奇妙的旅行，又为我们开启了一扇奥妙无穷的知识宝库的大门。

  现在想来，最后悔的事情就是没有在黄老师的课堂上勇敢地展示自己，与他交流。我记得他曾说"主动的人都是优秀的人"，这句话已被我牢记于心间。若是还有机会能再听一节黄老师的课，能再做一次黄老师的学生，我想他一定会认识一个女孩，这个女孩的名字叫庞铮。

第 3 节课

教学实录

主题的提炼与角度的选择

"今天的作文课，我要先给大家讲一个故事。"一上课我就说。

听说我要讲故事，很多同学开始兴奋起来。因为同学们知道，我的作文课一般都不是带一个题目进课堂。

"老黄又有什么奇遇吗？"有个调皮的同学坏笑着问。

我说："奇遇没有，但我觉得这个故事值得和大家讲一讲。"

于是他们摆出一副准备听故事的姿态。

"不过，按照惯例，大家听故事，必须思考问题，今天请大家从主题提炼的角度思考问题，看看这个故事能够表现一个什么样的主题，或者说能引发我们什么样的思考。"

他们点头接受，我便开始讲故事：

前几天送女儿出国，女儿过了安检之后，我还在安检门的外面徘徊，以备女儿有什么事情会回过头来找我，或者需要问我什么。因为她常常有这样的情况，有时候是什么东西忘记在我这里了，有时候是有句话还要对我说一下。这时我看到一个母亲和一个男孩向安检口走来。从模样和年龄看，他们应该是一对母子。母子俩一边走一边说着话，母亲爱恋的目光不时在儿子的脸上身上扫过。儿子看上去不到20岁，迈着轻松的步伐，脚步充满了弹性，眼睛里满是兴奋的光，说话的语调中有遮掩不住的开心。而母亲的眼神中则写满了不舍和牵挂。

一会儿他们就到了安检口。

"我进去了。"儿子说罢，就准备走进安检口。

母亲又拉过儿子的手反复叮嘱了几句。母亲一松开手,儿子就走进了安检口。而母亲则一直站在那儿望着儿子,她的目光没有一秒钟离开儿子的背影。即使儿子拐弯走进了里面的通道,已经看不见儿子的背影了,母亲仍然在那儿翘首看着儿子消失的地方。似乎她的目光能够拐过弯去一直追寻着儿子的身影。

"同学们,我当时被这个情景吸引了,也被这个情景震撼了。不知大家有何感想?"

接下去我请同学们发言。

有同学说:"这是表现母爱的最好的材料。"

"是的。儿行千里母担忧。这是很好的解读。"我说,"但有点泛泛。"

有同学说:"我觉得这个故事最感人的是这位母亲的目光。如果我用这个材料写作文,题目就叫'会拐弯的目光'。"

"这样写的确很吸引人。'拐弯的目光',抓住了材料的特别之处。有没有更深入的思考呢?"

教室里一下子安静了下来。

"我曾和大家说过,写记叙文可以写大事件,可以写中事件,也可以写小事件。对于大家来说,最常见的还是写小事件,因为几百字的文章写大事件很难处理,写中事件取材也不是很容易。而要将生活中别人视为平常的小事件写成好文章,关键是能找到一个好的角度,要能看到平常事件中蕴含的东西。哪位同学能有更深入的思考?"

"我从母亲和儿子不同的态度、不同的目光,想到这是一种不对等的爱。母亲总是如此牵挂着儿子,儿子似乎没有一点牵挂。而我们生活中似乎都是如此,爱好像从来就是不对等的。有句俗话说:儿想娘,扁担长;娘想儿,似长江。"

"是有深度的思考。他的思考告诉我们,抓住材料中值得你关注的地方去思考其中的意义,常常会有自己的发现。其他同学呢?"

"我觉得,这个主题不一定要求深。其实最朴素的表达,就是母爱是最无私的,是不求回报的一种奉献。"一贯善于逆向思考的一位同学说。

"是的,深刻不是刻意。最朴素也可以很深刻。但必须有自己的独特角度,而不能重复别人的想法。"

"我觉得从我们这些孩子的角度看，应该表现'回报'这样的主题。母亲不需要我们回报，但我们不能不懂得回报。"

我很高兴地看到同学们的思路不断拓展，思考不断深入，角度不断转换。"还有不同想法吗？"我希望大家的思路能够再拓宽一些。

"我觉得这位母亲的目光有一种永恒的意义，或者说有一种象征意义……"这位同学表达时，有点犹豫，我鼓励他继续说，"母亲的目光其实一直在关爱着我们，或者说指引着我们前行。"

"我们每个人的一生，都是在母爱的指引下走过的。"他的同位补充道。

"我觉得，母爱是我们重要的精神动力，是母爱支撑我们的一切追求。史铁生能够走过人生的低谷，就是有母爱的支撑，'为了母亲'是他做作家重要的精神动力。"有同学在前面两位同学发言的基础上加以引申和发挥。

"我不同意这个说法。虽然这个观点有深度，但这样的思考完全脱离了原来的故事，也就是脱离了原来的材料。"

我也觉得前面的同学似乎有点远，但也不是没有道理，我说："一般人的确很难从这个故事中看到这么多。但是由材料展开适当的联想，的确是我们理解材料、寻找角度、发现意蕴的一种方法。只要你能够根据主题对材料进行合理的加工，这样理解也不是不可以。那天送女儿回来，那个情景一直在我眼前浮现，我就挤了一点时间，匆匆写下了这个情境，习作还没有最终完成，请大家评点和讨论。"

那是在机场看到的一幕情景。

前几天送女儿出国，女儿过了安检之后，我还在安检门的外面徘徊，防止女儿有什么事情会回过头来找我，或者需要问我什么。

这时我看到一个母亲和一个男孩向安检口走来。从模样和年龄看，他们应该是一对母子。

孩子已经不小了，个子显然比母亲高得多，母亲一边走一边和儿子在低语着什么，母亲爱恋的目光不时在儿子的脸上身上扫过，眼神中则写满了不舍和牵挂。儿子则显得很是洒脱，看上去不到20岁，迈着轻松的步伐，脚步充满了弹性，眼睛里满是兴奋的光，说话的语调中有遮掩不住的开心，他摇晃着高挑的身子向前走着。当他们走到通道口的时候，母亲停了下来。原来母亲是为儿子送行的。似乎听到母亲低声对儿子又叮嘱了一句什么话，儿子挥挥手便一直向安检门走去。当我走过这位母亲身边的时候，我的心被她的目光抓住了。我真不知该怎样描写她的目光。它朴实、平常，却又那样丰富而撼人，一直追寻着儿子的身体向前延伸，传递着母亲深情的祝福、希望、期盼，以及许许多多难以言述的东西。遗憾的是那位儿子，并不知道在他的身后有这样的目光正看着他，他不知道自己正沐浴在幸福之中……不，这目光中不只是爱。

读史铁生的《我与地坛》，最忘不了的便是她母亲的目光：有一回因为双腿残废几乎失去生活勇气的作者，摇着小车出了小院，忽然想起了一件什么事又反身回头，这时，他看见母亲仍站在原地，还是送作者走时的姿势，望着作者拐出小院去的那处墙角，……我相信，作者后来能够找到活下去的理由，母亲的目光一定起了很大作用。在作者有了很大成就以后，和别人谈到当初写作的动机和动力，他毫不隐讳地承认"为了母亲""这一愿望是占了很大比重"的，只是遗憾在他成功的时候母亲已经不再活着了。我在作者的不止一篇文章中读到他母亲的那双目光。

……

我自己读了这篇没有完成的文章之后说："大家说说，我是如何理解这则材料的，我这篇文章的立意是什么。"

一位同学说："我觉得你这篇文章的主旨还不是很鲜明。"

"是的。我的文章还没有写完。但我觉得我对材料的理解，或者说主题的基本取向还是明确的。"

"我觉得最后一段表达了黄老师的主题。"另一位同学说。

"我觉得黄老师是写母爱的力量。"又一位同学说。

"看来我还没能把要表现的主题表现到位。不过同学们应该从我对材料的处理去理解我的这篇还没有写完的文章。首先要看看我是怎么写这对母子的，为什么又要写史铁生和她母亲。"

我请一位同学又读了我的这篇不完整的文章。接下来，我让他们自由讨论，我是如何写这对母子的。很快大家就发现，我写这对母子用了对比的方法，其实我在讲故事时已经暗示了这一点，我用赞美的笔调写这位母亲，用稍带一点否定的意味写这位儿子，写母亲的无比不舍，写儿子的并不在意。然后又让大家讨论为什么要写史铁生的母亲。大家发现两位母亲都是从背后看着儿子，都用目光跟踪着儿子，抚慰着儿子，而且都是用一种担忧的爱怜的牵挂的目光，只不过一位儿子是开心的，一位儿子是痛苦的。

接下去，我让同学们为我这篇半成品的作文补一个结尾，并且分小组进行讨论怎样结尾比较好，然后再全班交流。大家的结尾虽然各不相同，但基本是这样几个角度：

①在我们前行的路上，只要有母爱的陪伴，我们便永远不会孤单。

②不管我们走多远，我们总要想到那些思念我们的亲人。

③远行的我们就像一只风筝，母亲的目光就像风筝的线，这根线把我们和母亲永远连在一起。

④前行的人，心里装着的总是前方；而那些身后的人，心里永远装着我们这些前行的人。

我高度肯定了这些同学的思考，引导大家讨论了这几个结尾的立意角度的不同，然后出示了我想到的结尾：

其实，在我们每个人的身后，都有着一双双这样的眼睛：父母的，爱人的，孩子的，朋友的……只要我们时时感受到这样的目光正看着自己，当我们面对一个个困难、一个个诱惑的时候，我们便能坚定自己动摇的信念，把握住自己迷乱的心。

我让同学们评点我这个结尾，有的同学认为不错，有的同学认为主题比较深刻，但文章显得单薄。我欣然接受了大家的意见，告诉大家：这还是一篇没有好好加工的习作，还是一篇半成品，之所以拿出来让大家讨论，是希望激活大家的想法，希望大家从这则材料中看到更多，希望大家都能写得比我更好。

听课者说

生长性：语文共生教学的本质特征

广东省深圳市龙华新区教育科学研究管理中心　向　浩

"共生教学"较之传统语文教学，具有十分鲜明的生成性，而较之一般的生成丰富的语文课堂，它又具有很强的生长性。

传统的语文教学是"结论性教学"。传统的语文教学过程，常常是寻找答案的过程，常常是印证教师预设结论的过程。在这样的教学过程中，学生基本处于不断被灌输知识、思维不断被限制的学习状态。

新课改以来，新的课改理念提倡课堂上以教师为主导，以学生为主体，主张学生在课堂上更多地进行自主学习和探究学习。这样的改变，让原来沉闷的课堂热闹了起来，让原来老师讲得多变成了学生说得多。因为课堂上学生可以畅所欲言了，所以学生在课堂上的即时生成也就比较丰富了。但是，学生有自己的想法，学生表达了自己的观点，就证明课堂教学效果达成了吗？其实不然，据我们观察，很多学生生成丰富的课堂，其实无非是把传统课堂里教师要讲的话通过学生转述出来而已，实际上就是教师课前预设的一次演习，是变相的"结论教学"。即使在课堂教学中，产生了很有价值的课堂生成，却又因为不在教师的预设范围之内，常常被教师无意识地摒弃了。"共生教学"既合理地解决了传统语文教学中的老问题，同时也化解了当下语文教学中的新困境。"共生教学"法最大的特点，就是能及时发现和利用学生在课堂中有价值的生成，并能让学生在学习过程中不断生长，简言之就是"共生教学"具有"生长性"。

何谓"生长性"？就是它能够激发学生的学习兴趣，引发学生的语文学习活动，激活学生的思维。简言之，相对于其他语文教学法而言，"共生教学"法不仅需要课堂有生成，更需要学生在课堂上能不断生长。

接下来，我们就黄厚江老师的写作教学课例《主题的提炼与角色的选择》，来深入了解"共生教学"生长的特性。

按照黄老师关于"共生教学"课型的分类来看，《主题的提炼与角色的选择》一课应该属于"立意共生"课型。在写作教学中，同一个材料，同一个题目，常常有多个立意。只有从不同角度透视材料和审读题目，才能发现最好的、最适合自己的立意。所谓立意共生教学，就是在互相交流和碰撞之中激活学生对题目和材料的理解，形成多向立意共生，培养学生审题立意的写作基本能力。这节课，黄老师就是根据自己在机场送女儿过安检时看到的一幕故事展开的，而后让学生为这个故事选择立意。

黄老师首先递给学生一个"点"，即"一位母亲送儿子过安检并目送儿子离开"这么一件事，然后依据这个"点"展开了整节课的教学。为了更清晰地呈现教学过程，笔者借用以下图示予以梳理：

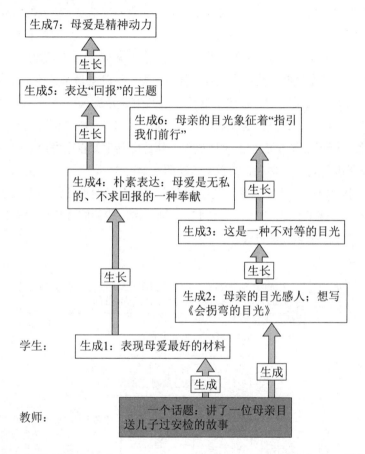

在这个教学环节中，黄老师的一个话题引出了学生七种生成。我们不妨对这七种生成再进行简单地分类：一类是关乎"母爱"，如生成1和生成4；一类聚焦"目光"，如生成2、生成3和生成6；还有一类是关注"母爱的引申义"，如生成5和生成7。这些生成，都是学生在自己原初的知识储备上自发生成出来的，是在没有得到老师有目的的教学指导下自然产生的思考结果，我们视之为自然生成。在课堂上一个教学活动能引出学生这么多生成，已经是非常精彩的

第一章　作文指导课 ·41·

了。其实,黄老师带来的这个故事,就像一粒种子,学生的七种生成就是这粒种子发育和生长出来的新枝干。在"共生教学"中,我们往往把这粒种子称为"共生原点",就是共生教学展开的出发点,有时也是教学过程展开的支点,有时还可以是教学活动的激发点。

在共生教学中,往往因为有"共生原点"的出现,即使教师还没有按照自己的预设开展其他教学活动,学生也是可以在原初生成的基础上彼此影响,从而实现生长的。例如生成3"不对等的目光"就是对生成2"感人的目光"的一种升华;生成6"母亲的目光象征着'指引我们前行'",也是在生成2和生成3之后的一次从浅白走向深刻的升华。这些生长,就像是树上长出的新鲜嫩叶,虽然娇小,却春意盎然,给课堂注入了很多活力,给师生带来了很多惊喜。

但在"共生教学"中,仅仅有这些生成和生长是远远不够的。教师必须通过其他的教学活动,让这些新长出的枝叶长成"主干",还要长得枝繁叶茂。这里所讲的"主干",就是教学的主体过程,就是由共生原点生发出去的一条教学主线,就是围绕具体教学内容的教学活动的科学组合。

实录中的第二个环节,就是黄老师有意识和有目地地让第一个教学环节中新长出的枝叶逐渐长成"主干"的过程。接下来,我们同样用图示来显示第二个教学环节中学生生长的过程:

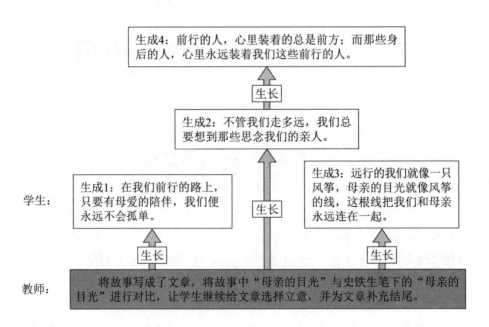

在这个环节中,首先是教师的材料发生了变化:由一个口述的故事,变成了一篇文章(半成品)。而且在文章中,黄老师对"母亲的目光"的出现进行了浓墨渲染,对"母亲的目光"进行了生动刻画;其次,黄老师还将史铁生笔下的"母亲的目光"与之进行对比。这样的处理,都能让学生基于这篇文章进行更深刻的思考,从而生成出更有深度的立意来。

　　我们一起来看看学生的生成情况,看看较之第一个环节都有了哪些生长?

　　通过读学生们续写的结尾,我们不难发现他们的立意的确深远了很多。主要表现在以下两个方面:第一,开始辩证思考问题了。如上述生成 2 的立意讲到了爱的双方要互动,除了母亲思念我们之外,我们也要思念母亲。第二,思考变得有哲理了。例如生成 4 的结尾,非常精彩。"前行的人,心里装着的总是前方",这不仅仅是指故事中儿子只知赶路,而忽略了身后的母亲,更指生活中的我们,只知道一味奋斗、拼搏,而错过了身旁、身后很多更有意义的风景,如亲人的默默关注。"而那些身后的人,心里永远装着我们这些前行的人",这后半句跟前半句一对比,表现了默默奉献的精神的伟大。以上体现在学生习作上的两大变化,就是"共生教学"中常见的生长。"共生教学"中的"生长",就是让学生在学习一节课之后,语言表达更准确、更连贯、更流畅、更得体,思维更新颖、更客观、更缜密,情感更真挚、更丰富、更投入。

　　"共生教学"之所以可以清晰地看到学生的生长,是因为它讲求逻辑关联。在具体教学中,前一个教学环节是后一个教学环节的基础,或者后一个环节是前一个环节的发展和深入,就如本节课中的两个教学环节一样。也正因为有了关联性,"共生教学"才具有"生长性"。另外,"共生教学"的生长性,不局限于课时的长短,不局限于受众的差异,不局限于地域的更换等授课条件,即使一节课的教学结束了,课堂上那颗最初的种子、那株已慢慢长成的主干,也可以在往后的时间里、在不同的地方、在不同的人身上继续生长,继续蔓延。

　　笔者也相信,这一节课中的那颗种子,还会在更多的人心中盎然生长的……

学生习作

身后的目光

江苏省苏州中学　江一生

去机场的路上，妈妈总是不停地唠叨，要注意休息，要适应环境，每天晚上要打个电话，一个人在外要好好照顾自己。我不厌其烦地听着，偶尔敷衍回答两句。她边说边看着我，眼睛里满是担忧和不舍，我没有回应她的目光。我都是18岁的小伙子了，还把我当孩子。

终于到了机场，看见忙碌的人群，听见广播里催促登机的声音，望着空中一架架消失在视线中的飞机，我忽然意识到自己真的要离开了，看一眼身旁帮我拖着行李箱的母亲，却发现她一直在注视我。"妈，把东西给我吧，我要过安检了。""在外一定要当心啊！要跟家里常联系，有什么要跟妈讲。""我知道了，好了，你就放心吧。"

看着她的眼睛，我停住了脚步。她的目光里有太多的关切和担心。毕竟我要一个人在国外生活了，她总是舍不得的。她看着我，像看着一个生病的婴儿，眼里满是疼惜，却又有一种期盼，希望我一切都好，希望我回来时脸上挂着成功的微笑。她的目光又是复杂的，不想让我走，怕我在外边有什么不如家里的；却又希望我出去闯一闯，磨练自己，将来能有更好的生活。她该是多希望自己能陪着我一起出去照顾我，却又知道这必须由我一个人去经历。她什么都没有说，但她的目光包含了一切，像冬日的阳光，温暖笼罩着我。

我走进安检口，没有回头。但我知道妈妈一定还在身后看着我。我忽然不敢回头看她，不敢接受她的目光。我怕这一回头，看见她鬓角的几缕白发，看见她眼角的泪光，我会再也迈不开前行的脚步。我是男孩子，该去外面闯出自己的世界了。不要回头，不要停下来。

我进了登机口，妈妈应该跟不进来了。我突然像是松了一口气。转过身，看着陌生的人群，不知所措，我想妈妈应该还在安检口望向我这个方向，虽然她无法看到我，甚至不知道我在哪个方向。我想走回去再看看她，跟她道别。但是我知道这不可以。就让我再叛逆一回。我该做的不是在机场犹豫不决，而是在国外努力学习。妈妈希望我能过得更好，她更希望能看到我回来时的微笑和自豪。

　　她的目光笼罩着我,是关心,是不舍,更是我前行的动力,我知道自己该怎么做。

　　我想一定还有很多人注视着我。有我知道的,也有我不知道的。原谅我没有回头停下来看你们一眼。但相信我,我会用更灿烂的微笑来回报你们的目光。

第 4 节课

教学实录

议论性材料的分析与立意的选择

师：写作文会遇到一个无法回避的问题，就是审题。材料作文的题型很多，其中有一种是议论性材料，我们今天这节课就来学习议论性材料的理解和分析。

先来看一句非洲谚语，这句话是苏州某年高三模拟考试的作文题，我将它写在黑板上。（板书：一个人可以走得很快，但不可以走得很远；只有一群人才能走得更远。）

师：这句话看上去很好懂，但要想写好其实不容易。我们现在面临一个选择，你愿意选择一个人走呢，还是一群人走呢？选择一个人走的请举手。（有几位学生举手）

师：毛泽东说过一句话，真理往往掌握在少数人手里。所以，一个人走其实不可怕，说说你想一个人走的原因。

生：如果去死的话，就一个人走。

师：的确是这样，但我们还是更多地考虑生的问题吧。孔子说：未知生，焉知死？在这个年龄考虑死的问题，稍微有点早。（生笑）

生：一个人走，可以想快就快，想慢就慢。

师：我们要学会概括，你的意思是一人走，可以更自由。（板书：更自由）

师：请赞同一群人走的同学们举手。（大部分同学举手）

师：请你们说说，一群人走有哪些好处？

生：我选择一群人走，是因为无法忍受一个人的孤独。

师：是的，一群人走的好处之一，是不孤独。（板书：不孤独）

生：一群人走，可以互相勉励。

（师板书：互相勉励）

生：一群人走，可以互相帮助。

师：是的，人总有不够高大、不够顽强的时候，在这个时候，有一个同伴拉你一把，多好。接着说。

生：一群人走，可以相互启发。

师：是的，一个人的思维总是有局限的，一群人走，可以形成思维互补。（板书：思维互补）

生：跟着别人走，很容易迷失自己。

师：你是从否定一群人走的角度来说的。换句话说，就是一个人走，可以保持自我。（板书：保持自我）这位同学有着非常好的思维品质，就是当我在想方设法证明自己观点正确的时候，还可以去想想别人会不会是不对的。

师：我们现在来回顾一下，刚才有几位同学赞同"一个人走"，理由有更自由、保持自我等。更多的同学说要"一群人走"，主要理由有：不孤独；互相鼓励，获得精神慰藉；可以互相帮助；形成思维互补。说到这里，同学们至少可以写两篇文章。

师：说理的最基本要求是要有理有据，这一点我们班同学做得不错。为了让我们的认识更加深刻，更加全面，我们还可以否定相反的观点，当然也可以否定自己的观点。请同学们尝试否定相反的观点或者否定自己的观点。

生：我否定自己的观点，我刚开始赞同"一群人走"，但现在看来，还得看是一群什么样的人。

师：同学们，你们看，这就叫思想。如果不是志同道合，一群人走就不孤独吗？我上了一辆大巴车，车上有50多人，但我仍然是精神孤独的，因为车上我一个人也不认识。因此，一群人未必不孤独。

生：我反对"一群人走可以互相勉励"这个观点。比如我好朋友考差了，我心里难过；他考好了，我心里更难过。

师：哦，你是说要看心胸。一群人在一起并不一定是相互鼓励的，也可能是相互拆台的。是不是？

生：是的。

师：你说得很深刻。同学关系的确是很复杂的关系，有些同学是互相鼓励，有些人却是死在同学手里。

生：我否定一个人走的观点，因为这群人也可以是志同道合的一群人，那么相互之间就不会是负面的干扰。

生：我不同意。即使是一群志同道合的人也会有不同的想法。

师：是的。毛泽东、陈独秀都要建立新中国，算是志同道合的，但他们选择的方法、道路并不一样。

生：我也反对一个人走。因为一个人走，缺失方向感，很容易一意孤行。

师：是这个道理，一个人走很容易走进沙漠，你就潇洒吧。（生笑）

师：一个人的思想不仅体现在辩论的时候，还体现在与自己思想的交锋上。议论文写作是一个不断否定自我的过程。

到目前为止，同学们大多没有跳出我的圈套。我们始终在"一个人走"与"一群人走"之间进行二元对立的选择。人生是不是只有"一个人走"和"一群人走"两种情况？我希望两次都没有举手的同学发表你的意见。

生：我的观点是，肉体上可以一群人走，精神上必须一个人走。

师：能举个例子吗？

生：写诗的人和学数学的人虽然在一起，但灵魂并没有在一起。

生：我认为，在生活态度上，我们可以选择一群人走。但是，当我们与别人意见不同的时候，要保持自己的见解，一个人走。

师：你说的是某一方面需要一个人走，某一方面又需要一群人走。能不能用"有时候……有时候……"来说说你的观点呢？

生：人生可以分为两个阶段，一是知识积累的阶段，一是创造发展的阶段。前一个阶段需要一个人走，后一个阶段需要一群人走。

生：我跟他相反。前一阶段需要一群人走，后一阶段需要一个人走。

师：同学们，你们赞同哪一种？赞同前一种还是后一种？

生：我赞同前一种。积累是一个人的事情，一群人更利于创造。

生：我赞同后者之说，因为创造属于自己的发现，创造需要自由。

师：能不能跳出两种说法？

生：这样的分法是不科学的。其实这两者是交错的。在学习积累的时候，有时候需要一个人走，有时候也需要一群人走。

师：你说得很好，我们讨论这个问题时，其实可以不要限定在这两个阶段。还有没有其他观点？

生：同一个阶段，既要一个人走，又要一起走。

师：请你阐述一下。

生：我来建个模。一个人走是纵向的，一群人走是横向的。

师：能不能说个具体情境？不要建模，建模是理科思维，写作文需要用"比如"这类术语，举个例子或者假设一个情境。

生：好的，比如，我要写一篇论文，我是一个人写，同时又要借鉴其他人的成果。

生：我不同意，写论文也可以先一群人讨论，然后各写各的，干完后汇总。

师：你的观点是，一群人走的时候，也可以各走各的？

生：是的。

师：还有其他观点吗？

生：一个人要在一群人中走，一群人像一个人走。

师：你先说说第一句。

生：一个人要在一群人中走，是说一个人要在一群人中汲取智慧。

师：同学们说得都不错，但是你们的思维还有陷阱。你们总是在比较一个人与一群人的关系。能不能着眼于一个人本身，谈谈一个人与一群人的关系？好的思维，总是跳出别人与自己设计的陷阱。

生：人在社会生活中总是无法一个人真正独立地生活，他需要依靠别人而生活，但同时他又可以保持自己精神上的独立性。

师：你说得很好。一个人在很多层面具有两面性，比如精神追求与物质追求。一个人在精神上可能总是一个人走，一个人的外在生活可能总是一群人走。是不是可以得出这个结论——人，总是一个人走与一群人走的统一交融？

生：是。

师：有没有谁能证明，即使在精神上，我们也不一定是一个人走？

生：我们的精神成长总离不开与名人在精神层面的沟通。

师：说得很好，一个思想健全的人总是与许多伟大的人在一起。

师：刚才，我们跳出了二元对立的思维怪圈，但对这句话的理解还没有达到深刻、透彻、独到的程度。我们现在回到这句非洲谚语本身，看看这句话除了"一个人走"与"一群人走"的矛盾外，还有什么矛盾？

生：快与慢。

师：你读到了题目中隐含的一组矛盾，很好。这句话里还隐含着其他矛盾吗？

生：远和近。

师：准确地说，应该是"远"与"更远"。非洲谚语这句话里"只有"这个词暗含着命题人的情感倾向。如果你们来选择，会选择"远"还是"更远"呢？

生：选择"更远"，着眼未来。

师：哦，你是选择"更远"，提前作好规划。

生：我也会选择"更远"，因为命题人的意图就是"更远"。

师：但你也要注意，命题人对一味地献媚迎合也是不欢迎的。作文问题也是人生问题，不能为作文而作文。如果为了迎合命题人而故意编造假话、谎话，除非遇到智商比傻瓜还要低的阅卷老师，才会给你高分。在考场里拿起笔写下你的选择时，就是你目前人生的选择。

生：千里之行，始于足下。"远"是"更远"的前提。

师：你的观点是，有近才有远，有远才有更远。

生：对的，这样可以使目标更清晰。

师：明确眼前需要做什么。

生：我反驳他的观点。如果我们在雪地里走路总是看着脚下的路，走出来的路线是弯的；如果盯着远方，走出来的路线是直的。

师：你是说，有一个更远的目标定位，方向才能更明确。

生：我不同意。我们讨论远与更远，不是在雪地里走这个特殊的情境下。

师：有道理，我们写议论文举例时应举常态的例子。个别、特殊的例子不具有说服力。写好议论文，不仅要有敏锐的感觉，还有要理性的论证。审题，不仅是要得出观点，还要有一个论证框架建构的意识。

师：这句话还有另一组矛盾是"快"与"慢"，你会选择快还是慢？

生：慢，因为慢可以看得多。

生：不但看得多，而且看得更加深入。

生：快太累。

师：快太累，慢可以享受些。那有没有同学证明快更好？

生：我认同快，因为超越一步，价值无限，比如科学发明就需要快。

师：科学发明的确需要快人一步。还有其他观点吗？

生：该快的时候快，该慢的时候慢。

师：看来大家已经不被我引进陷阱了。当快则快，当慢则慢。举个例子。

生：有风景的时候走慢点，穷山恶水可以走快点。累的时候也可以走慢点。

生：我认为，写作文平常写慢点，高考时要快点。

师：你们同意吗？

（学生迟疑）

生：我补充一下，我是说，平时写作文可以多去想想，写得尽可能慢些，只有这样，到了考试时才能写快、写好。

师：能不能提炼出观点来？

生：慢是为了打基础，为了快。

师：有了前面的慢，才有后面的快。生活大概也是这样。

师：其实，这句话本身是有逻辑漏洞的。因为快和远并不是绝对对立的，走得快未必就走不远。关于"快"与"远"，还有其他观点吗？

生：我选择既快且远，因为快和远之间并没有必然的矛盾。一件事可能在某一阶段就需要快。

生：我选择以远为目的的快。

生：既不要快也不要远。

师：老师觉得很欣慰。大家对话题的认识越来越深刻，也越来越辩证了。是的，人生一定要既快又远吗？我们思考问题时，经常会掉在别人的陷阱里。人生的精彩或许恰恰在于也不快也不远，有时一个人走，有时一群人走。

师：我们刚刚进行的是议论性材料的分析，请同学们归纳一下透彻、深刻地理解材料的方法。

生：要从原文出发。

师：对。这是第一条。

生：要跳出二元对立的思维。

生：要跳出作者为我们设立的思维陷阱。

生：我觉得不仅如此，还要跳出老师最后的观点。

师：我觉得最重要的是善于跳出自己的陷阱。

师：刚才我们是讨论材料的分析和理解。现在我们再来聊聊观点的选择。大家先说说这句话我们可以有多少个观点。

生：人生必须一群人走。

生：人生只能一个人走。

生：人生可以一个人走，同时也可以一群人走。

生：人生有时候一个人走，有时候必须一群人走。

师：还有吗？

生：人在某些方面可以一群人走，在某些方面一个人走。

生：人生应该追求快。

生：人生应该慢慢走。

生：人生不必追求远。

生：如果可能，人生应该追求远，让生命更有长度。

师：还有吗？

生：远和不远是相对的。

生：远和不远是统一的。

师：很好。非洲人这句谚语，可以让不同的人获得不同的人生启发。如果同学们根据这一材料确定观点，你们如何选择呢？

生：如果我的观点很消极，怎么办呢？

师：首先是要让你的观点不消极。我们为什么要消极地看问题呢？其次是，你的所谓消极，如果从积极的角度去写，很可能就是有深度的。你是什么消极观点呢？

生：一味求远，容易翻车。

师：这个观点并不消极啊。只要是本着负责的态度，对自己负责，对生活负责，只要能够进行充分的论证，就没有所谓的消极的观点。

师：好，时间不多了。我提醒同学们：当我们对材料有了深入的分析之后，选择观点时，既要言由衷发，又要切合题目；既要吃准命题意图，又要有自己的思考；不仅要力求新颖，更要能够自圆其说。当然，要真正做好，还要我们多练习，多思考，思考题目，更要思考生活。

好，下课。

听课者说

共生写作教学的原点与拐点

江苏省太仓市明德高级中学　金友珍

很多时候语文教师进行作文指导或讲评总感觉力不从心，因为教师既不能把自己的思想或思维移交给学生，又不能把自己掌握的知识复制给学生，而作文需要的正是让学生用自己掌握的知识，通过一定的思维方式和语言形式来表达自己对现实或历史的思考，发表自己的看法。学生始终是作文的主体，教师的身份只是也只能是一个引导者。因此，教师只能运用自己的知识和思维方式去有效引导学生调动自己的知识储备，发展自己的思维能力，拥有自己的思考结论，在师生共生的过程中逐步展开、完善对一个问题的认识与思考，最终真正达成"教学相长"。下面以黄厚江老师的作文指导课《议论性材料的分析与立意的选择》为例，谈一谈作文共生的原点和拐点。

"原点"是共生的基础，也是引发学生思维的慧根。它可以是师生对生活产生的兴趣和基础性思考，也可以是学生对事理的原有认识。但是"原点"的特质不仅是师生原有的，更需要它有延展性、深发性。这个"原点"必须足够激起师生间思维的兴趣与波澜，必须契合学生的生活实际。黄老师和同学们一起分享一句自己喜欢的非洲谚语，这是老师对生活的兴趣与思考，同时也向学生传达一种基础认识；学生在听写、还原的过程中也激发出了对生活的基础性思考，形成了对两种生活方式的最基本的认识并作出了自己初步的选择。在这一环节，黄老师重点让学生阐述了自己选择的理由，不厌其烦，层层铺开。因为这些就是共生的原点，老师有了一个原点，可以考虑推进的程序；学生有了这个原点作基础，下面的思考才有深入的可能，下面的思维才有周全的可能。

教师要寻找这样的"原点"，其实并不是那样简单的，它必须基于教师对学生的充分了解以及对课堂的掌控性非预设。所以，作文引导材料的选择，教师是要下一番功夫的。它或许是课本中的某一个故事，或许是生活中的某一种现象，或许是某人对某件事的一个看法，或者是一个哲理……无论如何，它都必须有张力，能关联学生的生活实际。对于"一个人走"还是"一群人走"，学生也许真的没有接触过或者思考过，但在生活中学生们对于类似问题其实是很熟悉的,也有过很多层面的思考与选择,他们能思考到什么层面、什么深度,教师是心中有数的。教师虽然不知道学生在课堂里会说出什么样的理由,举出什么样的事例,有过怎样的生活体验,但必须能了解学生的思维方向,这样才可以把控好课堂的节奏,让"原点"成为生发的根基。相反,如果教师在引导前没有做好这方面的工作,不去对学生的原点进行充分的了解思考,而是随意选择一个点,让学生进行无序思维,那么这样的课堂一定是杂乱的,也必定是无法掌控的,课堂效果也就可想而知了。课堂的掌控性非预设其实正是源于教师备课时的充分预设,课前的这种非预设性预设做得越充分,课堂的掌控性非预设就会越成功,课堂中师生的思维就会越活跃,师生间的生成就会越充分,课堂教学也就越高效。

"原点"是作文共生的基础,要真正达成共生,还需要教师在课堂的动态中适时寻找共生的"拐点",只有找到"拐点",共生才可能继续,思维才可能铺展或深入。"拐点"是师生思维的节点,也是课堂生命的关节,更是学生思维与能力得以提升的关键。如果说"原点"是"慧根"的话,那么"拐点"就是智慧的"引擎"。作文共生的智慧,就是教师智慧地引爆这些思维的"拐点"。

"拐点"一:发散思维时的适时聚拢。由于阅读体验及生活体验的不同,学生对于一个问题的思考,无论是思维的广度还是深度往往是千差万别的。发散思维,对于问题的思考无疑是有很大益处的,但发散不是目的,目的是要在发散的基础上进行聚焦,只有聚焦了,才能把问题看清楚,否则思维的影像永远只是朦胧含糊的。黄老师在每一次学生发散思维之后都有一个"提炼板书"和"梳理"的环节,不要小看这个环节,它们就是一个个阶梯、一个个爆点。

"拐点"二:线性思维时的折角反射。许多时候,我们的思维都呈线性状态,这种思维的好处就是能将思考进行到底,但由于外延的不严密,它的弊端就是容易钻进牛角尖里去。教师在引导学生对问题进行深入思考的时候,就要时刻关注好学生的思维动向,抓准时机,通过折角反射,让学生站到另一个角度把问题看得更加清楚。当学生们对于"一个人走"还是"一群人走"充分阐述各自的理由之后,黄老师抛出了"人生是不是只有'一个人走'和'一群人走'两种情况?"这一"拐点",学生在走投无路的时候"忽然洞开",找到了新的方向,站到了另一个新的思维高度,在肯定与否定之间让各自的思考更加深入、更加辩证。在这个基础上共生出的学生的回答显然是高出一个层面的。

"拐点"三:无序思维时的有序引导。虽然教师在备课过程中作了一些可控性预设，但课堂是流动的，是千变万化的，学生的个性也是多种多样的，因此很多时候由一个问题所引发的学生的思考往往是杂乱无序的，这种无序在发散或线性思维中都有可能出现。"无序"在作文共生的前期可能也是有益的，至少它可以活跃气氛、打开基础思维，让老师有机会寻找共生的"原点"。但若一直处于无序中，引导肯定失败。如何变"无序"为"有序"，这就是教师的智慧，找到这个"拐点"的根本就在于教师必须敏锐地捕捉到学生无序思维中的亮点，让它们来一个"华丽转身"，进行质的提升。其实在这个"华丽转身"的背后，就是教师的教学功底与智慧。黄老师在学生的很多回答之后都会来一个"重复、提炼"，他的提炼有时候是学生回答中的关键词，有时候是对学生回答的概括与提升。比如，学生说：一群人走，可以互相启发。教师提炼出"思维互补"其实也是一群人走，两个模式是并行的。我们不妨仔细比较，不难看出正是这样的概括与提升使学生原有的处于无序状态的思维完成了一次"华丽转身"，从而变得有秩序、有方向了。

"拐点"四：和谐统一时的矛盾碰撞。任何发展都是在"矛盾—统一—矛盾—统一"的循环往复螺旋上升中进行的。写作的引导，课堂的推进，同样也是这样的一个过程，从这个意义上讲，作文共生的"拐点"就是当学生思维滑入平衡、课堂处于"无波"状态时，教师制造新的矛盾点，推动出新的思维空间。当同学们能够用肯定否定的方式辩证思考怎么走的问题，而且讨论得兴致勃勃时，黄老师突然宣布他们都跌入了"陷进"——二元对立，他让学生意识到思维与生活的实际发生了矛盾，学生想要突破这个矛盾，就必须联系实际生活，对选择问题进行再反思。跳过这个"拐点"之后，学生发现了多种模式的并行或交错，他们的思考已经不再空洞，不再悬浮，而是有血有肉，有根有据的；而对于问题的思考也变得更加周密、更加科学。而当学生津津乐道于"一个人""一群人"走的研究中时，黄老师则宣布他们又掉进了自己设置的陷阱里去了，因而他们又站到了另一个高度去研究，单从一个人的角度去深入思考了。当学生把"走"的问题终于想明白的时候，教师又推出了从谚语本身意义的角度，重新审视对谚语的认识。真是一波未平一波又起，学生的思维就是这样在一次次的矛盾冲撞中逐步完善，写作的引导也就在这样的一步步共生中逐渐推进。

"拐点"五：共性认识中的个性张扬。写作指导的可贵之处就是鼓励学生用自己喜欢的方式来表达自己独特的思想。课堂引导、师生共生的好处是人多力量大，可以集集体的智慧于一体，从而提高师生的普遍认识。但是也可能带来一个弊端，那就是共性有余而个性不足。而缺乏个性，那可是写作的大忌！共性认识中个性张扬的"拐点"的根基是学生独特的生活体验、阅读体验和认知体验。因此，教师在引导学生思考问题时一定要触发学生个体的知识引擎和体验引擎。一个很实际的办法就是讲理由、举例子。黄老师在引导的时候常说"请你阐述一下""举个例子"，学生的对答都会有"我认为""我的观点是"，他们回答涉及的面也非常广泛，从论文写作到数学概念，从精神成长到科学发明……我相信，这样引导下写出的文字一定是有个性的。还有一个很必要的做法是包容不同的观点。教师说的不一定全对，看似错的不一定全错。在同一个问题下允许学生不同观点的存在，哪怕看起来不一定正确，关键要看学生能不能讲出自己的道理来，有没有自己的真实看法和想法。作文的个性与共性看起来似乎是矛盾的，其实也是可以融合的，教师的智慧就是找到其中的"拐点"，让学生在共生的基础上写出具有个性的文章来。

作文指导课虽然讲究师生共生，但这绝不是毫无目标的随意性生成，教师必须以对学生的充分认识以及学生的原有认知为"原点"，充分把握课堂的动态原则，敏锐捕捉课堂生成的"拐点"，在非预设的前提下，把控师生间的螺旋生成，让师生间的思维逐步走向更广、更远、更深，让学生的表达逐步走向更个性、更有效。

学生习作

梭罗的小木屋

江苏省苏州中学　徐一斐

1845年3月，一位年轻人借来一柄斧头，走到瓦尔登湖边的森林里，开始砍伐白松来做建筑材料。同年7月4日，美国独立日这天，他住进了自己盖的湖边小木屋。这位年轻人就是亨利·戴维·梭罗。梭罗在这间木屋里单独生活了两年多，实现了一个人的精神远征。

梭罗及其《瓦尔登湖》，作为重大的精神事件，正被越来越多的后人分享和思考。这似乎证明了一条定律：在精神领域里，一个人能比一群人走得更远。

精神思想往往偏爱孤独者，而一个时代的精神先驱几乎无一例外都是孤独的守夜人。鲁迅的荷戟独彷徨，托尔斯泰的离家出走，还有茨威格的决绝离世，都为思想者染上了落寞与悲情。

博尔赫斯说："肥沃的土地，园丁的呵护，我却更愿，在无人的沼泽，静静绽放。"思想者总爱逃离喧嚣的人群，而只给世人留下孤独的背影。人群中只会产生时代的宠儿，却诞生不了思想的先驱。梭罗坚称："如果我像大多数人那样，把自己的上午和下午都卖给社会，我敢肯定，生活也就没什么值得过的了。"是迎合大众，还是悦纳自己，所带来的精神世界的深广，自然不可相提并论。

提起梭罗，不能不想起爱默生。作为导师，爱默生很欣赏梭罗，多次举荐梭罗，让梭罗住在自己家里。在爱默生两次游学欧洲期间，爱默生将家交给梭罗照管。两人关系之亲密，可想而知。爱默生当时已有极高的威望，且对梭罗有恩，但即便如此，梭罗并没有成为爱默生思想的影子，他不同意爱默生对现代文明的礼赞，主张回归自然。梭罗宁可使两人关系恶化，也没有放弃自己的思想与人格的独立。

王介甫曰："世之奇伟、瑰怪、非常之观，常在于险远，而人之所罕至焉，故非有志者不能至也。"独行者往往能走得更远，看到天地、人生之大美，但这需要个体能忍受长期的孤独、拥有独立的人格和坚定的意志。

爱默生的"超验主义俱乐部"，林徽因的"太太客厅"，还有白马湖畔一群文人的散步，自然也能使思想走得更远，但其前提是个体不能苟合取容，而必须具有鲜明的独立性。在某种意义上，精神远征应该且必须由一个人去完成。因此，无论一个人走还是一群人走，要想走得更远，每个人心中都应该给"梭罗的小木屋"留一块位置。

链接之一：

作文指导课的课型特点及操作

我们首先要承认很多语文教师是没有作文指导的。作文教学就是任其自然，就是"看天收"。这样做既有无奈的一面，也有合理的一面。那么，有作文指导课的老师是怎么教的呢？大多数的作文指导课的内容和程序是怎么安排的呢？

1. 题目解析。

某种意义上说，很多老师的作文指导课，就是题目解析。从题目的结构到题目的用词，从实词到虚词，从中心词到修饰语，从作文题的直接要求到隐含要求，从内容要求到形式要求，从字数要求到时间要求，从审题到选材，从剪裁到谋篇，和学生一一罗列、逐一分析，甚至到了非常技术化、非常专业化的地步。

2. 方法指导。

作文教学教方法，已经成为一个普遍的现象，而且似乎还是一些比较负责、比较有心的老师的做法。这些作文课传授的方法，常常是细而全面——审题的方法，选材的方法，开头的方法，结尾的方法。而有些方法，并不是符合作文规律的真正有用的方法，而是投机取巧的方法。比如有些高中老师指导学生要有文采，就是要多用比喻、拟人、排比等修辞，就是多引用古人的诗句。

3. 范文引路。

既有印证某些写作知识的片段例文，也有整篇的范文阅读；既有中学生的习作，也有名家的名篇。如讲细节描写，就从名家作品中挖出一连串的细节描写片段，一会儿是鲁迅，一会儿是契诃夫。除了这样的片段性的范例，很多老师还要选择完整的范文给学生阅读，甚至干脆就是中考高考的满分作文。

这样的作文指导课，对学生的写作多多少少会有一定的指导作用，但每次如此，千篇一律，形式僵化，意义就不大了。其原因主要在于：

一是主题不明。没有明确的重点，就等于教学没有明确的目标。从某种意义上说，全面指导等于没有指导。由于没有具体指导重点，内容就显得分散，认识就比较肤浅，训练也没有方向。知识的学习、范文的运用与写作的训练，常常互相分离。

二是主体缺失。如果说目前学生主体的真正体现还普遍不够理想，那么作文指导课则更为严重。现在的作文指导课，普遍的是以教师讲为主，即使有时候有学生的活动，也多是象征性的配合，或者泛泛而谈的交流感受，而没能把学生引入写作的状态和情境，没有学生立足写作的具体问题的思考和具体写的活动。

三是重心偏移。作文指导课的重心并不是着眼于学生最后写出什么样的文章，而是着眼于激发学生写的欲望，激活学生的写作感受，打开学生写的思路，引领学生的写作过程。而很多作文指导课，关注的是最后写出的文章，是结果的呈现，而不是写作过程的引领。

四是课型不明。有些写作指导课，说不清是阅读课还是写作课。大量的范文呈现，大量的文本阅读，一节课学生花在阅读上的时间常常远远超过写作的时间。即使写作指导课本身，也有很多丰富的课型，有写作理念的学习，有写作能力的训练，有写作知识的学习。而有些写作指导课，到底指导什么，并不清楚。

五是知识中心。有些作文指导课，将知识学习作为重点，其他的活动都是为知识学习服务的。甚至有些作文指导课，老师出示范文和作品，要求学生判断和识别其中所运用的方法；学生自己写了一些片段之后，也要求学生能够说得出运用了什么方法。这样典型的知识中心，转移了教学的中心和学生的注意力。或许某个写作知识，学生真的是学会了，但写作能力并没有得到提高。

针对这样的现状，我们以为作为指导课应该处理好如下几个关系：

一是点和面的融合，突出点的地位。虽然我们不能苛求作文指导课也形成一个完整的系统，但每次作文指导课，根据具体的写作要求，确定一个指导的主题或者指导的重点，还是有必要的。但作文教学是一个综合性很强的学习活动，很难做到仅仅围绕一个点进行教学，即使能够仅仅围绕一个点教学，效果也未必理想。所以要努力做到点和面的融合，基于整体，着眼重点，以及其余，以点带面，效果会更好。比如一节课的指导重点是结构安排，就必然和材料选择、主体确定等紧密相关；又如一节课的指导重点是文章的结尾，就必然和整篇结构、主题提炼紧密相关。即使是对一个点的指导，也要"点"中取点，这样学生才能学得集中，练得深入。如叙事要有波澜，一节课教了好几种方法，一般来说也难有好的效果。

二是读和写的融合，突出写的地位。读和写结合，是我们传统的写作教学经验。可以说，脱离了读，就没有写；但写作课就是写作课，不能混同于一般的阅读课，更不能主体倒置。必须明确，写作指导中的读写结合，读是为写服务的，写是主体，读是客体；读是手段，写是目的。从教学理念到教学行为，从教学时间到训练活动，都必须始终突出写的地位。要不要读，读什么，读多少，什么时候读，都要根据写的需要。通过范文引领写作，是作文指导课的基本做法。但脱离了具体的题目，脱离了学生的实际，意义实在不大，而且这样做很可能对学生的写作心理造成很大的伤害。

三是学和用的融合，突出用的地位。写作指导课，教学生一些写作知识，讲一些写作方法，都是正常的，甚至是必需的。但除了专门的课型，作文指导课的根本任务都不是学习写作知识。了解一点写作知识，是为写作服务的；如果本末倒置，效果只能适得其反。因此，作文指导课，一定要把知识和方法在写作过程中的运用作为重点，要设计和组织写的活动，让学生在写的实践中运用知识，运用方法。

四是教和学的融合，突出学的地位。突出学生的主体地位，是个老话题。课堂教学的主体都是学生，写作指导课也必须如此。作文指导课，没有学生的积极参与，是不会有好的效果的。所以，作文指导课的成功与否，就看教师能否把学生带入写作情境，能否把学生引入写作状态。把学生带入写作情境，把学生引入写作状态，是作文指导课的关键所在。教师所有的"教"都是为了这一目的。

02

第二章
作文评讲课

第 5 节课

教学实录

让观点更鲜明
——作文《风》评讲

（课前印发学生习作《一万个人眼中有一万种风》的复印件）

师：上课。最近我们连续进行了两次议论文写作的训练，大家对议论文的基本要求已经有了大致的了解。下面请一位同学简述一下议论文的基本特点和基本要求。

生：议论文必须有自己的观点。

师：对，议论文写作的目的是为了说明道理。所以鲜明的观点，是议论文的灵魂，也是写议论文的第一个要求。还有吗？

生：议论文要有理有据。

师："摆事实，讲道理"，是议论文的基本特点。那么，什么是议论文的"理"呢？什么是议论文的"据"呢？（指名一女同学作答）

生：议论文的"据"就是论据。

师：具体说说哪些东西可以做论据。

生：事例，数据，名言……

师：对。这些都是常用的论据。同学们要注意，议论文的"理"，除了全文的中心观点，还有分论点也是"理"，对论据进行分析，也是讲道理，有时候也可以直接通过说理来证明观点。好的，议论文的知识还有很多。我们今天就立足于议论文的基本要求来讨论江亦舟同学的习作。先请作者读一下她的习作。

一万个人眼中有一万种风

微风,是飘然拂过的轻柔;狂风,是黄沙漫地的肆虐;飓风,是拔屋倒树的毁灭。然而风到底是什么样的,我相信一万个人眼中有一万种风。

陶渊明说过"风飘飘而吹衣",可见在他眼中风是轻柔的,志南和尚吟道"吹面不寒杨柳风",而一代霸主刘邦则唱道"大风起兮云飞扬",如此雄浑壮阔。可见不同时代不同身份的人对于风的认识也不尽相同。风在淡泊名利的人眼中是柔柔的,那是他们对于自然的美好向往,而在霸主眼中则截然不同,风显示出的只有刚毅,象征着他们的不屈。

人们的思想如同风,可以把人吹向不同的境界。两袖清风的为官者受到百姓的敬仰,赢得一世清名,就像宋朝的包拯,他可以无愧地说:"我的一生只与清风做伴。"还有清朝的纪晓岚也是如此,而在与其同处一个朝代的和珅身上,我们看到的是一股贪污腐败之风,把百姓吹得潦倒,把朝廷吹得腐朽,所以有人说风是清风,有人说风是恶风。

在如今的社会,人们看到的更是一股股形态各异的风。有为开发大西部而兴起的"西进风",有催人上进的竞争之风,但始终免不了那一股股恶风:经常有某某省长、市长或各方官员因贪污受贿、挪用公款而接受审查等。

在不久前还掀起了一股奥运风,大家看到了运动健儿的奋勇拼搏,为荣誉而战,这是一股美好高尚的风。然而总有那么一股不正当之风掺杂着,裁判的不公正判罚,运动员的兴奋剂丑闻,诸如此类的恶风总是存在的。

所以要说清到底风是什么样,还是那句话:一万个人眼中有一万种风,就像一万个人眼中有一万个哈姆雷特。李白说:"长风破浪会有时,直挂云帆济沧海。"所以风是催人向上的风。苏轼说"我欲乘风归去",柳永则低吟"杨柳岸晓风残月"。而我想说:"无论什么样的风都只是我们各自眼中的风。其实它看不见摸不着,所以也就各异了。我们都只是凭着自己的感觉来感受风,就像我们感受断臂的维纳斯的美一样,并没有一个明确的标准。"

于是,就有不解"风"情之人说:"人生自是有情痴,此事无关风与月。"但风毕竟是自然界的尤物,文学家、艺术家的爱物,以及生命中不可缺少的造物。让一万个人保留一万种风吧!

师:现在我们先来了解同学们的基本评价。认为这篇习作已经达到议论文

的基本要求，能够得 70 分以上的同学举手。（大多数同学举手）

师：认为这篇习作没有达到议论文的基本要求，不能得 70 分以上的同学举手。（少数同学举手）

师：认为这篇习作比较优秀或者十分优秀，能得 80 分以上的同学举手。（几个同学举手）

师：好的，我们先请这位同学说说这篇文章的优点。（指名认为能得 80 分以上的一位同学）

生：这篇习作观点很鲜明，内容很丰富，论据很多，而且文笔很潇洒。

师：有道理。

（另一位认为能得 80 分以上的同学举手）

师：有补充吗？

生：他引用了很多诗句。

师：这也是材料丰富，是论据。对，这篇文章论据的确比较充实，而且运用了很多论证方法，有举例子，有引用，还有对比。我们再来听听否定派的意见。（指名一位同学）请你说说为什么不能得 70 分以上。

生：我认为还不像议论文。

师：那像什么？

生：像散文。

师：啊？说说理由。

生：感觉像。

师：感觉也有道理。哪位帮他说说清楚？

（一位否定派的同学举手）

生：我认为主要是观点不鲜明。

（有很多人议论，不服气。）

师：让人家说说理由。

生：我概括不出全文的观点是什么。

师：这话听起来没有道理，其实很有道理。如果读者弄不清楚你的观点，很可能是观点不鲜明。那么本文的观点是否鲜明呢？再请打高分的同学说说理由。（指名前面已发言过的一位同学）你说说本文的观点是什么。

生：是文章的题目"一万个人眼中有一万种风"。

师：是的。题目就表明观点，是提出观点的最基本的方法，而且非常醒目。

但仅仅用题目提出观点还不够，还必须全文围绕这个观点去写。那么本文是否是围绕这个观点展开的呢？有没有不同意见？（没有人举手）没有反应，那请同学们再认真阅读全文，思考这个问题。

（学生再读习作，用时5分钟左右。）

师：好的。我看同学们已经读完了。可以先就近交流一些想法，看意见是否有分歧。

（同学展开议论）

师：好的。看来还是有分歧的。我们可以分为两个阵营交换意见。先请认为文章是围绕"一万个人眼中有一万种风"这个观点展开的同学发表意见。

（一位同学举手，老师示意他发言。）

生：文章标题提出观点，文章开头又进一步明确自己的观点"我相信一万个人眼中有一万种风"，然后所举的例子都是不同人眼中不同的风，在倒数第二段又强调了这句话。

师：这位同学的发言很有逻辑性。其实一次短短的发言，也是一篇议论文，要有理有据。赞同派的同学们有没有补充？没有？那听听另一种声音。（指名一位同学发言）

生：我认为，这篇文章中的例子并不是都证明了这句话。

师：具体说说。

生：比如第三段中的例子，不是这些人眼中的风，而是这些人身上的风。

师：你眼光厉害，看得深刻。接着说。

生：第四段，第五段，也不是某个人眼中的风，而是社会的风气。

师：观点对否，我们再讨论，但思维很清晰。其他同学还有补充吗？

（一位同学举手）

师：好，请发言。

生：我们认为，这篇文章中的"风"前后不一致，不是一个概念，作者在偷换概念。

师：你看过逻辑方面的书，对吗？（学生点头）接着说。

生：开头一、二段，是自然的风；三、四、五段是社会的风气，六、七两段是文学的风。

师：很有见地。大家都同意他的意见吗？

（很多同学点头，也有些同学犹豫。）

师：这位同学提的问题，非常有质量。一个话题，一个概念，常常会有几个甚至很多不同的理解。一般来说，在一篇文章中应该只能是一种理解，否则就是偷换概念或者论题不清楚。如果在一篇文章中有不同意思就必须说明。如果偷换概念或者论题不清楚，那观点就肯定不鲜明了。老师也认为，这篇文章从形式上看，观点是鲜明的，但的确又有含混的地方。但我的理解和刚才发言的同学也有些不同。他提出三个风，自然很有道理，但我觉得第二段和第六段的风，应该是同一个类型，要么都是自然的风，要么都是文学的风。不知同学们怎么理解。当然，这不是关键，甚至无关紧要。我们下面一起来分析作者要表达的思想观点。因为"风"在文章中只是个比喻，要用它来表达什么思想呢？大家先想一想："一万个人眼中有一万种风"这句话是什么意思？

生：是说不同的人对风的态度是不同的。

师：要这样风就不是比喻了，还是自然的风。如果这样写，文章的观点也没有什么价值。就像说风有大风小风，有南风北风一样。

生：是说不同的人有不同的追求。

师：似乎更远了。好的。我们请作者自己说说。

生：我的意思是对同一个事物不同的人有不同的态度，对同一个问题不同的人有不同的认识。

师：是仁者见仁，智者见智的意思。很好。这说明他写文章的时候，心中的确还是有一个明确的中心观点的。可惜后来"跟风跑"了。再看看"人们的思想如同风，可以把人吹向不同的境界"，这个比喻什么意思？

生：人的思想决定了人的境界。

师：非常好。你看问题一向深刻。这是告诫我们要把准人生的风向。对不对？（学生都点头）那么，第四、第五两段，通过对比要说明什么道理呢？

生：要树立良好的社会风气。

师：说得深一点，就是社会之风靠我们每一个人去树立。文章结尾的"风情"之"风"又是另外的意思了，我们今天不去管它。好的，现在看来，这篇文章至少隐含了三个不同的观点。接下来，我想让大家做的事情是，如果从三个观点中选择一个作为本文的观点，哪一个比较适宜？

生：第一个。

师：为什么？

生：因为文章中大多数材料能用。

师：具体说说哪些材料可以用。

生：第一段、第二段和第六段的都可以用。

师：很聪明。但大家要注意两个问题：一个是，写议论文，一篇文章都用诗句作为论据不太好。因为诗句是文学的产物，它的理解往往有多向性，尽可能还是要用典型的事例和形成共识的名言名句。第二个是，单单把材料堆积起来还不行，要对材料进行分类，然后归纳，这样就有了分论点。

不过我觉得，另外两个论点，尤其是第二个论点"要把准人生的风向"也是很有深度很有新意的。如果以此为观点，你们觉得文章中有没有材料可以用？应该怎么写？不妨再就近讨论讨论。

生：第三、第四、第五段的例子都可以用。

师：第五段也可以用吗？

生：可以。那些奥运健儿就是把握了人生的风向，而那些不公正的裁判和服用兴奋剂的运动员就是没有把握好人生风向。

师：一开始我以为没有道理，听你一分析，觉得还是有道理的。

生：我觉得刘邦、李白和苏轼的诗句也可以用。

师：你的思维很敏锐。但大家要注意，论据不是万金油，不能同一个论据到处随便涂，特别重要的是论据叙述时要把握好重心。比如以这三个人为例，就不仅仅是引用这些诗句就行的。

其实，就是从"大家一起树立良好的社会风气"这个角度立论，文章中也有不少材料可以用。时间不多，我们就不展开讨论了。

布置一个作业，每人都选择一个观点修改一下这篇文章。

下课。

听课者说

聚焦和裂变：作文评讲课的共生追求

江苏省苏州工业园区教师发展中心　徐　飞

作文评讲课教什么怎么教，是困扰语文教师的一个突出问题。在观摩了黄厚江老师《让观点更鲜明——作文〈风〉评讲》这节作文课以后，我深切地感到，要突破作文评讲课的瓶颈，找准作文评讲课的聚焦点是极为重要的一个环节。具体体现为：

一、聚焦一个目标，争取每节课有所突破

在通常的作文评讲课上，我们大都会针对全体学生在该次作文中的表现，大谈值得肯定的进步和普遍存在的问题，并借助读少数或优秀或有不足的学生习作，让学生直观地感受写作中的优劣所在。这样的讲评课要么上成了批斗会，要么就是表彰会，其主要特点大都表现在关注整篇文章的各项要求上，诸如审题、选材、立意、结构、语言等方面的得失优劣，在几乎所有的讲评中都会有所涉及，结果造成了作文评讲课总是在平面上兜圈子，千课一面，重复低效。

俗话说：伤其十指不如断其一指。黄老师这节作文评讲课的最大特点是，将教学目标和教学内容聚焦于"议论文如何使观点鲜明"这一问题上。上课伊始，黄老师便开宗明义，指出"议论文写作的目的是为了说明道理。所以鲜明的观点，是议论文的灵魂，也是写议论文的第一个要求"，突出了本节课教学所要聚焦的重点，然后结合"理"与"据"的关系，带领学生来讨论议论文写作应该如何围绕中心论点展开。整节课教学的重心便都放在了这个目标点上，至于议论文写作其他方面诸如结构、方法和语言等等同样很重要的问题，便基本不再关注。这样的聚焦，有助于集中有限的课堂时间来重点解决一个问题，课堂的大多数讨论和学习都是为实现这一目标服务的，集中而有力，确保在这节课中使这个问题的解决有所突破。

二、凭借一篇习作，使得教学更加集中

确定了一节课的教学目标以后，选择恰切的教学凭借，便显得尤为重要了。在作文评讲课中，我们大都习惯于挑出若干篇不同等级的作文，当堂宣读，让学生品评优劣，学习好的写法，找出不当的做法。这样下来，每节作文课几乎都是一个模式，学生得到的大都是笼统的经验，千篇一律，久而久之，便产生了"审美疲劳"，求全而只得其皮毛。相比之下，黄老师这节课的高明之处就是在教学内容的选取上"只取一瓢饮"，只选取一篇习作作为抓手来开展整堂课的教学。精选的习作《一万个人眼中有一万种风》，乍一看确实不错，语言精美，结构清晰，大量引用古诗文，又正反结合评说包拯和和珅等历史人物，再结合现实，褒贬社会中的各种风气，视野开阔，论证方法多样，具有很强的可读性。

但细读下来，又确实存在一些问题，比如主概念"风"的定位不够明确，材料与观点的契合不是太紧密等。这样的一篇习作的选取也足以显示教者的教学智慧，这是一篇有着许多优点但同时又存在些许不足的有争议的习作，正是这争议，使得其具有更强的教学价值，使得课堂的讨论具有了更大的张力。黄老师在这节课中，正是以这一篇习作为抓手，围绕着教学目标，带领学生去集中评说修改，经历写作过程，形成写作经验，获取相关写作知识和能力。

三、立足学生原初认知，让学生在写作中感悟写作

目标明确了，内容选定了，如何有效地展开教学，选定教学起点便又是关键的一步。黄老师这节课给我们的启示就是：要以学生的原初认知为出发点，教学须聚焦学情。尽管我们都是在大谈教学要尊重学生，要以学生为主体，但是要想真正做到却并非易事。心理学研究表明，只有源于自己的基础和需要的学习才是最有效、最有意义的。黄老师深谙此理，他用成功的教学案例告诉我们，作文评讲课得找准学生的认知原点，知道学生目前的认知情况，根据学情去讲评作文，才能更加有效地带领他们去感受写作并提升写作水平。

这节课一开始，黄老师便以"民意调查"的形式，让全体学生对课堂上所提供的同学习作作出各自的评判，以70分和80分两个不同的得分标准来考查学生对这篇习作的基本看法。这样，学生以自己的认识为出发点形成了不同的阵营，每个学生都确定了自己的基本定位，为接下来的讨论辨析作好了准备，也为学生于交往中的学习提供了条件。

课堂中，黄老师充分尊重了学生的不同认识，从他们认识上的差异入手，展开讨论辩驳，极大地激发了学生参与的热情。学生之间的分歧往往是最有价值的教学资源，黄老师正是充分利用这个资源，鼓励不同见解的学生阐述各自的观点，见仁见智，又针锋相对，问题越辩越明，这个论辩的过程，也正是学生思想交互碰撞、充分感悟写作的过程，加上老师的伺机指导，课堂的共生便由此得以实现。

更重要的是，这节作文课之所以有这样的共生效果，还因为在聚焦的基础上实现了"裂变"效应。只有聚焦没有裂变，就不能真正实现共生。

我们看惯的作文课，大多是读读优秀的习作，说说存在的问题，或者由审题到选材，由结构到语言，按部就班，一一说来。大多效果平平，即使所谓升格课，也是大家一起将一篇有问题的写作修改得比较符合要求，或者使一篇比

较一般的习作成为比较优秀的习作。

而黄老师的这节课,既不是平面的效果,也不是"点"的效果。从教学材料看,他只是评讲了一篇习作《一万个人眼中有一万种风》,但让学生学到了丰富的写作知识,进行了多层次的写作思维训练,感悟了写作的过程。我们说,这是实现了教学内容"裂变"的一节写作课。

最容易发现的是教学材料的裂变。

这节课主要是评讲江亦舟同学的习作《一万个人眼中有一万种风》,而经过一系列的学习活动之后,黄老师要求学生对这篇习作进行共生性的再度写作:每人选择一个观点修改一下这篇文章。看起来这是下课前布置的一个作业,其实写作的前期学习过程都已经为这项活动作好铺垫。黄老师在读了习作之后就让学生讨论:本文的观点是否鲜明呢?作者提出的中心观点是什么?有人认为是文章的题目"一万个人眼中有一万种风",有人认为是不同的人有不同的追求,有人认为是对同一个事物不同的人有不同的态度,对同一个问题不同的人有不同的认识,有人认为是人的思想决定了人的境界,有人认为是要把准人生的风向,还有人认为是要树立良好的社会风气。黄老师让每种观点都要从文章中找到依据。最后又让同学们找出其中三个主要的观点,并说出有哪些依据。这样多层次的活动,为后期的共生写作打下了扎实的基础。

其次是核心写作知识的裂变。

每堂课都有要学习的核心知识。正如黄老师自己谈到这堂作文课时说过:"在我提倡的作文教学的基本策略中,有一个就是选点教学,或者叫选点训练。我觉得现在很多老师的作文教学总是笼而统之,大而化之。""我特别提倡,作文训练,尤其是课堂的作文教学,无论是指导还是评讲,都应该有一个清楚的'点'。这个点,就是教什么,就是教学内容。"那么黄老师这节课教学什么呢?当然是教学生写议论文要有鲜明的观点。可以说,这节课都是围绕这个点在教学,而且是针对因为文章有几个观点而使观点不明这样一种错误现象在教学。但黄老师却不是简单地围绕一个狭隘的点,或者说仅仅是为了使这个点的教学能够达成很好的效果在教学,他首先让学生了解议论文观点不鲜明的几种情况,再让学生发现《一万个人眼中有一万种风》所存在的问题。不仅如此,这节课是教学写议论文要观点集中鲜明,黄老师却先让学生从议论文写作的角度对这篇习作进行正反两方面的全面评价。这样不仅使学生对这篇习作有了更全面的认识,更好地发挥了这篇习作的教学资源价值,而且可以把点的问题解决放到文章和写作知识两方面的整体背景之中。

三是学生写作思维的裂变。

写作的外在活动是写，内在活动是思。所以，作文课必须在写作思维的训练上花功夫。黄老师这节课对学生进行了多层次的写作思维训练。首先是立足议论文的写作或者说是立足文章的整体，对这篇习作进行评析；二是立足议论文观点是否鲜明来认识这篇习作的问题所在；三是立足作者解读这篇文章的中心观点是什么，并且联系具体材料分析；四是围绕三个可能的中心观点对文章进行再解读；五是从三个可能的中心观点中选择一个再度写作。多个思维层次的训练，不断推进，不断深化，形成了一个思维训练的"链"。这种裂变式的思维训练，真正触及了学生写作的内在活动，能够促使学生正确认识写作过程，提高写作能力和素养。

学生习作

一万个人眼中就应该有一万种风

江苏省苏州中学　陶一舟

陶渊明浅吟"风飘飘而吹衣"，在他眼中风是轻柔的；志南和尚低唱"吹面不寒杨柳风"，在他眼中风是温煦的；一代霸主刘邦则高诵"大风起兮云飞扬"，如此雄浑壮阔。可见不同时代不同身份的人对于风的认识也不尽相同，一万个人眼中有一万种风。

不禁想起鲁迅谈《红楼梦》的一段名言："经学家看见《易》，道学家看见淫，才子看见缠绵，革命家看见排满，流言家看见宫闱秘事……"因读者眼光不同，一万个读者就有一万部"红楼"，一万个读者就有一万个黛玉。

其实，这很正常。因为事物本身具有复杂性、多变性，人们很难用只言片语概括其本质属性，正如风有时是柔和的，有时又是粗暴的，而南方的风与北方的风各有不同的禀性。从主观上讲，不同人的生活阅历、性格特点、价值观念等决定了审美趣味的不同，于是有人喜欢黛玉的高洁纯情，有人却讨厌她的敏感多疑。这自然没有错，在艺术、文学等社会科学范畴里，允许对同一问题有不同的认识态度，一万个人眼中本应有一万种风。

在人文思想领域，也应如此，允许对同一问题有不同看法。纵观古今中外，人类文化史上繁荣璀璨的阶段，往往是由多种声音组成的交响乐章。战国时期的百家争鸣、"五四"时期的新旧激战、文艺复兴时代的学术纷争、启蒙运动中的思想交锋，人类的文明史，正是在这种不同思想的碰撞中才得以前行和发展。

相反，如果一万个人眼中只剩下了一种风，那无疑是人类精神史上的巨大灾难。而对于这种现象，我们并不陌生。被称为"一代人的冷峻良心"的英国作家乔治·奥威尔在《1984》中描写了一个极权国家。在这个国度，人们没有言论自由和思想自由，一言一行都在"老大哥"的严密监视之下。"老大哥"的意志成为全体民众的意志，一万个人眼中必须且只能有一种风，独立自主的个体已经被极权主义消灭干净。

不要认为极权主义距离我们很遥远，由民主走向极权其实只有一步之遥，人性深处潜藏着权力的欲望，也暗伏着逃避自由的心理。极权统治是由统治者及民众共同组成的，"平庸的恶"正是滋生极权主义的温床。

我们应该庆幸并且坚持：一万个人眼中有一万种风，不让自己的大脑成为别人思想的跑马场！

人身如舟心是风

江苏省苏州中学　吴梦妮

风是一种自然现象，风的特点能够唤起人们丰富的联想和思考。而我由风想到了船。在茫茫大海上，风吹船行，风常常决定了船行的方向和速度。人生其实也是如此。如果说，我们人是一艘船，那么我们的心便是风。这心中的风吹着我们人生的船驶向前方。

心有雄风，则胸怀博大。孟子说："吾善养吾浩然之气"，"其为气也至大至刚，以直养而无害，则塞于天地之间"。这就是说心有雄风则至大至刚。浩然之气，就是充塞于天地之间的雄风。所以苏轼说："一点浩然气，千里快哉风。"这告诉我们，胸中有"浩然之气"的人，才能感受到人生的"快哉此风"。人们敬佩苏子的豁达与淡然，却常常不明其所以。面对常人不能忍受的灾难和打击，之所以能够淡然处之，就因为他心中有一股雄风在，有浩然之气在。李白说："长风破浪会有时，直挂云帆济沧海。""长风"也是雄风。一代霸主刘邦之所以能够唱出"大风起兮云飞扬"的豪迈诗句，也因为他心中自有雄风在。其境界虽和苏子不同，但道理却是一样的。

心有清风，则立身则正。陶渊明在《归去来兮辞》中唱道："舟遥遥以轻飏，风飘飘而吹衣。"他何以能有如此清新脱俗的人生体验呢？因为他能够看破许多人汲汲追求的东西，能够看到所谓功名富贵背后的肮脏和黑暗。他在诗的小序中说："余家贫，耕植不足以自给。……亲故多劝余为长吏，脱然有怀，求之靡途。会有四方之事，诸侯以惠爱为德，家叔以余贫苦，遂见用于小邑。……及少日，眷然有归欤之情。何则？质性自然，非矫厉所得。饥冻虽切，违己交病。尝从人事，皆口腹自役。于是怅然慷慨，深愧平生之志。"身陷迷途而知返，靠的是什么？是心中的一股清风。很多人以为，人生是船，理想是帆。而陶渊明"深愧平生之志"。心无清风，"志"，也就是理想，能够把人引入可怕的境地。靖节先生的教训是深刻的。

倘若心无雄风和清风，能有一股正气也就罢了。如果心生邪风，则必致人生之舟颠覆。这样的例子可谓举不胜举。两袖清风的为官者受到百姓的敬仰，赢得一世清名，就像宋朝的包拯，他可以无愧地说："我的一生只与清风做伴。"而那些任由心中贪欲和邪念膨胀的人则无不留下千古骂名。今天的一个个贪官无不是放纵心中的"一点邪气"膨胀为一股自己也控制不了的邪风，终于改变了人生的航向，吹翻了人生的船。

舟船有大小，路途有长远。但人人心中总有一股气，总有一股风，我们都要努力培养心中的雄风和清风，坚决遏制心中的邪气和歪风，哪怕我们的理想不够远大，但航程一定会比较顺利。

第 6 节课

教学实录

记叙文故事情节的展开

师：我刚才听了一节课，发现同学们身心发展非常健康，在生活中发现了很多故事。这是写好文章的基础。但是，你能从生活中发现一个具有开发价值的故事，并不等于就能写一篇好文章。我们一般从生活中看到的原始素材和故事，往往都比较单薄，还不是一个丰富的故事，所以对于我们想写好记叙文的同学来讲，有一个很重要的基本素养，就是要善于对事件进行展开。（板书：事件展开）比如刚刚有个同学看到小猪，这个同学看到一对情侣，如何把你看到的这个镜头转化成一个故事呢？从看到可写的故事到有分量的文章，中间有一个比较长的过程，有很多要求。今天和大家来尝试怎么展开事件。事件展开有很多种方式，今天我们主要学习其中一种。

先给同学们读一篇文章，这是我们班一位同学写的。我先读前面的一部分，大家听的时候就要在脑子里想一件事。想什么事啊？

生：想后续事件的发展。

师：非常好。作文的题目叫"满分"。（板书：满分）

中考前的日子，是紧张而忙碌的，不经意间一模考试即将来临，他，一位成绩优秀的初中生，正在努力为一模作准备。他一遍又一遍地翻着书本，以至几乎能把书本内容背诵下来，就这样，他信心十足地参加了一模考试，果然考场上是一帆风顺，几乎没有遇到什么难题。过了几天，物理老师来报成绩了："这次考试我们班有一个满分，在此给予表扬。"他两眼发光，激动地盯着老师，只听老师喊道："王小川。"接着是热烈的掌声响起。听着掌声，他的眼神却暗淡了下来。他知道这掌声不是送给他的，拿到卷子的时候，明晃晃的99分很是刺眼，就差一分啊，就一分啊，满分就与他失之交臂。他的心中无比遗憾，翻了一下试卷，他却无比疑惑："这道题目我明明是正确的，为什么扣我一分呢？""题目明确规定算到小数点的后两位，你为什么算到第三位呢？"老师呵斥道。可是我算到第三位，数值上没有错啊。他的争辩显得如此的苍白无力。"那可不行，一切要按照题目上的要求，你先下去吧，下一次好好努力。"

师：这个故事就先读到这个地方。大家都听明白了吧？现在我们面前已经有这样一个故事了，或者说，有了这么一个事件。但它能不能算一篇理想的文章呢？或者说，能不能算一篇文章呢？

生：不能。

师：不能，最明显的是字数不够。高考要求我们作文写多少字啊？

生：800字。

师：这还差得远呢。更重要的不是字数的问题，而是什么问题？

生：没有情节的展开。

师：对，但还有更重要的。这个同学讲还没有情节的展开，那么情节展开的目的是什么呢？文章有一个重要的标志，是什么？

生：要有思想。

师：非常好。要有灵魂。一个人可以长得高一点、矮一点，但是要有灵魂。故事的展开就是要表达思想，思想就是文章的灵魂。如果让你们接着写，你们觉得故事怎么发展？大家想一想，两三个同学议论议论也可以，哪个同学想到了就先交流。

（全班同学自由讨论）

师：有没有同学有比较成熟的想法？这一组先来吧，派个代表说一说。你觉得这个故事下面会怎么发展？

生：可能是对他的激励，老师鼓励他。

师：（板书：老师鼓励）老师鼓励后怎么样？

生：继续努力。

师：你们觉得怎么样？

生：比较俗。

师：不要紧，大俗就是大雅。（生大笑）

生：被老师批评后，心理很不平衡，奋发向上，中考考了个很好的成绩。

师：就是被老师这么一刺激，下面就到了中考了，中考就考好了。为什么这就叫俗呢？

生：这样的情节从初中就开始写了。

师：好，如果你想到更好的方案可以再说。其他同学呢？

生：他对这个事情还是耿耿于怀，上课的时候，跟老师交流的时候，再次讨论这个问题时，老师对他已经有了固定的印象，感觉他像一个刺头一样，他们之间的交流也不顺了，那个学生在学习物理上也遇到了障碍。

师：我帮你把情节概括一下，就是跟老师的关系交恶了，形象也不好了。这边的同学呢？有什么不同想法？

生：也许是这次考试后心里有了阴影，在下一次考试时他就特别去注意，却取得了相反的效果，没有考好，经过这个事件，他就再去找老师交流，老师给他建议，考试终于考好了。

师：我们帮他概括一下：由有阴影到考不好，最后再考好。这位同学呢？

生：故事中还有一个拿满分的同学，他找到那位同学的试卷，发现他也保留了三位小数，然后找老师理论，老师说一模是电脑阅卷，不能改分数，那位同学就是永远的100分，他就是永远的99分。

师：用"永远"两个字啦？

生：因为改不掉分数。

师：那也不能用"永远"，后面还有考试的呀。

生：或者是中考的时候他拿了100分，那位同学拿了99分。

师：好的，有点意思。找小川的卷子，那道题小川也保留了三位小数，分数不能改，维持原判。

生：还有一个故事就是他自己加了一分。

师：他这一分加到哪里去呢？是老师的记分册上还是他自己的卷子上呢？

生：加到他自己的卷子上，他觉得自己没错。

师：在试卷上添上1分变成100分。你老师不给我，我认为我是100分。非常好啊，请坐。

后面的同学这次就不给你们机会了。但是后面机会有的是。

刚才大家是想怎么说就怎么说，想怎么写就怎么写，这是写记叙文非常重要的品质。一开始撒开来想怎么写就怎么写，但是注意，要想写好文章不是想

第二章　作文评讲课

怎么写就怎么写,也不是想怎么想就怎么想的。有一句话说:一篇小说一旦写成功,它就不再属于作者,而属于读者。这句话听起来有点玄乎,意思是小说一旦写成,到底怎么理解就不由作者说了算,读者想怎么理解就怎么理解。同样,一篇文章一旦开了头,它后面应当怎么写也不全由作者说了算。——听懂这话是什么意思了吗?就是当这个事件一旦形成,后面应该怎么发展,文章有它自身的逻辑。我们有些同学说:"我的文章我做主。"就是我想怎么写就怎么写,然后我就对他说:"你的文章你做主,你的分数我做主。"刚才都是你们做主的,但到底怎么样写更合理呢?大家先想一想,事件的发展必须达到什么样的要求?有没有同学想到?

生:我觉得要大致符合人的认知。

黄:符合认知规律,就是要合理。(板书:合理)除了合理以外呢?还有什么要求?刚刚已经有位同学说了,要有意思。写记叙文首先把题目变成一个故事,然后用故事表达一个意思,这很重要。后面有没有同学想到?

生:应该要出人意料。

黄:应该要出人意料。(板书:出人意料)但又要合理,对不对?其实这就是我们所谓的要有波折、波澜,要有变化。(板书:波折、波澜、变化)很好,摸到记叙文的门道了。要有变化,要写出跌宕的变化来。好的,其他同学想一想,还有没有要求了?没有同学想到,那黄老师来补充两点。一是最好聚焦到一个点上,围绕一个点展开。(板书:围绕一个点)换一个角度从反面说,就是不能散。最最重要的是后面一个。什么叫故事呢?莫言说他是一个讲故事的人。记叙文就是讲故事,故事就有情节。什么叫情节?事件之间的发展要有因果关联。

好的,现在在这么多要求我们清楚明白了。大家来审视一下上面的种种方案,你们觉得很显然哪些方案是不太好的?相对好的是哪个方案?大家认为在试卷上反复写几个100分好不好?

生:不好。

师:为什么不好呢?首先你要反复写100分干什么呢?

生:骗自己。

师:骗自己,再来看,聚焦到一个点上,有没有聚焦到一个点上?我们现在的事件聚焦到什么点上呢?你认为应该聚焦到哪个点上?

生:聚焦到满分上。

师：对。再来看有没有因果？老师不给我写100分，我就自己写100分，有没有因果？因为老师没有给我100分，所以我就自己写上100分。那高考的时候就不要去考了，老师把试卷发给你，你就都写100分。其实这个同学的发言有个漏洞，你自己写下来的这个100分跟考试的100分，是不是同一个100分啊？

生：不是。

师：你这个100分不代表成绩，只是一种不满的情绪。所以我认为聚焦还不是很集中。被老师批评后，心理很不平衡，奋发向上，中考考了个很好的成绩。这个方案怎么样？

生：不好。和原来的故事不在一个点上。

师：对。矛盾不集中。由有阴影到考不好，最后再考好。这个方案也有这样的问题，而且因果关系也不够合理。其他方案我们不再一一评点了，同学们自己可以想一想，也可以互相进行讨论。下面我们一起来看原作者是怎么展开的。看看他的展开是不是符合这些基本要求。

按照题目上的要求，他一边念叨，一边离开老师的办公室，转眼间，二模到来了。他进入物理考场以后，又想起了老师的那句话，嘴里不断地念叨着："一定要按照题目上的要求。"周围的同学无不侧着头过来看他。"这位同学，你在说什么呢？"监考的老师在一边皱眉道。"没什么，老师"，他这才反应过来。前面的题目完成得很顺利，他也很苛求自己每道题百分之百正确。做到一道填空题时，他突然疑惑了。题目很简单，可是题目明明写的是"溶化"，他记得书上写的是"熔化"。他犹豫了很长时间，耳边又响起了老师的那句话，"一切按照题目上的要求"。于是他很果断地写下了"溶化"。整个考试期间他反反复复地看这道题，反复安慰自己说："一切要按照题目上的要求。"可是，心里头总感觉很忐忑。考试结束之后，他特地去问了语文老师，语文老师告诉他说："要看主语，如果主语是水，液体的，那就填'溶化'；如果主语是金属，那就填'熔化'。"他悬着的一颗心终于放下了。很快，又到报成绩的时候了，他眼中再次充满了希望的光芒。"这次考试很可惜，我们班没有一个100分，只有一位同学得了99分，太可惜了，就因为写错了一个字。同学们，考试的时候一定要注意细节啊。"老师的话无情地破灭了他的满分希望。

好，这是这位同学写的事件的发展。现在我们大家一起来讨论一下，比较一下。认为这位同学写的事件发展比较成功比较合理的请举手。（生举手较少）都不认为成功，是吧？我们先请两个举手的同学来说说好吧。（问一位同学）你认为他的事件发展为什么比较成功？

生：这种情况是完全有可能发生的，满足了合理这个要求。而且还挺有意思的，跟平常写的不太一样。

师：既比较合理又比较出乎意料。这位同学呢？

生：我觉得这样写比较容易产生悬念。

师：为后面的发展提供了悬念。

生：而且这样写也有一种对老师关注细节的讽刺意义。

师：对老师的那句话具有讽刺的意味，是这个意思吧？

生：但是我觉得他这样写的话，会不会导致读者认为，这个作者是刻意这样写？

师：怎样写的呢？

生：老师如果给他满分，这篇文章的档次就下降了。

师：这个同学已经想到了后面。有没有同学觉得这个事件的展开并不是太好，觉得还没有我们班同学前面几个方案好的呢？（没有同学发表不同意见）这位同学，你是认可还是不认可啊？

生：稍微有一点不认可。

师：我看出了你不认可。你主要对他的哪些方面不太认可呢？

生：我们前面也讨论到了，就是他太注意细节了。我觉得不够出乎意料，还在意料之中。

师：你觉得出乎意料一定要让所有人都想不到。

生：我觉得还是没有升华到一个主题吧。

师：还没有升华到主题，非常好。我觉得这个同学说得非常有道理。但他前面一句话，同学们不要太纠结，不要刻意强调出乎意料。有意识地强调事件的跌宕起伏就很好了，因为我们毕竟不是文学创作。就算是文学创作，一个电视剧，是不是所有情节我们全都想不到啊？另一点，这个同学讲得非常好，这样写意思还不是很明白，确实是如此。

下面说说我的看法，我从总体上还是非常认可这位同学的写法的。第一，事件很明显有了新的发展。我们刚刚说的几个方案，老师鼓励，自己加100分都处理得比较简单而单调，事件没有本质的发展，没有推进。大家明白我的意思吧？第二，我尤其认可他的，就是聚焦在一个点，矛盾很集中。考试写完了再写考试，满分还是满分，然后紧紧抓住老师的一句话，那句话太重要了，因为那句话体现了因果，就是因为前面那句话导致了后面一次考试又没得到满分。有些同学抓住他和得满分的同学之间的关系，就没有抓住主要矛盾。所以，原作者的安排，总体来说还是比较好的。刚刚有两位同学已经讲到了事件的后一步。一个同学说后面肯定导致老师给他难堪，还有一个同学说这样写意思还没有明确。是的，文章还没完啊，事件还要再向前发展。下面我们围绕让它的意思更明确，想一想，让你写，事件会怎么发展。请大家注意，除了刚才的种种要求以外，还要让它不但有意思而且意思明确。

哪位同学想到了就先说。在说的过程中想法就会更丰富起来。第一次的想法不一定就是成功的，但是想着想着就会更理想。所以，刚刚有个同学说，思路打开以后就会越来越满意的。

（全班同学讨论）

师：好，那边的同学先来，说说你们这一组的想法。

生：主题是讽刺教育制度或者是考试制度。

师：怎么讽刺？下面怎么写呢？

生：就写两次考试，就是下一次考试又特别注重细节，又没得 100 分。

师：现在大家聚焦的意识比较强了。一模二模，后面再来一个三模行不行？就来一个三模吧，三模考得好考不好？

生：考不好。

师：因为什么考不好？

生：因为注重细节。

师：因为注重细节，大家已经摸到记叙文写作的一种写作方式的门道了，因果关系非常重要。第三次考试他又因为老师那句话没考好。（又问另一组同学）你认为怎么展开？后面要不要写考试了？

生：不写考试了。

师：那写什么？

生：他们俩的成绩不能更改了。第二次考试他没错，是改错了。

师：大家认为合理吗？（学生没有反应）我认为不太合理。原来的事件，矛盾在于老师前后的语言，在于这位同学的心理，现在变成了阅卷的失误。这两种矛盾不是一个性质，就分散了。你们三个人刚刚讨论的是不是这样？

生：第一次老师跟他说要注意细节，第二次他就开始死抠细节，我以前也因为死抠细节被扣分，但还不像他这样死抠错别字，我感觉他这样已经不算注意细节了，已经过头了。

师：那是不是说第二件事情不合理，或者说他的心理出了问题？这就像一个填空题，没有唯一的答案。你觉得应该怎样安排比较合理呢？

生：我觉得老师既然说让他注意细节，那下次就应该留心；如果说要出问题，那就是他把题目看得太认真了，把题目意思给理解错了，而不是看错了一个字。

师：这个同学的想法我觉得非常有道理。其实我的意思就是想让同学们对作者的第二次安排作出揣测。作为物理试卷，纠结"溶"和"熔"是没有道理的，应该纠结在某一个符号上导致没有拿到满分，更为合理吧？但由此可见这位同学已经不是"注意细节"而是典型的"纠结于细节"了。但这个纠结是什么原因导致的呢？大家可以思考。总之，我还是比较认同他这个说法的。

（师想了想又说）你这位同学，我发现我上你当了。大家有没有发现我被他拐跑了？那位老师讲的不是一个细节问题，老师讲的是什么？一切按照要求去做。但这个同学把我们拐跑了其实就是发展了另一个情节。就是后面还是要让他考一次试。再考的时候也是细节出错，看错了符号，最后又考不好。是这个意思吧？其他同学呢，有没有不同的思路？这位同学有。

生：接下来第三次考试，他碰到和第一次一模一样的问题，没注意又做错了，考完试才发现这次跟上次错得一样。结果他又很懊恼，就知道自己肯定拿不到满分了。

师：怎么错的？还是小数点后面保留三位数？

生：对，还是保留三位数。但最后他发现却是满分。

师：最后发现是满分？有点意思。他的情节是，再考遇到同一个题，而且是同一个答案，也是题目要求保留两位小数，他保留的还是三位数，但这回考到满分了。你认为这样好不好？

生：非常好。

师：你认为他这样写是要表达什么意思呢？

生：讽刺一下，因为一样的答案却是不一样的成绩。

师：讽刺什么？主要是讽刺老师批改试卷不认真？这是一种思路，讽刺的矛头就是阅卷老师。大家想一想这个合理不合理？

生：看起来这个安排很具有讽刺效果，其实不是很合理。对照前面的要求，还是分散了主题。

师：这个安排，我也觉得不是很好。不是不能讽刺老师，但讽刺老师的阅卷粗心，和前面已有的情节不够一致。如果还能紧扣前面老师的话，就好了。下面我们看看原作者是怎么写的。"紧张的日子过得飞快，一眨眼中考到了。"大家看，是中考好还是三模好？

生：中考。

师：对，这体现了事件的张力，也使结果更具有震撼力。

考试的时候，他充分吸收了前两次考试失败的经验，仔细地审视每一道题目，幸运的是中考并没有什么难理解的字眼，要求也很清晰，他小心翼翼地写着做着。直到铃声响起那一刻，他长长地舒了一口气，悬着的心终于放了下来，这一回终于能拿满分了。他心中无比欢喜。中考后的放假是轻松而愉快的，他躺在沙发上悠闲地看着报纸。看到中考答案的时候，他的心又紧张起来了，首先翻开了物理答案，一道道题目对下来，都没有问题，直到最后一道题。"怎么还有这样一道题？我怎么没看到呢？"他有点疑惑了。"或许是心态太轻松了，以至于忘掉这道题了吧，我怎么可能漏掉这道题呢？考试从来也没有这样的情况啊。"他自我安慰道。愉快的日子如白驹过隙，眨眼间就过去了。这一天是领分数条的日子，他在座位上忐忑不安，那张蕴含了无数期望的纸条从前面传过来，终于他拿到那张轻松又沉重的纸片。他看了一眼，随即脸色煞白，无力地瘫坐在椅子上，90分，最后一道题刚好是10分。

师：现在我们讨论两个问题。第一个问题：我们是让这个同学考好好还是考差好？认为考好好的同学举手。（两个同学举手）你说说理由。

生：考那么多次，让他考好一次也挺好的。

师：他心比较软，一般心软的男孩子特别受女生欢迎。但我们不是要表现同情心，而是要思考写作的安排。你的理由呢？

生：这样安排的效果是积极向上的。

师：中国的古典作品大多是这样的，来个大团圆的结局，题目是满分，最后也是满分。但是大家要记住，最后让他考了满分，你是要表现什么意思呢？

这点太重要了。你要告诉人们什么呢？只要注意细节，只要按规定要求，只要听老师的话就能考满分？所以我认为从主题的深刻性、震撼力，从阅读欣赏审美的角度讲，恐怕还是不要让他考好。下面是第二个问题：让他没考好，是什么原因比较好呢？你可以有各种各样的安排，但是有一条，必须和前面两次构成一个内在的联系。最后一次，最关键的一次没有考好，没有拿到满分，他的原因是什么？这就是主题的指向。所以记叙文特别强调这种因果关系。好，下面就涉及主题的指向了，最后的结尾就太重要了。这里有两个结尾，我们来比较一下。

结尾1：这一学期期末表彰的名单上再也没有出现他的名字。

结尾2：一年以后，他以一个普通高中生的身份，夺得了物理竞赛的金牌。

认为结尾2写得好的同学请举手。（多数学生举手）哪位同学来说说理由？

生：给读者留下了很大的想象空间。

生：我认为结尾2意义比较深刻，现在的教育伤害了很多比较有天赋的学生。

师：她的意思我明白了，就是拿满分的未必有出息，不拿满分的未必没有出息。有没有人认为结尾2不好的？

生：我觉得结尾2和整篇文章有种脱轨的感觉，我觉得结尾1比较深刻，有很深的意味，唤起了对主人公的同情。

师：我跟这位同学的意见比较接近，比较喜欢结尾1。一般来说，记叙文的结尾要干净，要含蓄有意味。更重要的是，不喜欢结尾2，什么原因呢？第一，不合理。一年后，这么纠结的一个高中生夺得了金牌？不可信，让人无法理解，而且拿金牌就是成功，就是"有出息"吗？这是想用另一种方式来肯定大家批评的教育。

现在请每个同学给这篇文章写一个结尾，要能体现我们前面提到的各项要求。——啊，要下课了，那就课后再写。黄老师写了三个结尾，你们看一看哪一个更好？

结尾a：原来往往越想得到的就越得不到啊。

结尾b：他后来才明白，或许人生本来就没有满分。

结尾c：中考结束了，他病了。可到底是什么病呢？

认为a方案好的请举手。（没有举手的）认为b方案好的请举手。（少数举手）好，找个同学说一说为什么b好。

生：文章的中心是想拿满分，最后发现人生本来就没有满分，很自然，也很深刻。

师：认为c方案好的来说一说想法。

生：我认为c方案思考的空间比较大。

生：我认为a和b的结尾和前面的内容没有什么太大的关系。

师：想不想听听黄老师的意见？

生：想。

师：前面两个都是议论式的，把主题点得很明，也很有深度。但引申得的确有些突然，而且我以为记叙文以叙述的方式结尾更好。c方案由没有考好而生病，由他的病进行设问，很自然。到底谁病了，什么病，让读者去想。可能是心病，也可能是教育的病，当然也可能是社会的病。但是黄老师也觉得三个都不好。为什么？因为最好的结尾在你心中。好的，下课。谢谢同学们！

听课者说

打开写作教学的"黑箱"

江苏省苏州工业园区星海实验中学　康慧娟

中国传统写作理论强调，写作依靠写作者的自我参悟。鲁迅先生的"暗胡同"一喻形象地勾画出传统写作教学的样貌："从前教我们作文的先生，并不传授什么《马氏文通》《文章作法》之流，一天到晚，只是读，做，读，做；做得不好，又读，又做。他却决不说坏处在那里，作文要怎样。一条暗胡同，一任你自己去摸索，走得通与否，大家听天由命。"虽然偶尔也会有几个富有写作秉性的孩子会灵光乍现，悟得写作要义，但大部分孩子仍旧在黑暗中摸索。

就提升整体写作水平而言，依靠自我悟道自然收效甚微，但技法讲授同样不尽理想。写作是一项复杂的心智活动，写作教学不能沦为简单、教条的样本分析或技法讲解。我们认为，只有当善于写作的教师将不可言说的语感上升为一种可以言说的知识、技能并作用于写作过程的指导时，学生才能走出"暗胡同"。下文以黄厚江老师《记叙文故事情节的展开》一课为例，作具体阐述。

和学生一起透视"黑箱"

中学写作教学往往是按写作流程来展开教学的，大致有以下流程："教师写前指导—学生写作—教师批改、评讲—交流展示"，或简化为"学生写作—教师批改、评讲"。在整个流程中，"学生写作"其实是最需要教师进行指导的，但事实上，"学生写作"却成为"黑箱"，写作基本由学生独立完成，学生在写作"进行时"所进行的内在思维——比如如何确定立意，选用什么材料，如何改进表达，等等——老师概不知晓，也无从指导。只有和学生一起透视"黑箱"，了解写作活动中内在思维的特点及规律，才能给予学生切实有效的写作指导。

黄老师指导学生写作，犹如引领学生看木偶戏，不仅引导学生看前台木偶举手投足的生动表现，还引导学生看后台木偶艺人如何牵线，知道举手投足的所以然。在黄老师的课上，我们欣喜地看到，写作不再是"神明自得"的神秘参悟，而成为可以分解和展开的精神活动。如在课堂的第一板块，黄老师让学生推测故事怎么发展下去，学生因为没有受过这方面的训练，所以很多回答不靠谱，但黄老师并不着急，没有急于纠偏，而是鼓励学生继续说下去，继而引导学生思考"事件的发展必须达到什么样的要求"，和学生共同讨论，初步明确了故事情节展开的五条基本要求：合理，出人意料，波折、波澜、变化，围绕一个点，事件发展有因果关联。然后，黄老师带领学生根据这五条要求评价学生之前提出的几种情节发展的方案。学生由于有了"脚手架"，于是很快作出了中肯的评价。黄老师深谙写作之道，并且注重方法指导，先鼓励学生就情节发展"想怎么写就怎么写"，然后引导学生思考情节发展的基本要求，再根据这几条基本要求评价刚刚交流的几种方案。"头脑风暴—理性思考—反思调整"，写作初始阶段的思维活动就这样清晰地呈现出来，写作"黑箱"变得清晰可观。

当然，要能和学生一起透视写作"黑箱"，教师应该"懂写作"，而且"懂写作教学"。教师应该先行体验写作，清楚学生写作的关隘所在，不仅如此，教师还要设计好教学活动，引导学生参与到写作过程的展开活动中来，使其获得知其然又知其所以然的写作元知识。多项调查研究表明，在当前的中学语文教师中，善写的为数不多，在善写的教师中懂写作教学的则是凤毛麟角。而黄老师不仅懂写作、善写作，且对作文教学有深刻而独到的思考，是"共生写作"的倡导者和实践者，因此黄老师才能在作文课上"依乎天理""因其固然"，游刃有余。

让学生亲历打开的过程

正如只有在游泳中才能教会游泳一样，也只有在学生作文中才能教会作文，因此语文老师应致力于写作过程指导的研究。黄厚江老师早在2007年就提出"作文教学要作用于学生的写作过程"的主张，并对"写作过程"作了全面而准确的阐述："写作过程是一个内涵十分丰富的概念，它不只是指学生动笔写作的过程和行为；作文教学作用于学生的写作过程，也不是指直接影响学生具体的写作行为，而是指有效地帮助学生形成良好的写作意识，把握写作的基本规律，灵活运用写作知识和写作方法，掌握适当的写作策略，适时调适自己的写作心理等。"正是基于这一理念，黄厚江老师更为关注学生在写作过程中所需要获得的帮助，通过组织讨论等形式让学生获得实实在在的感悟与提升。

黄老师这节课选用学生习作《满分》为凭借，但他并没有将这篇习作一次性地完整呈现，而是根据教学活动展开的需要将文章分成三个部分逐层加以呈现：第一板块，出示文章的第一部分——在中考前的一模考试中，"他"由于未按题目要求，算到小数点后的第三位，导致未能获得满分。黄老师在这部分设计了三个问题：①如果让你们接着写，你们觉得故事怎么发展？②事件的发展必须达到什么样的要求？③根据这些要求，审视上面的种种方案，你们觉得哪些方案是不太好的？第二板块，出示文章的第二部分——在二模考试中，"他"由于一心想着老师的"一切要按照题目上的要求"这句话，于是照抄题目上的"错字"，因而再次与满分擦肩而过。这一板块，也有三项内容：①请认为作者的事件发展写得比较成功的同学说说理由。②请不认可作者写法的说说理由。③黄老师谈自己的看法，并要求大家想想事件该怎样发展下去。第三板块，出示文章的第三部分——中考时，"他"由于少做了一道10分的题目，导致中考物理只考了90分。在交流讨论之后，黄老师出示了几个结尾让学生比较。

如果就同样的教学目的与教学内容上课，一般老师可能会带领学生分析《满分》这篇习作的构思特点，鉴赏情节展开的写作技巧，进而组织写作训练。但这样的教学，仅仅关注了学生思维的"成品"，而忽略了写作思维的动态过程。黄老师的高明与独特之处在于，将静态作品《满分》化为具有多样可能性的动态发展过程,将原文分成几部分逐渐呈现,诱思引导,让学生亲历写作过程,从而对写作思维的内在路径有了深刻的认识。

给学生打开"黑箱"的钥匙

　　叶圣陶先生指出,作文教学的最终目的是让学生"自能作文,不待老师改"。要达到此等境界,教师应让学生对写作不仅知其然,而且知其所以然,在教学内容上不满足于写作技法的表层讲解,而要致力于写作基本规律的提炼与总结。黄老师这节课以"记叙文故事情节的展开"为训练点,跟学生明确情节展开的基本要求——这几条基本要求或是在学生发言基础上的总结提升,或是由黄老师直接提出,但都体现出黄老师对记叙文情节展开的深切体悟。需要思考的是,黄老师教给学生的是写作基本规律、基本要求,而非具体技法、固定模式之类的操作指南。金人王若虚在《文辨》中说:"文章有体乎?曰:'无。'又问:'无体乎?'曰:'有。''然则果何如?'曰:'定体则无,大体须有。'"王若虚认为,写作没有一成不变的具体方法、具体模式,但存在基本规律、基本要求。"定体则无,大体须有"这八个字,概括了古代文章家对文章写作方法、规律的基本看法,辩证而深刻。黄老师在作文课上教给学生的是写作的基本规律、基本要求,将打开写作"黑箱"的钥匙真正交给学生。

　　黄老师不仅让学生掌握《满分》这篇习作故事情节展开的写作规律,而且让学生在此过程中掌握了此类记叙文的写作规律,真正做到"授人以渔"。黄老师的写作课堂呈现出自下向上的生长姿态,体现了黄老师一贯的教学主张与追求。黄老师提出:"教师要带着作文的种子进课堂"。教师带着作文的种子进课堂,然后师生互动、生生互动,使这粒种子萌芽破土,长成一根主干,伸开几根分枝,长出片片绿叶。黄老师的"种子说"非常直观,也非常深刻。就黄老师在写作理论上的高度与深度而言,他不难提炼出"记叙文故事情节的展开"的基本规律、基本要求,但可贵的是,黄老师并没有自上而下地将这些写作元知识强势灌输给学生,而是就一篇习作的情节展开探讨,借助聊天的形式,启发学生思考,帮助学生自我发现并归纳出记叙文故事情节展开的基本规律、基本要求。从这个意义上来说,成功的作文课应该是自下而上式的,恰如"种子"向上发展,最终长成茁壮的"树"。要让学生获得打开"黑箱"的钥匙,我们在挑选"种子"时也应格外用心,所选择的"种子",应该具有"类"的基因,能够让学生在参与个例写作的过程中,体悟到一类文的写作原理。

总之，这节作文课激发了我对作文课堂教学的深层探究。虽然就一节课来打开写作的"黑箱"，未免过于乐观，但黄老师在课堂上所呈现的教学理念与教学思想，则让我们看到了不远处的光亮。且让我们向光亮那方前行！

学生习作

牵动内心的声音

江苏省苏州中学　苏云舟

近来，"你先挂电话吧"几乎成了母亲给我打电话时的口头禅。

11岁那年，我随学校的交流团飞往新加坡参加活动。热带浓烈鲜艳的色彩，迥然不同的异国风情，深深地吸引着我，这里成了我们这帮小交流生尽情欢笑喧闹的乐园。等夜幕缓缓降落了，轮到我们给家里打电话报平安。白天的新鲜事儿一股脑儿地在年幼的我的心中乱窜，想到晚上能和小伙伴们一起去夜市逛逛，握着听筒的我便不自主地连连应付着妈妈的唠叨。她似乎也听出了我的不耐烦，话语轻柔下来："那……你先挂电话吧。"她无奈而尴尬地笑笑，我也顾不得多讲，连忙挂了电话，向朝我挥着手的伙伴们兴冲冲地跑去了。

上初中时，我第一次向母亲撒了谎，说是去图书馆学习，却和同学们一起到歌城去唱歌了。正当我兴致勃勃地沉浸在歌声之中时，一摸振动的手机——竟是我那唠叨的老妈的电话！不由分说，我操起手机就往安静的前台奔去。

"在哪儿呢？"耳边传来母亲愉悦的声音。

"嗯……图书馆自习室。"我皱了皱眉头，尽力清了清酸痛的喉咙。"书看得怎么样了？""差不多了，"心扑通扑通地在嗓子眼上跳着，我的脸也烧成了红色的太阳，"我，我，我……待会儿就回家……"声音越来越轻却掩盖不住沙哑与心虚。"抓紧时间看书啊！我就不打扰你了……你先挂电话吧。"我分明看见了她严厉而惋惜的目光正上下如同一把利剑刺射着她愧疚不已的女儿。

进入紧张而充实的高中学习生活后，由于学校与家离得很远，在校住宿的我每周只能以电话与另一头的母亲相见。拨下那串熟悉的号码，莫名的一种叫作"想念"的酸楚涌上眼眶："妈……"

然而，她已经长大的女儿也已经懂得，不再是可以面对自己苍老劳累的母亲哭泣的岁数了。

"我一切都好……你不用操心。有这么多衣服在这儿呢，我冻不着……最近，你和爸爸都好吗？"

听着母亲在那头轻快地讲着她一个月来遇见的新鲜事，我握住话筒轻轻地应着她的话，身旁仿佛隐约是她正拿着手机，拨弄着红色的围裙，脸上荡起岁月的涟漪……

突然，我的心微微一颤，在许久的无言后，我轻声说道："妈，你先挂电话吧。"没想到手机那头也传来她同样的那句话。她仿佛欣慰地笑着，我也笑了，听着耳畔悠长悠长的"嘟嘟嘟……"，竟觉得格外悦耳。

五年了，母亲似近又远，似尽还续的那句"你先挂电话吧"依旧萦绕在我的心头，这牵动内心的天籁之声伴随着我不断茁壮成长，在风雨连绵的岔路口化作指路的明灯照亮我的前程。母亲以最真挚朴实的嘱咐关心呵护着她的女儿，如同阳光般的爱无处不在，她静默着等待一声"嘟"，也望向渐渐远去的我。

五年了，这欠了五个年头的呼唤，我也该还了。

第 7 节课

教学实录

用情节表现主题

师：前面两节课，我们评讲了试卷前面的部分。今天我们来评讲作文。课前给同学们发了几篇作文，基本都是年级里选出来的优秀作文，上面有高高的分数。其中有一篇是我选的我们班×××同学的作文，分数不是很高。大家看了吗？

生：看了。

师：觉得这篇作文拿31分（总分40分），是不是比较合适？

生：有点冤，那些38分的还没有它好。

师：这种思维方法不对。我们的生活不是跟别人比，有人就是这样比来比去觉得不幸福，觉得活得比较冤。我们要跟自己比，你的付出和得到是不是相称？大家觉得就这篇作文得31分是不是差不多？我来问问作者自己。

生：基本差不多。

师：说真的，我也觉得基本差不多，讨便宜不大，吃亏也不多。那么既然是31分，虽然不是很高，但也不低了，按照100分制，已经接近80分了。那么它肯定有很多优点。我们请作者把习作再读一读，大家看看这篇作文凭什么拿31分，有什么样的优点得到了阅卷老师的肯定。（作者读文章）

寻　找

夜，铃声响起，是有短信来了。拿起手机一看："明天竞赛课不上，请尽量通知同学们。"

短暂的停顿后，我立马拿起通讯录，查找能找到的同学。这是很容易的。

于是，该联系的都联系了。可我心中还是有一丝疑虑。

我的同桌归卿，他为人是很低调的，一向不透露自己的联系方式。然而，明天他也是上竞赛课的呀！我决计一定想办法找到他的联系方式。在手机上快速地按了几个键，电话立马接到信息灵通的耗子处。

"喂，耗子吗？你有没有归卿的联系方式？没有吗？哦，那好吧，谢了。"挂断电话，心中产生了一丝失落，然而，心却是不死的。

我又想到了我的班主任香哥。直接打电话自然是不行的，那太没礼貌了，发短信吧。指尖又一次充满希望地点击着键盘，就这样发出去了。于是空气陷入了一种停顿状态，让我感到窒息。四周过于寂静了，竟让我本在寻找着归卿的联系方式的心迷茫起来。

时间一分钟一分钟地过去，可班主任终究没有回信。我觉得我的呼吸沉重起来，心跳也低沉了，四周的空气仿佛被压缩到了数十个标准大气压，要压扁我。我寻找的心已然失落。归卿难道要白跑一趟吗？想到这儿，我不明白起来，我究竟在寻找什么？难道只是归卿的联系方式吗？为什么我如此失落？

手机上的景象仿佛亘古未变，只有那指示灯每隔一段时间闪烁一下，表明处于开机状态。我决心不再去看它。独自一人踱步到窗前，拉开窗帘，去寻找我失落的寻找的心。窗外的景象，没有一丝活气。其实，我也看不到什么。唯有路灯下有几片树叶反射着光，还有一些飞虫。仰望天空，竟也没有月亮星星可以寄托情思。我的心一定飘落在这天地之外。我寻找的是这么一颗心，那是一种对朋友的爱，也是一种对自己的慰藉。我知道，快下雨了。可是如丝的雨又何曾把我的思绪传达到别人心中呢？我的心，难道就是在这雨天在外漂泊吗？可是我找不得它回来，又有什么办法呢？

我又决心不再看窗外。拉上窗帘，躺倒在床上。窗外，雨点点滴滴。这时，我手机的铃声响了。

师：刚才×××同学读了他的习作。现在我们来欣赏一下这篇习作的可取之处。同桌先说。

生：我觉得是一篇很好的记叙文。

师：说具体点。

生：事情很实在，也有情节。

师：其他同学呢？

生：立意比较深刻。

生：心理描写也比较细腻。

生：我觉得结尾很有意思。

生：我觉得选材很好，是一件小事情，但表现了现在人与人之间关系的冷漠，说明我们有些同学非常自私。

师：你的意思是善于从日常生活中取材，以小见大？很好。大家对这篇习作的优点看得比较准确，也比较全面。我还觉得语言也很好，叙事干净简练，描写细腻。你看开头："夜，铃声响起，是有短信来了。拿起手机一看：'明天竞赛课不上，请尽量通知同学们。'"一点也不拖泥带水，不像有的同学说了半天，故事还没有开始。但是该描写的，也写得很细致。比如这样两个片段：

于是空气陷入了一种停顿状态，让我感到窒息。四周过于寂静了，竟让我本在寻找着归卿的联系方式的心迷茫起来。

时间一分钟一分钟地过去，可班主任终究没有回信。我觉得我的呼吸沉重起来，心跳也低沉了，四周的空气仿佛被压缩到了数十个标准大气压，要压扁我。

这两个片段把作者的"迷茫""沉重"的心理写得非常到位。而我们有些同学的记叙文通篇都是叙述，找不到一处描写。大家一定要记住：没有描写的记叙文肯定不是好的记叙文。

那么，这篇习作为什么不能得更高分呢？比如36、38，甚至阅卷老师很吝啬，连32分也没有给。是什么原因呢？

生：我觉得这个老师太抠！再说，有的38分也未必比他的好。

师：你说的不是没有道理，但思想方法也不对。的确，一个阅读老师要说清楚31分和32分之间的区别并不容易，甚至有时候压根就说不清楚，也有时候得高分的作文未必就真的很好，但我们不能因此就认为作文没有标准，作文的分数是随便打打的。我们还是着眼于文章怎么写得更好的角度讨论一下这篇习作的问题，应该如何改善。

生：是不是主题有点消极？

师：你认为呢？

生：我认为生活中的确如此，但写文章不能这样消极。

生：但也不能说假话啊。

师：是的。写文章不能写假大空的主题，但这不等于主题就不可以提炼。我相信×××同学写的是一件真实的事情。但真实的事情未必就反映了生活的真实。比如，生活中不是还有像×××同学这样的人吗？而且我敢肯定，这样的人不止他一个人，至少黄老师也是这样的，我们班级很多同学也是这样的。即使生活中这样的人很少，主题也不一定就要这样提炼。

还有问题？你说说。

生：我觉得蛮好的。

师：要善于发现问题，发现问题才能提高啊。同桌再说说，你们比较了解。

生：我觉得有点单薄。内容不够充实。

师：你看，到底是同桌。我也觉得如此。这是一篇记叙文，记叙文怎么表现主题？记叙文靠情节表现主题。你们看看这篇习作的主题是怎么表现的？不错，它是有情节的，但情节不是主要的。主要靠什么？

生：主要是心理。

师：以心理描写为主有时候是一种特色。但一般来说，记叙文要通过情节来表现主题，心理最好融合在情节之中。为了明白这个道理，我给大家读一篇微型小说，是写"二战"的。（师读小说）

德军剩下来的东西

战争结束了。他回到了从德军手里夺回来的故乡。他匆忙地在路灯昏黄的街上走着。一个女人捉住他的手，用喝醉似的口气对他说："到哪儿去？是不是上我那里？"

他笑笑，说："不。不上你那里——我找我以前的恋人。"他回看女人一眼，两个人走到路灯下。

女人突然嚷了起来："啊！"

他也不由得抓住了女人的肩，迎着灯光。他的手嵌进了女人的肉里。他们的眼睛闪着光，他喊着"约安！"把女人抱起来了！

大家说说这篇小说的主题是什么？这应该不难。

生：是控诉战争的罪行。战争不仅摧毁了无数家园、无数生命，还扭曲了无数纯洁的灵魂。

师：归纳得非常好。小说告诉我们医治战争的创伤不单是重建家园，更重要的是拯救那些堕落的灵魂。而这位战士已经用他的爱在拯救他的爱人。现在我把小说的情节改变一下，你们看看主题有没有变化。（老师再读小说，将"把女人抱起来了！"改为"把女人推开来了！"板书：抱起——推开。）

大家看，把"抱起"这个动作改变为"推开"，主题有没有变化？

生：看不出来。

师：什么？看不出来？这么大的变化看不出来？怪不得，你们写记叙文，情节的安排很随意。认为主题有变化的举手。（绝大多数同学举手）

这就对了。不但有变化，而且是本质性的变化。你说说主题有什么样的变化？

生：现在这个战士好像不爱这个女的了。

师：这是很明显的。他不能原谅她！你再说说。

生：这样就把矛头指向了这个女的，好像是她做错了。

师：对啊。是她的错吗？不是。如果在我们今天一个女人堕落了，一般都是她自己的错，其实也不好绝对化，但在那样的背景下，这一切不是这个女人的错。但如果战士推开了他过去的情人，主题就指向了这个无辜的女人。——你看，写记叙文，情节是多么重要。而×××同学习作的后半部基本没有情节发展了，有的只是心理，是带有议论色彩的心理。

不错，正如前面有同学说的，文章的结尾很含蓄，很有余味，但给我们的主题指向并不清晰。"手机的铃声响了"，是谁打来的呢？说明什么呢？作者都没有写。而前面的倒数第二段都是议论性的心理。

不过也要感谢×××同学，他给我们大家留下了很大的再写作的空间。从某种意义上说，这是一个半成品的作文，现在我们以此为基础展开写作。如果我们压缩了倒数第二段，再丰富一下实在的情节，可以怎么写呢？请大家思考。注意，不必拘泥于×××同学原来的主题。

（学生思考）

师：好的。我们开始交流。

生：可以写手机响了。一接听，是耗子的电话，他打听到了归卿的联系方式，特地打电话来了。

生：那他自己不能直接告诉归卿吗？

师：有道理。我觉得可以把你们两个人的意见整合一下啊。手机响了，一接听，是耗子的电话，他打听到了归卿的联系方式，特地打电话来了，说他已经告诉归卿了，叫×××不要再打电话给归卿了。——不错，是个很积极的结尾。但情节似乎还不够丰满。你呢？

生：我还没有什么好的方案。

师：那再想一想。

生：我觉得原来就写得蛮好。

师：那可以更好啊。也可以换一种写法。

生：我觉得可以写班主任的电话。

师：班主任电话来了。他说什么呢？

生：他说自己也在找归卿的联系方式。刚才没有注意到×××的短信。他表达了自己的歉意，表扬了×××工作负责、关心同学的精神，而且叫他正确理解同学们的特殊情况，不要想得太多。

师：内容是比较丰富了。但还只是一通电话，情节还是不够丰满啊。

生：我觉得班主任的话，有很多漏洞。

师：什么漏洞？

生：他说自己也在找归卿的联系方式，怎么会不注意×××的短信呢？表达了自己的歉意是可以的，但他怎么知道×××在为大家操心，又怎么知道他对同学们有自己的想法呢？总之，我觉得很奇葩。

师：话有点尖刻，但还是有一定道理的。值得参考，当然也有可以推敲的地方。我问你，如果没有这些漏洞，写老师回信好不好呢？

生：我认为那样是可以的。

师：在这里，情节安排有个分叉。一是写×××和他同学之间的事，一是写×××和老师之间的事。大家觉得沿着哪条思路走比较好呢？请认为写老师好的同学举手。（部分同学举手）

这个问题我们不再多花时间了。黄老师也觉得写×××和老师之间的关系不是很好，因为师生关系和同学关系不是一个性质。不是说师生关系不能写，那就要作更大调整了。因为目前大多数内容是写同学之间的事，而且写同学之间的关系，比较好写。好的，我们继续这个思路讨论。我发现大家似乎总是局限于原文的结尾：手机铃声响了。其实这篇作文展开的空间是很大的。

（一学生举手）

生：我说说我的方案。

师：很好。

生：我觉得前面也可以再加一些内容。他就找了两个人，一个耗子，一个老师，其实可以再找一下其他同学，比如和归卿接触多的人，或者归卿的同学。也可以安排正好有一个人打电话来问×××问题。一开始答应他有办法，可是后来毫无音信了。

师：不错，这样的确可以让情节丰满很多，而且可以突出主题。其他同学呢？

（一学生举手）

生：我觉得可以写归卿：我等啊等，还是没有信息，就想归卿第二天要白跑一趟了，于是一早就到学校门口等他，结果等啊等，等了半天也没有看到归卿，心里很纳闷，心里想，他是不是病了，同时又为他庆幸，还好，没有因为自己的工作没有做好，让他白跑一趟。星期一上学看到归卿很精神地上学，就问他周六怎么没有来上课。归卿说：我早就知道不上课啊。

（学生鼓掌）

师：的确很好。情节丰富曲折，但有点可怕，把归卿写得太可怕了。归卿在我们班吗？我们班级没有这样的人吧？有这样的人，可不好。我们心里还是应该更多一点阳光。如果这样写，我真的感到很沉重。

生：也可以反过来写啊。

师：怎么反？

生：写我在家里焦急地想办法找归卿的联系方式，这时电话铃响了……

师：又是电话铃响了。

生：我以为是班主任或者是耗子，一接电话，是归卿。他说他从其他班级同学那儿得到消息，说明天的竞赛课不上了，特地通知我，为了找到我的号码费了很大周折，后来还是找到上竞赛课的老师才搞到的。我很感激归卿，心想自己真是很笨，怎么就没有想到找竞赛课老师呢，自己平时可是和竞赛老师混得最熟了。就在这时，电话铃又响了。（学生笑）一接是耗子，耗子说他转了几个弯，才找到归卿的电话。接了电话，我觉得友情，人与人之间的温暖，永远在我们心中。就在这时，电话铃又响了。（学生大笑）一接是班主任打来的，班主任说他出门了，忘记了带手机，刚刚到家，很抱歉。

（学生鼓掌）

师：这电话铃三次一响，情节真的丰满多了，而且主题也很鲜明。

生：但我觉得有点假。哪儿这么巧，哪儿有这么多好人。

师：这也不错。但我觉得从写文章的角度看，这样安排可以理解，也可以接受。生活可能没有这样巧，但我们写作可以这样安排，有一点喜剧效果，不过能够理解。——至少我本人这样认为。至于主题当然没有公式，积极一点可以，消极一点问题也不大。但有一条是必需的，我们要对生活充满信心，我们要对人充满感恩和信任。

尽管大家对一些安排还有不同意见和看法，但我觉得有一点似乎更明确了：记叙文要通过情节表达主题。这就是我们今天这节课的目的。

作业就是在×××同学这篇《寻找》的基础上写一篇作文。

听课者说

半成品写作：作文评讲的一种好形式

江苏省苏州中学　陈玉荟

长期以来，我们习惯了从零开始的写作教学，一般都是布置一个题目让学生写作文，老师的指导也是着眼于学生的写作是从一片空白开始的。"审题—立意—选材—构思—剪裁—表达"几乎成了作文指导课的通式。学生的写作是不是每次都是这样的过程呢？其实，有时候，让学生从一篇没有完成的文章开始写作，更利于学生写作兴趣的激发和写作能力的培养。

黄厚江老师的共生写作常常是让学生借助于一个半成品进行写作。这节课便是一个典型的案例。

许多名著的写作都是通过对半成品的加工完成的。四大名著除了《红楼梦》，《三国演义》《西游记》和《水浒传》都是对半成品的再加工。《水浒传》是典型的文人作家同民间无名作者集体创作的共同成果。宋代说书伎艺兴盛，在民间流传的宋江等36人的故事，很快就被说书人作为创作话本的素材，南宋罗烨《醉翁谈录》中的《青面兽》《花和尚》和《武行者》，说的就是杨志、鲁智深、武松的故事，南宋末龚开的《宋江三十六人赞并序》，以及更早的《大宋宣和遗事》都是写的宋江等人的故事。施耐庵的《水浒传》便是在这些半成品的基础上创作完成的。罗贯中写《三国演义》，更是在长期的民间流传而后经文人搜集整理的故事和史料的基础上完成的。《西游记》也是在民间流传的有关唐僧取经的文学作品和故事的基础上进行的再创造。其他如王实甫的《西厢记》，关汉卿的《窦娥冤》等等，无不是在一些半成品或成品的基础上再创作的。《赵氏孤儿》的故事，从《左传》到《史记》，再到元代杂剧作家纪君祥的创作，中间更是经过了许多人的改造。

这充分说明，半成品的写作不仅有着充分的实践基础，而且也符合写作的基本规律。从中学作文教学实际情况看，它具有这样一些特点：

一是使写作情境具体化。

我们有些作文课之所以效果不够理想，其中一个因素便是写作情境的泛化。泛化的写作情境，常常使写作的背景不够明确。而半成品写作，可以将写作主体带进一个非常具体的写作情境之中。比如黄老师的这节课，前面已经有的文章内容，规定了具体的人物事件和情节，设置了人物的主要矛盾，提供的半成品既是限制，也是写作的触发点。学生根据这个半成品写作，很快就会把自己置身于文章的情境之中。

二是使写作活动实在化。

我们平时的作文教学大多要求比较虚化，不够具体和实在，常常都是"根据材料，自拟题目"，"文体除诗歌外不限，不少于800字"一类，每次写作缺少具体化、实在化的要求。而半成品写作，不仅使写作情境具体化、实在化，而且对写作要求也更加具体实在。如黄老师的这节课，提供了文章的前半部，让学生写作后半部。这个写作活动，写什么，怎样写就更加实在。

三是能够激发学生的写作欲望。

我们平时的作文教学几乎都是老师出题目，学生写作文；而题目又常常是司空见惯的，虽不能说面目可憎，至少说很少有新鲜活泼能激发学生写作兴趣的。而半成品一方面可以营造具体的写作情境，把学生带到特定的情境之中；同时也非常切合学生的写作心理，能够很好地激发学生的写作兴趣。也许有老师以为，这节课就是续写。从某种意义上说，这样认识也是有一点道理的。但这节课其实并不是一般的续写。因为续写强调的是依循前文进行写作，某种意义上要高度切合前文。但这节课学生写作有着很大空间，可以有多种选择的可能，也更具有创造性和挑战性。

四是非常具有实用性。

据我们了解，很多同学的中考作文和高考作文，也是半成品的写作，在考场上真正从零开始构思的写作很少。我曾了解过许多同学，尤其是高考作文分数比较理想的同学。他们绝大多数都是借助自己或者别人的一些半成品进行写作的。平时加强这样的半成品写作，可以培养学生活用材料、改造材料，根据具体情境再创造的能力，这对学生在考场上快速完成作文是非常有帮助的。

最为重要的是，半成品写作比较容易形成课堂教学的共生情境。首先是与未完成的原作进行共生，其次是在交流中形成学生之间的共生，不仅是在形式上的共生，而且也是在思想内容方面的共生。

运用半成品进行作文教学，要能够根据教学内容选择合适的半成品材料。黄老师的这节课，教学内容是"主题与故事"，选择的这篇习作材料故事性强，又有一定的加工空间，思想也比较有内涵，应该说是非常适宜的。当然，我们也可以根据半成品材料来确定教学的内容和主题。

学生习作

寻 找

龚思恩

"明天竞赛课不上，请尽量通知同学们。"这是物理竞赛课的老师朱头发来的。

我立马拿起通讯录，查找能找到的同学。于是，该联系的都联系了，就剩下归卿了。

我的同桌归卿，为人颇有几分清高，和人交往总是保持一定距离，常常是独来独往，知道他联系方式的人不多，就连我这个同位，也没有他的手机号码。然而，明天他也是上竞赛课的呀！我决计一定想办法找到他的联系方式。在手机上快速地按了几个键，电话立马接到信息灵通的耗子处。

"喂，耗子吗？你有没有归卿的联系方式？没有吗？哦，那好吧，谢了。"挂断电话，我心中产生了一丝失落，然而，心却是不死的。

我又想到了我的班主任香哥。直接打电话自然是不行的，那太没礼貌了，发短信吧。指尖又一次充满希望地点击着键盘，就这样发出去了。于是空气陷入了一种停顿状态，让我感到窒息。四周过于寂静了，竟让我本在寻找着归卿的联系方式的心迷茫起来。

时间一分钟一分钟地过去，可班主任终究没有回信。我觉得我的呼吸沉重起来，心跳也低沉了，四周的空气仿佛被压缩到了数十个标准大气压，要压扁我。我寻找的心已然失落。归卿难道要白跑一趟吗？

忽然一想，经常和归卿在一起琢磨物理题目的机灵鬼或许有他的号码。电话通了，得到的答案仍然是不知道，而且还被嘲笑了一番：你这个同位都没有，我怎么会有？

于是我又想到了班长，作为一班之主，或许他应该有所有人的号码。运气不错，电话很快接通。但"嘟嘟"了很长时间，就是没有人接听。或许手机不在身边，我搁了一会儿又拨了过去，很快又通了，还是"嘟嘟"了很长时间没有人接听，一会儿那边便掐断了。正在我气恼的时候，"咕"的一声来了一条短信："对不起！我在外地，不方便接电话。"人家不方便，我还能说什么呢？

我走到窗前，拉开窗帘。天空，没有月亮，星星竟也没有。我忽然觉得自己有点傻，我不明白起来，为什么我会如此失落？难道我只是在找归卿的联系方式吗？

我拉上窗帘，躺倒在床上。窗外，似乎有点点滴滴的雨声。这时，手机的铃声响了。我以为是班主任或者是耗子，可是一接电话，竟然是归卿。不知什么原因，我竟然有一点感动，我问他："你怎么有我的号码？"平时话不多的归卿，竟然滔滔不绝起来。他说他从其他班级同学那儿得到消息，说明天竞赛课不上，特地通知我，为了找到我的号码费了很大周折，后来还是找到竞赛课老师才搞到的。

我真的很感激归卿，当然不仅仅是为了他想尽办法通知我周六竞赛课取消了。

刚刚放下手机，铃又响了，一接是耗子，耗子说他转了几个弯，才找到归卿的电话，让我记下号码，他可不愿和这位书呆子打交道。接了耗子的电话，我忽然觉得特别温暖，想到自己刚才的一番心理，不由得脸上发热。是的，同学间的友情，人与人之间的温暖，永远都在，永远都在我们心中。

就在这时，电话铃又急促地响了起来。一看号码，是香哥来的。他连声抱歉，说他出门忘记带手机了，刚刚到家，很抱歉……

第 8 节课

教学实录

用"感激"唤醒"感动"

那是一次普通的作文训练,题目是"感动"。记不起是哪一年了,应该是在高一年级。好像当时的人教版高中语文教材第一个写作单元就有这样一个的题目,我也觉得这个题目很适宜高一学生进行写作训练。

可是作文收起来一看,比预想的要差。我教的班级是我们学校的尖子班,可是几乎没有让我满意的作文。一个普遍的问题是没有"感动"。

为准备作文评讲,我先找了几个同学聊天。问到为什么写得不好时,他们几乎异口同声地说:没有什么好写的。是的,这就是问题的症结所在。心中没有感动,笔下哪里来的感动呢?没有值得感动的事,又哪会有感动的文章呢?

"那么,什么样的事情你们才会感动呢?"我问。

"总要特别一点吧。"他们说。

原来,在他们心中,平平常常的生活,平平常常的事情,就没有什么值得感动的。可是如何让他们懂得感动呢?怎样引导他们发现生活中值得感动的事情呢?这是一个很不好解决的问题。它不是写作知识,靠讲是不行的;似乎也不是写作能力,靠练也是不行的。

刚好,这时我在生活中遭遇了一个"故事",正准备以此为素材写一篇小散文。构思中,我眼前一亮,找到了这次作文评讲的重点和策略。

这一天作文课,我没有明确要进行作文评讲,而是说:"黄老师最近有一件事想写成一篇文章,可是主题还没有最后确定,想听听大家的意见,你们愿意吗?"

"当然愿意!"大家声音很响。这类事情他们历来很感兴趣,轻松,没有压力，说不定还有机会调侃我一下。——这样的活动，我们是经常进行的。我有时有了一些写作的打算，会让他们参与我的写作构思，或者是帮我提炼主题，或者是帮我推敲词句，或者是帮我斟酌标题，或者是帮我想一个结尾。

他们让我先说说写作的内容和构思。于是我讲起了在飞机上经历的一件事：

那天坐我前一排对应位子的是一个女孩。我并没有正面看见她，只是从她的头发上判断。飞机进入平飞之后，大多数人都开始休息。我便放下小桌板开始看书。大概为了睡得舒服，前面的女孩把又黑又长的头发甩到椅背的后边，就像一道黑色的瀑布挂在我的面前。我向后仰一仰身子，免得她的头发撩在我的脸上。可是过了一会儿，飞机遇到气流，剧烈地晃动起来。空姐在广播里通知大家要收起小桌板，调整好座椅靠背。可是前面的女孩似乎睡得很沉，仍然一动不动。我一看，原来她的座椅后背并没有放低。但我收起小桌板却遇到了麻烦，因为她瀑布一样的头发紧贴着她座椅后背的这一面垂着。我要么叫醒她，要么拨开她的头发将小桌板推上去，否则就会将她的头发压在小桌板和椅背之间。

出自内心的想法，我当然应该选择后者。但我却有一点顾忌，因为我有过一次尴尬的遭遇。那一次也是在飞机上，大概太累了，飞机起飞不久我就睡着了。熟睡中忽然觉得脸上有点痒痒的，于是顺手就在脸上捋了一把，没想到手里是一缕长长的头发。原来是邻座的女孩子也睡着了。熟睡中我们的头都侧向了对方，所以她的头发撩到了我的脸上。而我用手一捋，就抓着了她的头发。我连忙松开头发，睁开眼睛向一侧看去。我的目光遭遇了女孩的目光，那目光如刀子般锋利，在我的心上深深划了一下。然而，我只能说一句"不好意思"（其实也怪不上我啊），然后默默转过头去。

如果这个时候我为了推上小桌板而用手划拨她的头发，万一她醒来了，再那样看我一眼甚至骂我一句"无聊"，我岂不是自找没趣？可是，我为了自己推上小桌板就把人家从熟睡中叫醒，是不是也不应该呢？短暂的犹豫之后，我还是小心翼翼地将她的头发捋开，然后轻轻推上小桌板。做完这一切我再小心翼翼地看看前座的女孩，她似乎并没有觉察到这一切，仍然睡得很甜。

"你们说，这个材料可以表达什么主题呢？"我叙述完故事，问他们。

"这个材料有什么值得写的？"一个同学说。

"老黄，你是不是想写一个浪漫的故事呢？"有几个调皮的家伙居然拿我取笑。

我说："我觉得不仅值得写，而且能写一个比较严肃的主题。"

"那是什么主题呢？"

"我是想请你们一起想一想。"

"啊！原来你是来考我们的。"

"不是考，只是看看大家有什么好的主意。"

"我看应该是'误会'。"

"可是这位女孩并没有误会我啊。"

"那应该是'理解'，因为这个女孩没有像前一位那样误解你。"

我说有点道理。

"可以是'尊重'，因为这位女孩很懂得尊重人，而前面一位则很不尊重人。"

"这想法和我想的比较接近。"

"那你自己到底是想表现什么主题呢？"

见他们实在想不到更好的说法，我说："主题我还真没有最后确定，但你们知道当我推上小桌板而前面的女孩睡得很香时是什么感受吗？"见他们都听得入神，我顿了顿说："不知道为什么，当时我的心底涌起的是一股对她的感激。"

教室里静穆了好长时间。过了一会儿，一个同学才说："那题目和主题，就是'感激'好了。"

很快一个同学就呼应道："用'感激'我觉得很有深度。因为一般感激别人都是别人给予自己帮助，而且大多是在自己困难的时候。而这里的女孩并没有给黄老师帮助，而黄老师却要感激她，就很有新意。"

"那么，大家觉得我的'感激'自然吗？是不是有点做作？"

"有了前面的对比，就不做作了。因为人被别人误解是很正常的。"

"看来同学们还是很认同我的写作思路和主题的选择。"我说，"讨论了我的写作设想之后，下面我们来评讲最近的一篇作文——'感动'。"

这时他们才恍然大悟，只听到有同学小声说："这老黄，真鬼——今天耍了我们一把。"

接下去，我们结合具体习作分析了这一次作文普遍的问题——缺少"感动"。最后，我们明确：感激，并不一定是我们在为难之中别人伸出了援手，也不一定是我们遭遇重大困难时别人给予了帮助；感动，不一定要有催人泪下的场景，不一定要有感人肺腑的故事。一个鼓励的眼神，一声亲切的问候，一次平常的微笑……都可以让我们感激，都可以让我们感动。只要我们心存感激，生活永远总有值得我们感动的人和事。

评讲之后的"再度写作"，同学们作文的质量明显有了提高，至少是选材和主题都比前一次要好得多。

后来有好几位同学和我说到这一次作文，认为这次作文使他们悟到了很多东西。我不知道他们到底分别悟到了什么，我只知道这一节作文课的效果还是比较明显的。而且，这一次作文课，使我对"共生写作"的教学方法有了更清晰更深入的认识。经过多年的实践和总结，现在，"共生写作"已成为我作文教学经常采用的比较成熟的个性化方法。

听课者说

"唤醒"的不只是"感动"

江苏省锡山高级中学　徐　勤

我对黄老师的共生教学有所了解，但真的还不得要领。就是觉得听他的课很舒服，阅读课如此，写作课尤其如此。大概这就是共生教学的艺术魅力。

黄老师《用"感激"唤醒"感动"》这节课，从常规作文教学课型的角度看，应该是写作评讲课，但黄老师没有直接评讲作文。他没有展示优秀的习作，也没有呈现有问题的习作，没有评赏写得精彩的语段，也没有评点学生习作在选材、结构、语言等方面的成功与不足，而是针对这次习作中大多数学生都缺少"感动"这样一个共同的问题，设计了一堂师生共生的写作课。

这节课可以分为这样几个环节：

① 导入。

② 教师讲述自己经历的故事。

③ 学生自由讨论材料可以表现的主题。

④ 教师和学生分享自己的感受，学生进行评价。

⑤ 评讲上次作文的主要问题。

⑥布置作业，进行再度写作。

听完课，我在想，如果我上这节课会怎么上呢？我肯定是对学生的习作进行分类，梳理出缺少感动的几种情况，上课时列举案例，分析不足和原因，然后列举生活中值得感动的事例，或者介绍让人感动的名家文章，最后归纳出写这篇习作要注意的问题。

我自己觉得这样教也没有什么不可以，可能不少老师的做法和我比较接近。那么，比较之下，黄老师的课有什么好处呢？这就是黄老师题目中所说的，关键就在于一个"唤醒"。这个"唤醒"体现在这样几个方面：

一是唤醒学生敏锐的生活感悟。

写作和生活的关系，大家都有深切认识，更有人提出了生活作文。如果说生活是写作的源头，那么生活感悟便是写作的种子。没有生活，则无内容可写。没有生活感悟，作文一定写得空泛而没有灵魂。但如何培养学生对生活的感悟呢？这是个难题。从道理上让学生认识到并不难，但要让他们真正领悟并融入到写作之中并不容易，说教的效果并不理想。黄老师的办法是"唤醒"。这依赖于黄老师自己敏锐的生活感悟，他由两次坐飞机的遭遇对人与人之间的关系有了自己深切的感悟，并把这个感悟带进课堂，把学生带进自己的故事，和学生分享，唤醒学生的感悟。

二是唤醒学生内在的写作体验。

写作是一种复杂的心理活动，写作体验是写作过程中最重要的因素。而写作体验来自写作过程。我们传统的作文教学是几乎不介入学生的写作过程的，是外在的干涉和指导多，严重影响了作文教学的效果。但真要介入学生的写作过程并不容易。黄老师的办法是让学生介入自己的写作，和自己一起写文章，进而实现介入学生的写作过程，唤醒学生的写作体验，让学生进入写作的角色思考问题，提升生活感悟，进行写作决策。

三是唤醒学生的非写作状态下的写作意识。

古人说：功夫在诗外。黄老师在跟我们作作文教学讲座时，反复强调要努力培养学生在非写作状态下的写作意识。这对我们很有启发，可是如何培养学生在非写作状态下的写作意识呢？我们的做法主要是讲述名家写作故事。学生当然很喜欢，也应该有一定的效果。但有时候又觉得有点隔靴搔痒。从这节课我们可以发现，黄老师培养学生非写作状态下写作意识的非常有效的做法是在作文课堂教学中，通过自己的写作实践唤醒学生的这种意识。

对照黄老师的"唤醒",我们所采取的办法基本是"说教"。说应该怎么写,说不应该怎么写;说谁写得好,好在哪里;说谁写得不好,不好在哪里。当时,都能把学生说懂,但一旦进入写作,就会出问题。两相对照,黄老师"唤醒"的方法效果就显著多了。

那么,黄老师是如何去唤醒学生的呢?

《用"感激"唤醒"感动"》的作文教学案例,生动地体现了黄老师"共生写作"的核心理念与实践追求。我认为,在当前众说纷纭的作文教学背景下,"共生写作"可以厘清难题,正本清源,使作文教学复归本位。现结合这个课例,谈谈我对"共生写作"特点的认识。

①师生两个主体有机融合,促进交互生成。

我们发现,优质课堂往往是教师和学生两个主体交融、互动、共生的体现,而这也是"共生写作"的显著特点。当学生写作"感动"这个题目遇到障碍时,黄老师及时了解学情,积极介入学生的写作活动中。而黄老师的智慧之处在于,他不是强行干预,而是"以退为进",让学生来完善老师的文章。学生热情高涨,在评说老师的文章时,不自觉地获得一些写作启示。见时机成熟,黄老师便顺势利导,讲评起学生习作来。这样的课堂教学,既能使教师积极参与到学生的写作活动中,也能使学生积极参与到教师的写作活动中。师生双方,既彼此独立,又交融共生。

②重视写作过程的体验和写作经验的自悟、强化、积累。

美国作文教学非常强调写作过程的训练:构思—写作—修改—校对/编辑—出版/递交。而中国当前的作文教学往往重结论、轻过程,重讲授、轻体验,从而导致作文教学的低效、无效甚至负效。这堂课体现了黄老师对过程化的作文教学的追求。这堂课的结论,黄老师课前便成竹于胸:"感激,并不一定是我们在为难之中别人伸出了援手,也不一定是我们遭遇重大困难时别人给予了帮助;感动,不一定要有催人泪下的场景,不一定要有感人肺腑的故事。"但黄老师并没有直接出示,而是领着学生入水擒蛟,入山探宝,亲历过程后让学生自我领悟。

这堂课的过程设计巧妙自然,每个环节都充满张力。先是让学生给老师的文章确定主题,学生兴味盎然;接着,在学生思维停步不前时,黄老师谈自己的构思,学生猛有所悟;最后,顺势利导,归纳经验,讲评作文,引导学生"再度作文"以强化经验的积累。

③提供可生发的写作例文，激发学生完善的冲动，鼓励自我实现。

"共生写作"的关键在于所选的写作例文能够生发开去，从而实现预设的教学目标。所选的例文可以未完成，或有缺陷，或可发散，总之，应具有生发功能。心理学研究告诉我们，人有一种追求完整、趋向完美的心理冲动。面对未完成的作品，所有学生都会产生完善的冲动。这大概是黄老师"共生写作"的心理学依据吧。

黄老师这堂课上所讲述的例文处于未完成状态，自然会引发学生的完善冲动。而在帮助学生完善写作的过程中，黄老师不着痕迹地实现了本堂课的教学目标。如果结合黄老师"共生写作"课的其他案例，如《我因应试狂》《一万人眼中有一万种风》等，我们会更深刻地体悟黄老师挑选例文的匠心独具。

学生习作

感　动

江苏省苏州中学　刘蒙丹

今年的秋来得真快，几丝秋雨便送来一抹凉意，我本没有在意，妈妈却早把套衫平整地放在我枕边，

"真烦人！"我只匆匆将它撂在一边，头也不回地冲出了家门，留下一串无奈与关怀的目光倚在门边。

秋风拂面而来，朱自清先生曾把春风形容为"母亲的手"，大约是心境不同吧，凉凉的秋风在我听来，却像母亲的唠叨般喋喋不休。我加紧蹬了几下自行车，想要摆脱似的。

前面的大个子可真奇怪，也许是刚学会骑车吧，高大的身躯伏在高大的自行车上，缓慢地向前行进，仿佛一头老牛艰难地耕着地。他在做什么？我暂时忘却了恼人的风声，一心想看个究竟。

秋日的残阳在树梢上若隐若现，缕缕金光像星星点点的花瓣散落在安静的路旁。最美的图画往往是在这样安详柔美的环境中应运而生，我的眼睛这样告诉我。

自行车的前座里，与其说是坐着，不如说是倒着一个小不点，他的长长的

睫毛盖住了那双眸子，一顶小黄帽早已偏向了另一侧，嘴角边隐约地还挂着一条"水晶项链"，而他的头正平稳地放在一个厚实柔软的"枕头"上，那"枕头"便是那男子，不，是爸爸的大手掌。

我很不情愿地把目光收回，就像鉴赏家不愿把目光从画卷上转移开一样，世上还能有比这更和谐更温馨的图画吗？孩子脸上的平和，父亲眼中的慈爱，是散落的阳光中最明亮的两束，怦然心动的光芒使整条小街从秋的萧瑟蓦地回到了春的明媚。

我有些懂得朱先生的文字了，心中的烦闷被暖暖的亲情荡涤得一干二净，只觉得胸中像溢满了爱的潮水，汹涌奔腾。

我趄着车，静静地注视着这对幸福的父子，默默地接受着爱的体味。父亲的手臂微微颤了一下。不知这小宝贝已睡了多久，父亲的臂膀却始终不知疲倦地托着，他可以放手，可以停车，然而他都没有。他的手一定很酸了吧，但是他却清楚自己的手对于孩子来说，是一座可以倚靠的大山啊！他将用这双手为孩子撑起一片天空，照顾孩子的点点滴滴……

另一双手呈现在了我的脑海里，洗衣做饭，整理房间……上面印满了多少爱的痕迹，就像眼前的这双手。

我依然不紧不慢地骑着车，跳跃的阳光不时落在我的身上，就好像临行前的目光时时伴我左右。

秋风又起，我隐约感觉到了凉意，明天，该穿套衫了吧。

链接之二:

作文评讲课的课型特点及操作

作文评讲是作文教学的基本课型,但不少作文评讲课,形式单一,内容单薄,教学效果不够理想。

我曾经调侃地把模式化、简单化的作文评讲课归纳为"开两会":一是开表彰大会,也就是列举写得比较好的习作,并且选样在班级展示;二是开批斗大会,往往是归纳出学生习作中的问题,并且针对性地进行举例,同时也会呈现出一些案例。

这样的作文评讲课,主要有以下问题:

(1)缺少问题意识,针对性不强,更没有明确的教学目标;

(2)教学过程简单,活动形式单一,没有触及学生写作的过程;

(3)学生游离于教学过程之外,教师的教学也是简单表扬和批评。

其实,作文评讲课的教学非常灵活,类型丰富多样。其中常见的有:

(1)全程式。

即对一次作文的各方面内容进行全面评讲。由审题到立意,由选材到构思,由结构到语言。这种类型的作文评讲,优势在于能展示作文的全过程,不足在于容易面面俱到,关键在于详略的安排,如果平均用力,则费时多而重点又不够突出,经常如此,教学内容也必定大量重复,学生很容易产生厌倦感,会影响教学效果,但根据题目和时机适当进行一次,也很有必要。

(2)板块式。

即根据学生习作的具体情况,从某几个方面进行评讲。可以每一次都有变化,也可以相对固定。如有一位老师一般都按照这样三个板块进行评讲:精彩语句展示—精彩片段呈现—精彩篇章赏析。这样的安排可以点面结合,覆盖面大,有句有段有篇章,层次清楚,以正面鼓励为主,利于调动学生的积极性。相对固定平静的板块,学生熟悉评讲内容,对老师的要求比较清楚,教学中师生之间配合和谐,教学效果得到强化,但也容易陷入套路,所以比较适宜的是相对固定,偶尔变化。

(3)对比式。

即每一个具体内容都着眼于正反对比进行评讲。对比的方式又有许多种,可以是一个问题的对比，也可以是一连串问题的对比，可以是以篇为单位的对比，也可以是针对写作过程的不同阶段进行对比。这种评讲形式，对比鲜明，效果强烈，但要注意分寸，尤其是反面例子的选择，既要典型，又要一分为二，否则很容易伤害一部分同学的自尊和写作积极性，尤其是常常以某些同学为反面典型，负作用非常严重。

（4）梳理式。

即梳理出本次写作过程中的成功之处和主要问题一一评讲。从某种意义上说，这就是一种整体上的对比式评讲，但这种评讲不讲究成功之处和存在问题之间的对应，更不必都要列举正反对应的例子进行对比分析。重点在于梳理，总结成绩，分析问题。换一个角度看，这也是一种例证式的评讲，或者叫演绎式的评讲。这种评讲，优势是比较严谨，但相对讲方式比较呆板，缺少活力，对学生的刺激不够强烈，经常运用，很容易失于套路，对问题的分析往往不够深入，对学生的触动可能不大。

（5）归纳式。

即先单篇分别评点，然后归纳出经验和教训。这种评讲，以具体习作的分析为基础，进行理性的归纳总结，没有框框套套的约束，无论是单篇习作的分别评点，还是后一阶段的归纳，都可以引导学生的充分参与，组织得好，能有好的效果。但要求对单篇习作的选择和把握，对有关问题的分析和归纳，都必须有充分准备。在引导学生参与评点时，要求教师必须有先进的教学理念和成熟的调控能力，对学生的各种反应能作出及时而正确的判断，并适时进行有效引导。

（6）典型式。

又叫案例式，即每次评讲只选择一篇或两三篇典型的习作进行多方位的评讲。所谓典型，既可以反映本次写作的成功之处，又可以反映出代表性的问题。评讲的过程，一般为三个阶段：①出示习作，或者让有关同学诵读自己的习作，或者用幻灯片展示习作，有条件也可以通过网络呈现；②互动评点，教师组织同学们根据一般要求和本次训练的目标对习作进行评点，可以全班一起进行，也可以先分组然后交流；③互动提升，在充分肯定习作成功之处的基础上，通过互动对习作进行提升修改。

（7）专题式。

即每次评讲根据学生习作情况或作文教学的整体安排确定一个明确的专题。通常的思路是"专题疏导—问题分析—指导提升"，即先明确有关专题的写作知识、写作规律和要求，可以结合教材的有关内容，也可以结合名作名篇和学生的习作讲述，然后分析本次写作这方面的问题，最后指出修改的思路。这种评讲会使某一个专题的写作知识和要求得到相对充分的强化，对集中解决某一方面的问题效果比较明显，但往往以教师为主，要进行师生互动比较困难。

（8）串联式。

即以单篇的习作为评讲的内容，不过多地考虑单篇之间以及整个评讲内容的逻辑关系，只考虑所选的单篇有一定的代表性，具有评讲的丰富教学资源，整个过程就是引导学生对有关单篇习作进行互动式的评点讨论，也不清晰地分出先优点后问题，或先语言后结构等层次，一切只是顺着课堂动态发展进行。这种评讲注重教学的生成，突出学生的参与，内容比较鲜活，但对教学组织的要求比较高。

作文评讲要处理好的几组关系：

（1）点和面的关系。

作文评讲必须兼顾点和面两个方面。这里的点有两方面的含义：一是就习作而言的，一是就学生而言的。就前者说，点是个别的问题，面是比较普遍的问题；就后者说，点是少数人的问题，面是全体的问题。作文评讲，可以先点后面，可以先面后点，也可以由面到点再到面。既要通过点来反映面的问题，又要通过点引导面的提高。有面无点，容易空洞浮泛；有点无面，容易险隘偏颇，没有代表性。选好点，往往是评讲成功的关键。有时候点是具有代表性的问题，即点代表了面；有时候点虽然是少数人的问题，但却是一个很值得注意、很有评讲价值的问题，也可以作为评讲的重点。处理点面关系，尤其要防止只盯着几个作文尖子，忽视绝大多数学生的问题和进步，把作文评讲变成几个人的展示课，大多数同学的挨批课。

（2）成绩和问题的关系。

作文评讲，总要着眼于成绩和问题两个方面。从一般意义上说，既要肯定成绩，又要指出问题。但机械的"一分为二"也是没有多大意义的，关键在于要根据具体情况，或突出问题，或肯定成绩，或两者融合，而不是形式上的两分法。要善于从纵向的比较中发现进步，要善于抓住当前应该关注的重点问题，不必对存在的问题进行全面梳理，尤其忌讳夸大问题的严重性。无论是成绩还是问题，都应该尽可能落到细处。

（3）知识、方法和能力的关系。

作文评讲，既要注意知识的讲解，也要注意方法的传授，但归根结底还是要着眼于能力的培养。知识的讲解，方法的传授，都要融合在具体习作的评点之中，尽可能不要集中进行，尤其不要迷信知识和方法本身对改善学生写作的作用，更不可有"该讲的我都讲了，重点内容我都反复讲了，会不会是你的事情"这样的想法，也不要追求知识和方法的系统性，一切都要立足于学生写作能力的提高。

（4）常规和创新的关系。

所谓常规是指写作的一般要求，所谓创新是指突破常规的写作。一般情况下，要把常规的形式作为评讲的重点，立足基本要求发现成绩和梳理问题，但又不可因此忽视对学生富有创意的写作的引导，尤其是对一些"另类作文"，要能宽容和肯定。

作文评讲还要注意这样一些问题：

（1）要遵循写作规律。

写作有着自身的内在规律，比如对生活的认识，对命题的把握，写作方法的运用，写作能力的提高等等，语文教师对此要能有比较准确的把握，并且尽可能地有自身的体验，否则如果从本本出发，从他人的经验出发，从套套出发，很可能对学生来说是隔靴搔痒，很难有理想的效果。这个规律包括对作文课程新理念的接受和理解。不可排斥抵制，也不可简单化，更不可走极端。这样才能保证作文评讲在正确的思想指导下进行，才能不说、少说外行话、空话和费话，多说有用的话。

（2）要引导学生参与。

作文评讲，并不是教师一个人的教学活动，也应该引导学生积极参与，让他们对具体习作发表自己的意见，有不同意见可以充分展开讨论，这样可以使他们确立正确的写作标准，提高他们判断作文优劣、调整作文策略、修改自己习作的能力，也可以拓展课堂的教学资源，促进课堂教学的生成，提高课堂教学的效率。不仅要引导学生参与他人作文的评讲，也要引导他们参与对自己作文的评讲，交流写作的过程，提出评价和修改的意见，包括对别人批评的反驳。这样的评讲过程，学生的收获是多方面的，更是鲜活的。

（3）要突出写作的过程。

作文评讲不是学生习作的表彰大会和宣判大会，树立一个个先进人物，或者拎出一个个"不法"分子,或表彰或示众。千万不可只是着眼于学生写作的结果进行评讲,应该着眼于写作的过程评析学生的习作,无论是比较成功的习作,还是有问题的习作,都要从过程入手:为什么能写这么好?怎样才能写这么好?为什么会出现这些问题?如何避免这样的问题?能不能写得更好?如何才能写得更好?知识的讲解,方法的传授,也要突出动态的写作过程,而不是结论的传递,更不是贴标签式地下几个结论。

03

第三章
能力训练课

第 9 节课

教学实录

写出特别之处背后的故事

师：今天我们一起写一篇记叙文。先来看一位作家写的一篇文章的开头，哪位同学来读一读？（PPT 出示，一生读。）

今年沈阳的雪下得大，埋没膝盖，到处都有胖乎乎的雪人。
下班时，路过院里的雪人，我发现一个奇怪的迹象：雪人的颏下似有一张纸片。我这人好奇心重，仔细看，像是贺卡，插在雪人怀里。

师：我们写文章一定要注意写出事物、人物的特别之处。比如说看到小狗，你要注意这小狗与其他狗不同在什么地方；看到一棵树，要能看出这棵树和那棵树有什么不同的地方；当然，看到一个人也是如此。这是写好记叙文的前提。看到黄老师走进教室，有同学笑了，他们肯定是看到了我某一点特别的地方。
现在我们来看看这段话中的雪人有什么特别的地方。
生：颏下有张贺卡。
生：它比较胖。
师：它比较胖和颏下有张贺卡，你觉得哪个是更有特点？
生：它比较胖。
师：大家看到过不胖的雪人吗？
生：没有。
师：大家看到过雪人有贺卡吗？
生：没有。

师：对。雪人胖比较正常，雪人要瘦是不容易的，特别的是颏下有张贺卡。

师：作者又有什么特别的地方？

生：很有好奇心。

师：一个人要写好文章必须始终保持好奇心，没有好奇心，文章就写不出来了。这位作者很有好奇心，所以写出了很多优美的散文。现在大家再来想一想，这贺卡会是什么人写的？

生：小孩。

师：一个小孩给胖胖的雪人写一张贺卡，想想这是一个怎样的小孩。

生：这是一个可爱又调皮的小男孩。

师：为什么说他是可爱又调皮的男孩？

生：这个调皮的小孩堆完了雪人还给它写张贺卡，表达对雪人的祝福，可见他很可爱。

师：黄老师小时候也很调皮。如果我是调皮的男孩，可能不是给雪人写张贺卡，而是在它身上画一个图案，或是给它添两撇胡子。但这个孩子却给雪人写了张贺卡，所以这个孩子不仅仅是调皮，他还给雪人送上自己的祝福。给雪人送上祝福，会是一个怎样的孩子？

生：善良的孩子。

师：愿意为别人送祝福的人肯定是个善良的人，而这个孩子给路边的雪人送上祝福，除了善良，还会有什么原因？

生：他可能对雪人有份特别的回忆。

生：他可能特别孤独。

师：都很有道理。特别孤独的人可能对不是人的事物更加亲近，因为他在生活中找不到朋友。契诃夫写过一篇小说，写的是一个赶马车的人，他一边赶车，一边和拉车的马交流，讲故事。如果你是文中的小男孩或是小女孩，你会给雪人写一份怎样的贺卡？

现在请大家以这个小孩的口吻写贺卡。

（生动笔写贺卡，然后交流。）

生：亲爱的雪人，愿你洁白的心灵永存世间。

师：谁来评点一下写得怎么样。

生：感觉不像小男孩的水平，他的水平比小男孩高。

师：感觉身份不是很符合，贺卡应该写得更有孩子的特点。是的，这话写得太老成了。不过意义还是很深刻的。

生：亲爱的雪人，今年的雪下得和去年一样大，我也还是和去年一样没有找到一个朋友，幸运的是上帝把你送到我身边，也许每天你只能听到呼啸的风声为你送来远方的消息，只能看着漫天的飞雪回忆老旧的往事。可是今年我很乐意与你做伴。

师：谁来评点一下？

生：写得很好，不仅有环境描写，而且用拟人的手法把雪人写得栩栩如生，但她没有写出祝福，所以我觉得还没有达到标准。

师：刚才的女同学文笔非常好，写出了小男孩的孤独。当然，评价一篇作文好不好，首先要想想它的要求。大家想想，这张贺卡应该有什么要求呢？① 必须是个孩子。② 他很善良。③ 他很孤独。对照这三个条件，刚才那女生写得非常好。其他同学是怎样写的？

生：Dear snowman，新年快乐，祝愿你永远这么可爱，谢谢你陪我度过快乐的童年。

师：孩子的特点很鲜明，还含蓄地写出了内心的孤独。可是雪人能"陪我度过快乐的童年"吗？（生笑）

好，我们来看看作家是怎么写的？作家有没有写出这三个特点来？（PPT出示）

雪人：你又白又胖，桔子皮嘴唇，真好看。你一定不怕冷，半夜自己害怕吗？饿了就吃雪吧。咱俩做个好朋友！

祝愿：新年快乐　心想事成！

沈阳岐山三校二年级四班　李小屹

师：作者不仅把孩子的特点和孩子的善良写出来了，同时还写出了自己的孤独。哪些句子表现了这些内容？

生：半夜自己害怕吗？

生：咱俩做个好朋友！

师：对，这些句子写很很好。写出了善良，写出了孤独，也写出了一个小学生的特点。那么这个故事接下去该怎么写呢？

大家想想，看到这样一个漂亮的雪人，还有一张贺卡，接下去该怎么写呢？

如果你是路人，或是那个很有好奇心的作家，看到雪人，看到有这样一张贺卡，你会怎么做？

生：我会想认识一下这个小女孩，（马上纠正）这个小男孩。

师：你就一定知道这是个小男孩吗？也有可能是小女孩啊。大家想一想，从情节安排的角度考虑，一个小男孩和小女孩之间的故事，和两个男孩之间的故事，哪个故事更好呢？

生：小男孩和小女孩。

师：有道理。其实，只要有一颗善良的心，男孩和男孩的故事，男孩和女孩的故事都没关系，关键是切合文章的内容和主题。好，我们下面来看看作者是怎么写的。（PPT 出示）

我寄出也接受过一些贺卡，这张却让人心动。我有点嫉妒雪人，能收到李小屹这么恳挚的关爱。

我把贺卡放回雪人的襟怀，只露一点小角。回到家，放不下这件事，给李小屹写了一张贺卡，以雪人的名义。我不知这样做对不对，希望不至伤害孩子的感情。

师：你们有没有人像作者一样，想到以雪人的名义给小男孩回贺卡？有没有？（学生摇头）这就是我们写不出好文章的原因。我就不批评了，现在我们来补偿一下，大家以雪人的口气来写一张贺卡。大家想一想，这一回写贺卡有什么要求？首先要以雪人的口气写。还有，这是一张回复的贺卡，前后两张贺卡应该有关联。所以还要写出什么？

生：要表达谢意。

生：要写出雪人的祝福。

（生写贺卡）

师：我们来交流交流。

生：亲爱的李小屹，收到你的来信，你善良的心灵让我在这冬天不再感到寒冷，而我也会在这个冬天默默陪你度过。希望你在这个冬天不再孤独，衷心祝福你永远幸福快乐！

师：点评一下。

生：我觉得写得挺好的，写得挺像雪人的，也写出了雪人的祝福。

师：这句话中一再提到冬天，为什么？

生：因为小屹在这个冬天感到很孤独，冬天就代表小屹这份孤独的心情，所以雪人要祝福他。

师：说得有道理，冬天突出了雪人的环境，也突出了孩子和雪人孤独的心情，所以他们更加需要这份关心和温暖。

师：还有谁来展示一下？

生：收到你的来信我很开心，我会永远珍藏这封信的，祝你能快乐、健康地成长，永远保持这份善良的心。无聊的时候可以找我聊天，因为我们是好朋友。

师：点评一下。

生：我觉得写得很好，她写出了这是对小屹信的回复，以及写出了想和小屹做好朋友。

师：我请两位男生来展示一下。

（没男生举手）

师：你看这么多男人，一点都不像男人，男人就应该主动，就应该有担当。

（众生笑，一男生举手。）

生：亲爱的李小屹，感谢你的来信与关爱，在这个冬天我将感到不再寒冷，非常愿意与你交朋友，希望我们这份友谊能到永远！

师：评点一下。

生：他以雪人的口吻写，也写出了祝福。

生：你好，李小屹，很高兴成为你的朋友，感谢你的关心，希望春天永远不要来，这样我就能永远陪着你。

生：我觉得"春天永远不要来"写得不太好，太悲催了。

生：我觉得应该写希望雪人早点找到朋友，而不是写春天永远不要来。

师：是的，友情不像爱情那样是自私的、唯一的，对不对？"希望春天永远不要来"不像善良人说的。雪人也是善良的孩子，它不会因为友情而希望春天不要来，没有了春天，那多可怕。

生：谢谢你的贺卡，李小屹，晚上我也会感到害怕，有你的陪伴我满足极了。你很可爱，我祝你学业进步，永远幸福。也祝你早日找到新朋友，我们一起来享受来年的春光。

师：写得真好，相同的意思用不同的表达。两人写得都很好，但刚才这位

同学境界更高了,我觉得比作者写得还要好。我们来看作者是怎么写的。(PPT出示)

真高兴得到你的贺卡,在无数冬天里面,从来没人送给我贺卡。你是我的好朋友!

祝愿:获得双百　永远快乐!

师:你看,和我们同学写得差不多。好,我们已经写了两次贺卡了,但我们今天不是学习写贺卡,而是学习写记叙文。刚才讲过,写记叙文关键是写故事。作者接下去会怎么写,我们来猜一猜。接下去李小屹还会不会再给雪人写贺卡呢?认为会的举手。(举手人很少)那么,接下去李小屹不写贺卡了,会干什么呢?

生:我觉得这个孩子会去找这个作者。

生:他可能会带着信一起去陪雪人。

师:找作者?他知道有个"作者"吗?他知道有个作者是谁吗?——不过,这是一种思路。哦,陪雪人,白天陪着它,晚上也陪着它。这也是一种思路。写文章嘛,可以有许多种不同的思路。那我们先来想想,如果李小屹收到雪人的贺卡后又回了一份贺卡,会怎么写?我们先想这一种思路,再来思考其他的思路。

大家试着再来写贺卡,一定要从故事发展的角度想一想,应该写什么样的内容。

师:(巡视后)很多同学的贺卡写得很快,已经很熟练了,但我们要的不仅仅是写贺卡,而且是故事情节的展开。孩子给路边的雪人写贺卡,作者替雪人回写了一份贺卡,孩子收到了雪人的贺卡,接下去还能写什么呢?还是写祝你快乐吗?我们写记叙文,情节要不断地展开,内容会越来越丰富。好好想想,怎么写才能推动情节的发展呢?

(生交流)

生:亲爱的雪人,收到你的来信我感到有些意外,但更多的是惊喜。不知道你是否真实存在,但你已经在我心里住下,让我感到这冬天的温暖。

师:写得真好。我看了好几个同学写的贺卡,大多是"我带几个新朋友给你看看"等内容,没有什么新意。你看她写的"收到你的来信我感到有些意外,但更多的是惊喜",写出了内心的具体感受,也写出了内心的矛盾。"不知道你是否真实存在,但你已经在我心里住下,让我感到这冬天的温暖。"立意深刻,写得很好!

让我们看看作者是怎样写的。(PPT 出示)

我收到你的贺卡高兴得跳了起来,咱们不是已经实现神话了吗?但我的同学说这是假的。是假的吗?我爸说这是大人写的。请你告诉我这是不是真的。我也觉得你不会写贺卡,大人是谁?十万火急告诉我(15个惊叹号)你如果不方便,也可通知我同学王洋,电话621××10。张弩电话684××77。

祝愿:万事如意　心想事成!

师:大家把作者写的和自己写的比较一下,觉得谁写得好?
生:我觉得作者写得好,作者写得更贴近孩子的内心。
师:是的。而且这样写就把情节向前推进了,故事就是这样展开的。——我们看到一只小狗,看到一只小鸭,看到一个黄老师,一定要注意到它或他不同于别人的地方。这不同的地方背后一定会有故事。当然,这故事并不一定完全是现实的,更多的可能是,这个故事一半是生活中的,一半是你想象的,这样才能写出好文章。我们和作者一起写文章,就是要这样去感受和理解。

不过,我就觉得作者有一点写得不好:"祝愿:万事如意　心想事成!"你觉得四年级孩子会这样写吗?有没有同学认为好的?(只有一个女生举手)很多人都认为不好,只有一个女同学认为好,这就是不同之处,发现这不同之处的人就能写出好文章来。你说说看,为什么认为好啊?

生:因为李小屹已经意识到写这封信的可能是一个大人,所以他以大人的语气来写这封贺卡。

师:大家觉得她说得有没有道理?你看,作文就是这样写好的,知道吗?当你写一篇文章的时候,一定要把自己放进去,你们都没进去,她进去了。自己进不了故事就写不出好故事。

师:大家想想后面该怎么写呢?还写贺卡吗?再写贺卡,故事就会单调,就没有变化了。

生:作者会去找李小屹。
师:作者找到他干什么呢?

生：作者去告诉孩子真相。

师：把故事真相告诉孩子好不好？

生：不好，四年级的孩子是很相信美好的，这样告诉他太残忍了。

师：本来孩子和一个雪人的故事感觉非常非常的美，现在你找到他告诉他这贺卡不是雪人写的，是你写的。好不好？

我们来看看作者是怎么写的？（PPT出示）

我把贺卡放回去，生出别样心情。李小屹是个相信神话的孩子，多么幸福，我也有过这样的年月。在这场游戏中，我应该小心而且罢手了。尽管李小屹焦急地期待回音。

就在昨天，星期日的下午，雪人前站着一个女孩，背对着我家的窗。她装束臃肿，胳膊都放不下来了。这必是李小屹。她痴痴地站在雪人边上，不时捧雪拍在它身上。雪人桔子皮嘴唇依然鲜艳。

师：李小屹可能非常想知道贺卡是谁写的，但作者有没有和她见面呢？

生：没有。

师：接下来，我们再来给这个故事写一个结尾，写写你是怎么理解这故事的，这故事想要表达什么主题。

（生交流）

生：看着李小屹落寞的背影，我心生感慨，见面是一个孩子正常的需要，还是宁愿在他心中保持一个神话吧。

我默默地走到她面前，撑起一把伞。

生：李小屹待了很久，天色暗了才离开，今天早晨，我走到楼下看到雪人身上放了一张纸片："雪人先生，你是不是已经离开了？明天你还会来吗？我会等你回来。"

生：我并没有走下楼去，我希望李小屹依然能相信雪人是真实存在的，希望她能一直保持孩童的天真。

生：春天来了，明媚的春光融化了雪人，也融化了那个美丽的神话。那天我看到李小屹站在那一摊水旁，朝我用力地挥了挥手，那一刹那，我以为她找到了我，但那游离的眼神告诉了我，让她永远相信这神话吧。

师：评价一下他们写得好不好。有两个标准：首先要符合文章前面所有的内容，不能和前面矛盾；更重要的是，要集中表达一个主题。

我们来看看，"春天来了，明媚的春光融化了雪人"，这样写好不好？（生：不好。）对！不太好，太伤感了。她后面写"也融化了那个美丽的神话"，那美丽的神话能不能融化掉？（生：不能。）作者文章前面有没有让雪人融化掉？（生：没有。）小孩"站在那一摊水旁"，读着心里真是冰凉冰凉的。"朝我用力地挥了挥手"，她知不知道我们家的方向啊？（生：不知道。）我们在写文章结尾时特别要当心，有时好文章就是一个结尾搞坏的。

下面我们来看看作者是怎么写这个结尾的。（PPT 出示）

我不忍心让李小屹就这么盼望着，像骗了他，但我更不忍心破坏她的梦。不妨让她惊讶着，在长成大人后跟自己的男友讲这张贺卡的奇遇。

师：作者写的是不是最好的呢？也不一定。但写出了心中的矛盾，既不忍心骗她，又不忍心说出真相。这样写当然是为主题服务的。李小屹是男孩还是女孩？

生：女孩。

师：从人物安排的角度，男孩好还是女孩好？

生：我觉得写女孩好，因为女孩的心思更细一点，更加脆弱一点，所以才会写出悲伤的，不忍心破坏她的梦的感觉。

生：如果作者是男的，就写是男孩。如果作者是女的，就写是女孩。

师：这似乎没有什么道理吧。一个好作家，自己是男的，也要懂得女孩的心；自己是女的，就要懂得男人。——当然，一切还是从表达需要出发。

就这篇文章而言，我很认同刚才一位同学的看法，写女孩好，更利于文章主题的表达，因为女孩子更容易相信这些美丽的神话和童话。

文章的最后一句话"一个带有秘密的童年是多么的幸福"，含蓄地表达了主题。我们今天的生活很富裕，但对孩子们来讲，最缺少的就是童话和神话，所以使得现在的孩子写不出美丽的童话来。

生：我想读读我写的结尾：我不敢相信我居然欺骗了一个孩子，看着她心焦的样子，我犹豫要不要走到她跟前解释一下，毕竟这是不好的，但当我走到楼下，突然看见李小屹一蹦一跳，咧开嘴笑起来，然后跑开了。我想了想，还是将这故事深深地埋在心里吧。

师：不错。写出了作者内心的矛盾，写出内心的矛盾是一个很高的要求。为什么"李小屹一蹦一跳，咧开嘴笑起来，然后跑开了"呢？

生：她自己相信了这个美丽的故事。

师：那就让她永远相信吧！我们还要做一件事，给文章加题目。记叙文的题目，是对故事内容的概括，也是文章主题的表现，一个好题目能给你的文章加分。

（学生给文章加标题，然后交流。）

生：藏在雪下的童年。

生：童年的秘密。

生：那年冬天的秘密。

师：有人的题目是"雪人·女孩·我"，还有的题目是"雪人和女孩的故事"。你最喜欢哪一个题目？

题目并不是形式漂亮就好，还要切合故事的内容和主题。这个故事是什么人的故事？（生：雪人。）雪人的故事，对，雪人和一个女孩的故事。要不要突出"我"呢？（生：不要。）对，不要。"我"在文章中并不重要，而是以雪人的身份出现的多。那么，用"雪人和女孩的故事"做题目好不好？（生：不好。）对，这个题目还是没有体现出故事的特点和主要内容。本文故事的特点不是女孩，甚至也不是雪人。文中这个女孩和雪人的故事，最主要的特点是由于什么？

生：贺卡。

师：作者的题目是"雪地贺卡"，我们有的同学写的题目是"雪人贺卡"。是"雪人贺卡"好，还是"雪地贺卡"好？

生：我觉得"雪地贺卡"好，因为雪人在雪地里，女孩也在雪地里，是发生在雪地里的故事。

师：是的。我一开始读这文章，觉得"雪人贺卡"好，可读了几遍，觉得"雪地贺卡"更好。这贺卡是不是雪人一个人写的？（生：不是。）除了雪人还有一个小女孩，而且这"雪地"会让人联想到一个很纯净的世界，给一个童话故事提供了一个很好的背景。在童话般的雪地里，有一个雪人，一个小女孩，文章就是写的他们之间的故事。这位同学一下子就能品读出"雪地贺卡"这个题目的意境，真了不起。

今天我们一起写了一个故事，学习抓住事物的特别之处写出背后的故事。

大家还要记住，好故事，一半来自生活，一半来自心里。

今天的课我们就上到这儿，感谢咱们八（1）班的同学。

（全场鼓掌）

听课者说

读写不仅仅是一种"结合"

北外附属苏州湾外国语学校　罗天涛

读写结合，是作文教学最基本也是最常见的做法。但黄厚江老师的作文课《写出特别之处背后的故事》，读与写之间不仅仅是一种"结合"，而是读与写的融合，借助读唤醒写作的欲望，借助读生发了写的活动，借助读丰富了写作的体验，实现了读与写的共生。

一、阅读：唤醒学生的写作欲望

写作，在其本真意义上，应该是生命个体内在言说欲求的自然外现，通俗地讲，不是"要我写"，而是"我要写"。而当前学生写作的最大问题，就是不想写。不想写，就是"言说冲动的冷却、言说兴趣的冬眠、言说欲求的屏蔽"（王崧舟语），这是作文教学的一切问题中最为本原、最具根性的问题。对此，著名学者潘新和先生一针见血地指出：动力的缺失才是根本性的缺失。

动力缺失的症结何在呢？从学生角度来说，有生活但缺少观察，有观察但缺少发现；从教师角度来说，给题目但缺乏指导，教知识但缺乏示范。后者问题似乎更加明显。教师对于教授所谓的"写作知识"，像如何审题，如何立意，如何开头结尾，兜售所谓的模式、套路、捷径、秘籍等，乐此不疲，实则是陈陈相因，舍生命之本，逐技术之末，一旦真刀真枪地干，这些知识便成了摆设，连教师自己也无能为力。第斯多惠说，"教育的艺术不在于传授知识，而在于唤醒、激励和鼓舞"，也就是说，教育的终极意义并不在于穷尽真理，而在于激发他们的生命激情，触动他们的生命灵感，点燃每个生命的言说欲求。作文教学的奥秘，或许正在于此。

如何唤醒学生的言说欲求呢？黄厚江老师的这节作文课，就是"言语生命动力学"烛照下的一次探索，它以"与文本共生"的创造性理念，通过文本阅读这种最为本色的方式，拨开纷纭繁杂的作文教学乱象，开启了"我要写"这一作文教学的康庄之途。

黄老师的作文课是围绕《雪地贺卡》的阅读而展开的。黄老师为什么舍得花大力气让学生阅读呢？我们知道，阅读和写作表面上各有分工。阅读主要是理解，是吸收，是学习现成的知识和经验；而写作主要是表达，是倾吐，更多的是一种创造性的活动。阅读，是沿波讨源，披文以入情；写作，是意随笔转，情动而辞发。但实际上，无论阅读还是写作，都是情意与言词之间的相互转化，是主体精神世界与客体知识经验在某一瞬间的交遇。阅读的过程就是唤醒个体的思维情感之流的过程。从这个意义上说，阅读是写作的一部分，或者说是写作的准备。

必须强调的是，黄老师对阅读文本的选择是精心的。实现"与文本共生"，关键点之一是文本的典型性选择。所谓典型性，在作文教学中，实质就是文本的适切性，即文本符合学生写作的实际和训练的要求，这对教师眼光是有考量的。从初中生的写作实际出发，选择故事性强、有一定意义、篇幅短小的文章是适切的；从记叙文的文体要求来看，最好能体现故事叙述的基本元素，比如描写性细节、对白、紧张感、悬念，某种程度的问题解决及其普遍的意义。《雪地贺卡》不仅完全符合这样的要求，而且还体现了中国传统写作的基本范式，即开头娓娓道来，寥寥数语引人入胜；中段通过对话（信件）深入展开情节，制造一个又一个悬念，让读者在紧张与期待中乐此不疲；然后在结尾处使问题得到某种程度上的解决，并给出了富有意义的完满阐述。约翰·加德纳在《小说的艺术》中写道，每个故事都由三个单元组成：一组描写，一组对白，以及一个行动。正是这些，让人物栩栩如生，令场景生动，使故事像在舞台上展示一样。学生在这样的文本中浸濡，仿佛穿行在杂花生树满目奇异的丛林中，走出来也是一身芬芳。

二、创写：深化学生的写作体验

作为一个教育学概念，体验是"在对事物的真切感受和深刻理解的基础上对事物产生情感并生成意义的活动"，是一种能生发与主体独特的"自我"密切相关的独特领悟和情感反应。简而言之，体验就是"以身体之""以心验之"，心灵受到摇荡和震撼的审美精神状态。

作文教学的体验，就是要拂去所谓程序化知识表层所蒙上的无生命的"尘埃"，还原语言之下的一个个生动的形象和场景，使之有血有肉，情景交融，从而撩拨起新的生命体验。因原文语言文字的触发，唤醒个体某种生命的情愫，展开某个生命的场景，从而引发内心深刻的反应或感动。体验是打开广阔精神世界的钥匙，个体通过体验与客体知识的交融过程，开启自己的生命本真并融入其中。

显而易见，黄老师的作文课非常注重深化学生的写作体验。其具体做法，就是让学生在阅读的基础上参与创写。创写，就使其阅读摆脱了一般意义上的材料认知，而是在阅读、猜测、想象中去体验写作的过程，使学生置身于故事之中，成为故事中人或故事的见证者，激起他们的兴趣，引发他们的猜想，唤醒他们紧张、好奇、兴奋、愉悦等丰富的情感，成为融入其生命冲动体验的真实的"生活事件""成长历程"。

值得注意的是，黄老师选择的创写点是十分讲究的。这些点往往是故事起承转合的关键之处，是艾略特谈到的"处在旋转世界中心的那个静止的点"，有人又把它称为"悬停时刻"，亦即黄老师所说的"特别之处"。这些"特别之处"包括：雪人身上的贺卡是谁写的呢？写了什么？"我"要不要回贺卡呢？怎么回？小孩看到贺卡会怎么样？又怎么说？"我"还要不要再回信呢？为什么？最后从这个故事中能得到什么深刻的启发呢？这些点常常暗藏着写作的逻辑，即什么地方该写，什么地方不该写，什么地方该写得详些，什么地方该写得略些，为什么这里要这样写，而不是那样写，这些秘密都在其中。古人讲，写文章的理想境界，是"当行则行，当止则止"，那是因为他们的写作逻辑相当成熟，已经内化为一种自觉的意识，外现为一种自动化的行为了。对于写作门外汉来说，还需要老师的有意引导。黄老师选择的"悬停"的点，恰恰就是作者写作过程中用心用力之处，也恰恰是学生学习写作中最易疏漏和迷惑之处。在这些点上经常性地悬停、用力，才能逐渐养成写作的自觉，最终内化为写作能力和素养。

由此我们可以得到一条宝贵的经验：创写性阅读是深化学生写作体验的成功秘道。这种阅读的积极意义就在于，它摒弃了一般阅读的平淡无奇，而让学生走上一条探险之路，它既要顺着原文的脉络思路行进，同时又要学生带着自己的经验去思考，在猜测与发现的双重惊喜中体验不同寻常的写作之路。这无疑是一种强烈的精神刺激，它唤醒学生的知识、经验，激发他们的想象，孕育他们的才思,阅读中有期待,有惊奇,有悬念,有想象,阅读成为真正的"悦读",阅读的趣味,阅读的快乐,阅读的活力,均自不待言。

三、比较:优化学生的写作逻辑

毫无疑问,如果学生的创写仅仅停留于天马行空式的浪漫想象,而忽视与原文进行比较鉴别,那么,这样的创写性阅读必将失去教学的意义,而成为一次缺乏写作自觉的自由发挥。

回到原文,就是回到正确的写作逻辑之中。因为"凡是已有定评的大作家,他们的作品,全部就说明着应该怎样写"(鲁迅语)。所以,钱梦龙老师说,阅读一篇范文,有时比教师喋喋不休地讲十遍"应该怎样写"效果还要好些。好的文章,往往就有好的逻辑,包括生活逻辑和写作逻辑。也就是说,它往往符合生活的真实,符合事情发展的一般规律,也符合写作的基本要求,比如如何突出主题,如何繁简得当?这些都是原文里明摆着的。学生不与原文比较,不了解原文写作的效果,就不知道为什么要这样写而不是那样写。现代图式理论认为,许多"缺乏作文细胞"的学生,他们大脑中既不缺少一般作文材料类的陈述性知识,也不缺少写一般作文的程序性知识(如何审题、立意、过渡),而是缺少关于这篇文章写完以后应该是"什么样子"的知识。与原文比较,看看原文是怎么写的,就是让学生构建对"什么样子"的知识的丰满认知,胸有成竹,才能运笔自如。

这堂作文课的几次比较都发挥了十分关键的作用。第一次,学生替李小屹给雪人写贺卡,通过创写和原文的比较,明确写话要符合人物的身份,要符合相应的语境,要有童真童趣。第二次,学生替作者给孩子回信。通过比较,明确作家贺卡里的精彩之处是突出了"从来没人送给我贺卡"的这种温暖,突出想象要新颖独特。第三次,学生再替李小屹给雪人写一张贺卡,强调要写出李小屹又欣喜又怀疑的矛盾心理,从而明确写作要推动情节的发展。第四次,比较创写的结尾与原文的不同,体会原文结尾的简洁性与深刻性,从而明确结尾往往需要点题。最后还有对于题目的比较。这些比较的过程,既加深了对原文内容的理解,又暗中优化了学生自身的写作逻辑,学生在自我建构与原文呈现中往复穿梭,比照体悟,原文的立意选材、谋篇布局、遣词造句,作者的生活积累、观察体验、生命感悟、情感态度、价值取向,都在潜移默化地介入学生的思维,学生的写作之线在与作家的写作之线交叉与并行中,不断被促发,被矫正，被牵引，从而穿过一个又一个秘密的写作之道，走向更加自由广阔的写作平台。

总而言之，黄老师这一堂作文课，在"与文本共生"的理念下，为我们展示出了"阅读、创写、比较"这条相对完整的作文教学链索，让我们看到了阅读与写作的深度融合，有时我们已经很难分清哪里是读的阶段，哪里是写的阶段，读与写已经水乳交融，阅读与写作的过程趋于完美的统一。其间既有一定的显性的规律，同时又隐含着某种难以言说的内在秘密，还有待我们在今后的作文教学中进一步研究和总结。

学生习作

快乐男孩

江苏省苏州市立达中学　江小舟

"能不能不从'这一次我又考砸了'写起？"

老黄的话还在耳边响着。这话他说了不知多少次了。是的，"这一次我又考砸了"。这一次我又考砸了，还是因为语文；语文考砸了，是因为作文；作文考砸了，是因为我又从"这一次我又考砸了"写起了。阅卷老师还特别关照我，加了一段评语："选材老套，立意陈旧，且不合题意。"难怪老黄火了，我自己其实也很火！是的，我自己也知道"这一次我又考砸了"和命题"发现快乐"没有多大关系。可是，我不写"这一次我又考砸了"又能写什么呢？我到哪里去发现快乐呢？

因为"这一次我又考砸了"，昨天老娘烦得我觉都没有睡好。今天早上起来又迟了，连一向不发火的老爸也火了。快乐？我的生活到哪里寻找快乐？我的生活不就是一次次考砸吗？考砸了还有什么快乐？

我无精打采地在街上晃着自行车，反正迟到五分钟是迟到，迟到一节课也是迟到。

忽然，一段悦耳的口哨从我身边飘过。我很佩服一边骑车一边吹着口哨的潇洒，偷偷练过很多回，就是学不会。抬头看去，一辆自行车弯弯曲曲地从我身边蛇形而过。骑车的人，将身子弯得几乎和地面平行，晃动的身体，潇洒而熟练地配合着车子的前行与晃动。骑车人偶一抬头，着装暴露了他的身份：一顶很不合时宜的帽子，上身"某某快餐"的马甲显得特别刺眼。

哼！一个送快餐的也需要这么嘚瑟！把自行车骑得像是跳舞。不过，口哨吹得真的不赖，好像还是一首动听的外国歌曲的旋律。

送快餐的也有这等牛人。我一使劲儿，想赶过去看看到底是一位什么样的高人。就在这时，他的自行车画了一道漂亮的弧漂移到了路边，紧靠着一个垃圾箱停了下来，一只脚搭在路牙上。他从挂在车龙头上的袋子里拿出一个闪闪发光的东西——我后来才想明白，那是电瓶车上的反光镜——伸进垃圾箱照了照，然后用戴着手套的手拿着一把长嘴的夹子到垃圾箱里夹出他需要的东西，分门别类地放进车前的不同袋子里。——原来是个捡垃圾的，或者是个送快餐兼职捡垃圾的。

他熟练地完成了一连串动作，脚一点，自行车蛇形而前，又快活地舞动起来，将我傻傻地扔在后边。

愣了许久，我又猛蹬自行车追了上去。我跟踪了很长时间，看着他艺术地掏了好几个垃圾箱。快到我们的校门时，我才放弃了跟踪。

看着他远去的背影，听着口哨声渐渐消失，我的心猛然一动：快乐与生活无关，快乐就在我们的心底藏着。

第 10 节课

教学实录

材料的理解和叙述

师：今天我和同学们来聊一个问题，是关于材料的理解和叙述。（师边说边板书：材料的理解和叙述）

师：写议论性文章，材料的理解和叙述是一个重要问题。可有的同学不能很好地理解材料，有的同学不知道怎么去叙述要运用的材料。我们现在来看一则材料。（老师打开 PPT）大家能不能看得出来，这是一个什么样的场景？

生：地铁站。

师：地铁站，是吧？有没有看到这个地铁站里面有一个特殊的角色？有没有看到？

生：没有。

师：是不大清楚。我起初也没看到，因为这是一个很纷杂的场所。那么下面这行文字呢，补充了我们看不到的信息。（PPT 上显示补充内容，教师读文字：一个音乐演奏者，在华盛顿 DC 地铁站的入口站了许久。）你们现在看到这个音乐演奏者了没有？

生：还没有。（笑）

师：对，没有看到。因为这个地方空间大，人也多。我们再看后面。（打开第二张 PPT，指着演奏者）就是这个人。这个人是什么人呢？师读 PPT 内容：那是今年 1 月份的事，那天温度很低，他连续演奏了 45 分钟。先拉巴哈的，然后拉舒伯特的《圣母颂》，最后又拉回巴哈的。我们班有没有同学学过钢琴呢？巴哈和舒伯特知道吧？

生：应该是巴赫，翻译的不同。

师：对，巴赫和舒伯特都是著名的作曲家。我们接着往下看。（师打开第三张PPT）这次我们能看到这个人吗？在哪里呀？

生：看见了，左边。

师：这里吧。（给学生指示）这在巴黎和美国的街头应该是常见的，但是今天这个故事不常见。（出示PPT，师读PPT内容。）

时间大概是早上8点，成千上万的上班族通过这个地下通道。三分钟后，一个中年男子发现小提琴家在演奏，他放慢脚步，停留了几秒钟，然后继续加快了脚步往前走。又过了一分钟后，小提琴家得到了他的第一张钞票：一个女人扔下的一美元，但她没有停下来。又过了几分钟，一个过路人靠在对面墙上听他演奏，但看了看表就走掉了。很显然，他要迟到了。

好，故事到此为止，你会想到什么？你如何理解这个材料？请各位同学思考。（板书：第一次）到此为止，这是一个故事。想一想，由这个材料，你能理解到什么？或者说你能用它来表达什么？有没有人想到呢？想到的就先说说。

生：我说这么几点，第一点就是生活节奏很快。

（师板书：生活的节奏很快）

生：然后就是人们对艺术的漠视。

（师板书：人们对艺术的漠视）

生：还有就是演奏者的生活窘迫。

（师板书：演奏者的生活窘迫）

生：不是窘迫。

师：噢，不是窘迫，那是什么？

生：就是那种艺术家应该得到应有的。

师：尊重？理解？

生：就是收入上得到应有的。

师：噢，就是回报。不错，演奏者应该得到应有的回报。（板书这句话）这个回报包括了精神上的回报，精神上的认可、尊重、关注等等。

师：（问该生）如果让你写作文，这三个观点你准备选哪一个立意？我们知道，一篇文章只能写一个立意。对不对呀？

生：我觉得我写第一个。

师：写第一个，你准备告诉我们读者一个什么道理呀？

生：生活的脚步放慢一点。

师：对，生活的脚步不要太匆忙，告诉我们要慢慢走。（板书：慢慢走）现在我们活得实在太累了，黄老师的节奏就太快，你们将来可能比我还快。你们越成功比我越快，这是一个让人纠结的问题。是吧？我们是到底匆匆忙忙向前走，还是晃悠悠地边走边看呢？好，其他同学呢？

生：我这个想法比较特殊，老师，我准备忽略掉部分情节。

师：你准备忽略什么？

生：我准备忽略掉部分情节，就是只选那第二个人和第三个人。

师：你光用这个场景中的这两个片段？很好。有选择地理解和运用。

生：对，光用后面两个片段。老师，你看里面有一个明显的对比，一个女人扔下了一美元但她没停下来，另一个过路人靠在对面墙上听他演奏，但是他走掉了，要迟到的那个情节我就不写它。我引申出一个问题：艺术家是想获得物质上的报酬呢，还是想获得精神上的尊重和认可呢？我想讨论一下这个问题。

师：当然可以。你的意思是主要从这个角度展开？

生：我的意思是对于一个艺术家来说，这两者究竟哪一个更重要，或者说我们对于别人究竟应该是给予物质上的帮助呢，还是精神上的尊重呢？

师：你倾向于哪一个呢？你估计这个演奏者更希望得到哪一个？

生：我觉得是后者。

师：是一个角度。其他同学呢？

生：他肯定是想要钱，因为地铁人流量大。

生：我觉得追求精神共鸣也说得通，但他同时也会渴望经济上的支持。

师：这是一个新的思路，是双向的。我们接下去看故事是怎么发展的。

（出示PPT）

对音乐家最感兴趣的是一个3岁的小孩。他妈妈又拉又扯的，但那小孩就是要停下来看音乐家演奏。最后，他妈妈用力拖他才使他继续走。但小孩还是一边走一边回头看音乐家。

师：这是一个让我们震撼的镜头。对音乐家最感兴趣的是一个3岁的小孩，他妈妈又拉又扯的，小男孩就是要听他的演奏，最后他妈妈用力地拖，才使他继续走路，但小男孩还是一边走一边回头。当材料的故事发展到这里，你的理解是不是会有一点变化？现在让我们展开讨论。

生：前面我是从音乐家的角度看这则材料，现在再看材料的时候是用旁观者的角度来看这个事件，所以我觉得这个就是……不好说。

师：你再想想。这的确是个需要深入思考的问题。

生：我觉得讲故事的这个人，就是抓住不同人不同阶层对音乐家不同的反应，来表现不同年龄阶段的人，或者说不同阶层的人对音乐不同的态度，然后再往下看，就会看出他们的生活态度，随着年龄的增长，人的好奇心就会发生变化。

（师边说边板书：成长让我们渐渐地失去了好奇心）

师：是不是这样的？

生：不完全是。包括在内，但不完全是。

师：是的，黄老师没有能完全概括出这位同学的想法。但有一点同学们可以相对确定：这则材料发展到现在，我们能看到更多的东西。它呈现了强烈的对比，就是把一个3岁的孩子，和前面所有的人进行对比。那么，从这个对比中，我们能看到什么呢？应该说，刚才这位同学抓住了材料的要害，成年人和孩子的不同，是由于年龄问题。

生：我补充一下，还有就是对美的感受。

师：他这个补充非常好。这个孩子不停地回头看，这是不是一种好奇呢？什么是好奇？好奇就是这个事物他没见过，是个新事物，是不是？那这个孩子有没有见过拉小提琴？我们完全可以肯定是看到过的。所以，这位同学说得对，孩子不只是因为好奇，他很有可能是因为对美对音乐的……这里应该用什么词呢？用"热爱"肯定不太好吧？

生：感知。

（师边读边板书：感知）

师：且用"感知"吧，马马虎虎，也不是最理想的。还有没有想到别的词语？（有人说"理解"，有人说"欣赏"）你说是"理解"，小孩子的理解也不会超过成年人。你说"欣赏"，他也不会超过成年人。看到这里，太有意思了。所以一则材料不止是一个简单的结论，有巨大的想象空间和理解空间。

生：要看他妈妈为什么又拉又扯这个小孩。如果他们两个现在有急事去做的话，那么小孩在这边耽误了时间，我觉得这个小孩是不懂事。

师：我把你的观点概括一下（边说边板书：孩子不懂事）。这个肯定是对的。但这是一个一般事实。我们要尽量发现一点别人没看到的东西。孩子不如成年人懂事，这个似乎不用我们说。读一个故事，我们要抓住材料的核心点、价值点。

生：我换个角度来谈谈。我想看看这个孩子内心想的是什么，我觉得他不仅仅因为对美的感知，很可能有一种同情在里面。

（师边说边板书：同情）

师：对，这也有可能。

生：前面的人为什么快步走过去？他们有可能是乞丐看多了的那种心态。而小孩子内心比较纯洁，看到那些生活贫困的人，可能会产生同情，想多看看。

师：他是把演奏家定位为讨施舍来了。小孩子的这种心理，我女儿小时候就是这样子的，你们小时候也是这样子的。小孩子特别善良，很容易同情别人，慢慢到了我这个年龄，就不会这样了，成长让我们变得麻木起来了。（边说边板书：成长或阅历让我们变得麻木）哪位同学概括一下，把同情、对音乐的感知概括到一点？故事到这里，告诉我们人在成长的过程中，可能会丢失一个什么东西呀？

生：感性。

（师板书：感性）

师：有道理。人如果没有了感性，对美的东西也很淡漠了。而我们越来越变得理性起来。对需要施舍同情的人，也没有什么同情心了。故事还会有怎样的发展呢？（出示PPT）

在音乐家45分钟的演奏过程中，只有7个人真正停下来听他演奏。他一共赚了32美元。当他演奏完毕，没有一个人理他，没有一个人给他鼓掌，没有一个人发现在地铁站演奏的这个音乐家就是斯皮尔——当今世界上最有名的小提琴家之一。

师：刚才有个同学关注他是来演奏的还是来乞讨的这个问题。现在故事的叙述者告诉了我们。大家知道斯皮尔吗？

生：不知道。

师：我也不知道。我可以不知道，你们不可以不知道斯皮尔。黄老师可以，因为黄老师在小村子里长大，知识和素养都是有欠缺的。你们对西方的音乐艺术不能没有起码的素养。

师：同学们有没有会拉小提琴的？有没有喜欢音乐的？

生：不会。

师：不会？应该会一点。一个人，应该有一种爱好。好的，知道了这个人以后，故事还没有结束。（展示PPT内容）

他在这个地铁站演奏了世界上最难演奏的曲目。而他的这把小提琴是意大利斯特拉迪瓦里家族在1713年制作的世界名琴。这把小提琴价值350万美元。

师：到此为止，再回去想这个故事，它告诉我们什么道理？现在大家想一想，故事更有悬念了，也更有意思了。哪个同学说说，故事发展到这里，你有什么新的想法？

生：他在地铁站演奏只收入了32美元，我估计他在音乐厅演奏会有成千上万的人去看，那些人得花大价钱去看，我不知道那些地铁站的人是不是属于一些收入比较低的社会群体，接触不到也辨别不出高雅艺术。

（师边说边板书：底层人）

生：我不知道地铁站的人是不是都这样。

师：我们大体这么说吧，不一定全是底层人，也不一定全是不懂音乐的人。对不对？

生：或许说他们只有在像音乐厅这样的地方，才知道有艺术的存在。

师：这句话有点意思。大家认为只有在音乐厅才有高雅的艺术，是吧？想不到在地铁站也有高雅的艺术。当你读一个材料，如果仅仅知道局部，当然你只能是局部地理解，当你知道全部的时候，你就不能再停留在局部的理解上。我们把材料看到这里的时候，就可以发现材料的核心点已经不在于大家匆忙的脚步和漠然的态度。是吧？

师：×××，故事发展到这里，你怎么理解？

（生沉默）

师：这样的一个演奏家，这样的一把小提琴，这样的环境，人们这样的态度……让我们想到什么呢？

生：那些花钱听他演奏的人，是不是也在地铁里匆匆走过，毫不在意。

师：他的意思是匆匆走过的人有可能听过他的演奏，但现在却毫不在意。是这样的意思吧？有道理，但由此你想说明什么呢？

生：我觉得在艺术家前面走过的人里面，他们肯定有人曾经花过钱听过音乐厅里的演奏。

师：不是肯定，是可能有人。

生：可能有人。那我就想：他们是不是真懂得艺术？到底是他们懂艺术，还是回过头看艺术家的小孩懂艺术？

（师边说边板书：对艺术真正的理解）

师：但这个只是一种可能。有的人没去过呀，甚至可能大多数人没有去过吧？其他同学再说说。

生：我在想一个问题，同样是对艺术有追求的人，凭什么他能站在这里，拉一把价值350万美元的小提琴，只为了追求一种精神上的认同，而其他艺术家为了生计苦苦挣扎生存。他凭什么能这样？

师：是有道理。同样是艺术家，处境大不相同。他跳出材料想到了材料以外的东西。

生：我是说，是什么造就了这种差别？同样是追求艺术的人。

师：但这个答案在材料中找不到依据，也找不到答案。是什么造成这样的差异呢？他想的很有深度，有社会责任感。但这个材料里没有出现其他艺术家艰苦的材料。大家一定要注意，当我们理解一则材料的时候，既可以适当拓展，又不能把材料以外的东西强拉进来。把材料以外的东西强拉进来是非常容易偏离材料的。

生：如果从旁观的角度来看，人们对事物的判断往往会受到事物周围环境的影响，而影响自己的判断。

师：你的意思是环境影响人们对事物包括艺术价值的判断。是这样的吧？（边说边板书）

生：或者说是人们容易给特别的东西打上标签，认为这些艺术不可能在这里出现。

师：也就是说不能发现它的真正价值。

生：从艺术家的角度看，他为什么会带着他的琴到这里来演奏？我觉得是对更高层次的艺术境界的追求，或者说是对返璞归真的境界的追求。

师：你的意思是在地铁站演奏是高境界的，或者说小提琴本来就应该在地铁站演奏？（生笑）

生：我再补充一点。在美国，懂音乐的人是很多的，在地铁站行走的人不可能对音乐完全一点都不懂得欣赏，肯定是有人懂这音乐的。但他们不能欣赏这音乐，是因为在这种环境中不能欣赏这音乐。

师：还是环境，在这个环境中没办法欣赏音乐。

生：我想到一个问题。就是说，在这样嘈杂的环境中他演奏最难的曲目和最简单的曲目有什么区别？他用最好的小提琴和一般的小提琴有什么区别？一个最好的演奏家和一个普通的演奏家演有什么区别？所以，这种混乱的环境影响了人们发现艺术的眼睛。

师：说得好，概括得非常好。但还是强调环境。是不是更应该关注人？

生：有句话说，内行看门道，外行看热闹。很多人买很贵的门票看演奏会，只是去享受坐在宽大的椅子里，知道有一个小提琴拉得很好的人在演奏的那样一种感受，而并不是去理解真正的音乐。

师：你的意思是花了大价钱去买票的人有很多是南郭先生，是滥竽充数，坐在那里，主要是为了享受高雅的环境，而不是去欣赏音乐。

生：很多情况下，是自己欺骗自己。

师：很多人都是如此吗？

生：他们在告诉自己：我现在很高雅，我在欣赏音乐。但实际上他并不能理解。

师：当我们展开阐述的时候，可以适当发挥；但当我们理解材料的时候，尽量客观地从原材料出发。要不然材料的理解就会变得一点规则都没有，就变成我想怎么理解就怎么理解。事实上，任何一个材料都有无限的理解空间，而任何一则材料的理解空间又都是有限的。这就是材料理解的多元性和客观性。

现在，我有个要求，不能总是拘泥于环境，不能总是拘泥于匆忙的行人，我们可以从巴赫的曲子的角度去想，可以从演奏家斯皮尔的角度去想，也可以从小提琴的角度去想，从世界名曲的角度去想……但一定要换一个角度。哪位同学先说说？

生：我必须说一下，我这个角度肯定不是老师刚才说的那个角度。但我这个角度蛮有意思的。我直接看那个材料的叙述方式，因为在前面那张PPT上说这个演奏家多么多么有名，用了三个感叹号，最难的曲目又用了个感叹号，名气用了一个感叹号,花多少钱用了个感叹号,一共用了六个感叹号。这六个感叹号说明了叙述者的一个倾向性。说明叙述的人肯定是为了符合大众的口味的,但这种叙述就表明我们的大众所关注的还是他多么多么有名,这个曲子有多么多么难,这个琴是多么多么的有名,价值多少钱。其实对这个音乐家来说,我们真正要关注的是这个音乐所要传达出的情感是什么,并不是一些外在的东西。

师:要关注内涵?

生:对,所以从这个材料本身的叙述方式就可以看出现在很多人欣赏音乐并没有真正理解音乐所要传达出的情感是什么,而只是在乎它外在的东西。

师:名人,名琴,名曲,是吧?这位同学的理解很有意思。一个是他很注意细节。阅读材料一定要关注细节。有时候细节更能反映材料的价值,就像一个鉴宝专家,他去看一幅名画,肯定不会像我们去看这是一棵松树还是槐树,他可能从一个细节去判断是不是赝品。第二个是他能够立足社会实际。从材料中读出了我们今天社会这种崇名之风。(板书:"名"风)这种名风,一种是追捧名人,第二种是人人成了名人,处处是名牌。现在学校都是名校,学校里都是名师,到处都是名家。一方面是盲目的追捧,一方面是"名"的滥化。这个话题很有意思。

师:大家还有什么见解?

生:我从琴的角度来说说。我觉得通常有名的曲子蕴藏的内涵,普通人难以理解。如果小提琴家演奏的不是这些名曲,而是平常的曲子,说不定就会有更多的人欣赏。

师:这位同学告诉我们曲高常常和寡。(板书:曲高常常和寡)你要到火车站去拉,你就不要拉巴赫,说不定爱听的人还多一点。换一个角度,高雅的艺术应该进入高雅的环境。(板书:高雅艺术——高雅环境)找对环境太重要了。有没有不同观点?

生:对于艺术的欣赏来说不能局限于艺术的表现形式。站在教室里也能演奏很高雅的曲子。

师:教室里也能演巴赫。我们还可以换一个角度,赵本山的二人转从某种意义上讲很乡土,一点也不"高雅",他可以到人民大会堂去演出——这是节外生枝的一个插曲呀!好了,下面我们的故事再往前发展。(出示PPT)

斯皮尔在地铁站演奏的事,其实是《华盛顿邮报》一手策划的,目的就是为了测试人们的知觉、品位和行为形象。最后的结论是：今天人们生活的匆忙影响了人们的品位、感觉、行为。相遇之后如何没有错过？这么优美的东西从我们身边溜走了。

故事叙述者的倾向性很明显：千万不要轻易错过生活里的美。

可是故事还有尾声。这个事件过后，在网络上引起强烈的反应，在舆论界引起了很多人的关注。斯皮尔因此名声大噪，他的小提琴专辑发行量暴增，因此赚了一大笔钱。知道了这样一个尾声，你又会有什么新的认识？

生：这个小提琴家有了两种可能：一是真的没有功利性目的；还有一个就是他是知道一切的。

师：你由这个结尾又有什么新的观点？

生：看事情不要只看表象，要深入思考。

师：看问题要深入思考，不要被表象蒙蔽。这似乎是一个哲学观点。

生：如果没有《华盛顿邮报》的话，他不会去地铁站演奏。

师：你要说明什么呢？

生：他最终还是为了钱。如果没有这种策划，没有这种合作的话，他是不会去地铁站演奏的。说明他还是为了钱。

师：能把它概括成一个观点吗？（生沉默）

师：再想想。

生：我觉得人们做有些事会产生他们自己没想到的后果。

师：意料之外的结果，或者说结果常常和初衷并不一致。好的，其他的同学呢？

生：就是这个事件本身是一件没有意义的事。

师：就是一件无聊的事。但无聊的事有时候蕴含了深刻的道理。

生：说明舆论是强大的。

师：舆论是强大的，炒作的力量有时候很可怕。

生：就是人们的从众心理。

师：刚才主要是对材料的理解，理解了更重要的是运用，这就要叙述材料。现在请同学们从刚才种种观点中选择一个你最认可的，用简要的话叙述这个故事，最好不超过100字。

生：要不要加自己的观点？

师：不要。要让我们一读你叙述的材料，就知道你的观点。

生：能不能补充？

师：当然可以，但必须以原材料为主，而且要控制字数。

（学生写作，用时约5分钟。）

师：前一阶段没发言的同学先交流。

（一女同学站起来读）

某日，斯皮尔在波士顿音乐厅演奏，门票上百美元却座无虚席。两天后，他在某地铁站，再次演奏，人流量上百万，停下聆听的寥寥无几。此事披露之后，斯皮尔的音乐专辑立刻被一抢而空。

师：她的叙述字数很节制。大家看看她要表达的是什么观点？

生：就是大众对音乐的欣赏态度有问题。

师：什么问题？这很关键。大众对音乐的欣赏有什么问题？

生：就是……就是只追求表面。

师：就是只追求表面的东西。好的，请叙述者说说她理解的对不对？

生：我觉得差不多。

师：差不多。你本来是什么意思？

生：大众对音乐的理解只是对虚名的追求。

师：是对虚名的追求。很多人对音乐的追捧、理解，更关注的是外在的虚名，而不是追求艺术的真正内涵。大家看她的叙述能不能表达她自己的观点？

生：能。

师：应该说大体上是可以的，但我有个小疑问。你的材料叙述，现在有两重对比。一是开始演出票价很高，和在地铁站受冷遇对比；一是在地铁站受冷遇，和事件披露后受到追捧、专辑猛销对比。这两者显得杂糅。后一重对比与人们追求虚名关系不大。好的，接下去哪一位交流一下？

生：《华盛顿邮报》让著名的小提琴手斯皮尔在地铁站演出，人们驻足观看的时间总是很短，唯有一个小孩子不顾大人拉扯而停下来欣赏，《华盛顿邮报》希望由此引发人们对美的关注，但最终只让人们更加关注斯皮尔。

（生笑）

师：大家说说他用这个材料要证明什么观点。

生：我觉得有两个观点。

师：嗯？两个观点？

生：其中一个是说那个小孩。说孩子非常有音乐鉴赏能力，其他人失去了鉴赏能力。

师：还有一个？

生：人们关注的往往是表面的东西。

师：很好，这里反映材料叙述者有纠结的地方。他这句议论太坏了。他前面叙述说《华盛顿邮报》让著名的小提琴手斯皮尔在地铁站演奏，人们驻足观看的时间总是很短，唯有一个孩子不顾大人的拉扯，停下来欣赏。从这个对比中能不能得出他后面的议论来呢？

生：不能。

师：是不能的。只能说明阅历、岁月让人们的心灵变得粗糙，让人们对美的关注已经开始迟钝，甚至已经麻木了。你看，这就是自己的叙述与自己的观点相矛盾。写议论文，这是最可怕的。你叙述材料是为了说明你的道理，你的道理是哪来的呢？应该是从你的材料叙述中来。大家都要注意这个问题。好，下一位。

生：32美元，这是小提琴家斯皮尔在地铁站演奏的收入，尚不及两天前他在波士顿音乐厅演奏时一张门票的价格。

师：（拿过学生的作品）有点意思，请坐。从叙述的感觉来说，我觉得这个叙述聚焦特别清楚，通过数字强烈的对比，而且又有自己的再加工。这位同学，你觉得他这个材料要说明什么观点？

生：我觉得就是环境对人的判断的影响。

师：请叙述者自己说，你本来要用这个材料说明什么观点？

生：差不多吧。就是环境不同，人们对于价值的判断就……

师：不一样。

生：是的。

师：好的。其他同学有没有主动要交流的？

生：斯皮尔某日早晨8点，在人流涌动而混乱、噪音嘈杂到自己的声音都听不见的地铁站，用音响演奏自己的音乐，希望用这种听不见的音乐来显示人们的艺术素养有多低。

生：哇，好。

师：你刚才惊呼了一下"哇"，是对这个材料叙述肯定还是否定？

生：有一半肯定，一半否定。

师：嗯，你具体说说。

生：首先说他这个加工，加工得很好，就是突显他自己的意思。其次，他这个加工很过分，就是有点把一些材料里面没有讲到的，以他的想象说出来了。

师：大家想一想，对这位同学的加工认可的请举手。

（部分同学们举手）

师：（指名）说说你的想法。

生：他加工得很好，但有失客观。因为他当时站在地铁通道处演奏，而并不是真正在那噪音嘈杂的地方。相对来说，地下通道处并不一定那么吵。

师：嗯。说自己也听不到自己的声音，有点夸张。

生：但是他的概括手法我觉得很好。我是赞同他的。

师：现在大家很认可的是适当地进行加工，强化表达自己的观点是可以的。但是，必须注意必要和合理，尤其要注意表达的清晰。叙述材料是要为论证观点服务的，但又不能一味地从主观需要出发。有没有哪位同学主动地读读自己的叙述的？

生：世界顶级的小提琴家在地铁站演奏，几千万人从他身边漠然走过。这件事流传开来，他的专辑大卖，然而漠视的事件仍然每天都在上演。

师：嗯。大家听清楚了吗？

生："然而"后面不清楚。

生：然而漠视的事件仍然每天都在上演。

师：我再读一下。"世界顶级的小提琴家在地铁站演奏，几千万人从他身边漠然走过。这件事流传开来，他的专辑大卖，然而漠视的事件仍然每天都在上演。"你怎么肯定是几千万人？

生：成千上万。

师：成千上万和几千万一样吗？（生笑）这样的细节不要随便加。说无数的人，许许多多的人，都可以。

师：（指名一位女同学）你觉得她用这个材料表达什么观点？

生：我觉得她想表达人们对音乐的漠视。

师：是今天人们对艺术的漠视。好好，请坐。你——是表达这个意思吗？

生：我要表达的是最后一句的意思。

师：你要表达的是什么？

生：就是这种调查实际上没有起到作用。

师：嗯。

生：没有表达这个意义。

师：她要表达的和这位同学理解的不一样。这是什么问题呢？是理解的问题呢，还是叙述的问题呢？认为问题在于前者的请举手。

（部分学生举手）

师：认为是后者的请举手？

（部分学生举手）

师：你们应该两次都不举手。因为两个人都有问题。首先我觉得叙述有些不清楚。你必须交代一下，他这样一个行为和《华盛顿邮报》是什么关系，是想通过这个事件达到什么目的，可是后来却是怎样的结果。这样才能表达你的意思。而且我觉得你的叙述离原材料还是有点远，"漠视的事件仍然每天都在上演"，原材料没有。下面哪一位交流？

（有同学举手）

师：好的。请——

生：近日，《华盛顿邮报》披露斯皮尔在地铁站用350万美金的小提琴拉最难拉的提琴曲，却几乎无人欣赏一事，斯皮尔的专辑销量由此暴增，知名度大增。

生：这像一个新闻。

师：倒都是叙述。"最难拉的"改为"难度非常大的"比较好，最好说一下是巴哈的、舒伯特的小提琴曲。你们说说他要表达什么观点。

生：黄老师，我觉得这是一条新闻。

师：新闻的背后也有要表达的观点。

生：我觉得就是讽刺慕名之风。

师：嗯。叙述者自己说说想表达什么观点。

生：其实我就是骂那个《华盛顿邮报》在利用斯皮尔。

师：炒作，恶劣的炒作。

生：对。

师：好，请坐。某省某市的考试中曾用这个材料作为作文题。命题者对材料是这样叙述的。（PPT呈现文字材料，师读屏幕内容。）

一位著名的小提琴演奏家在当地的音乐厅举办了几次音乐会,场场爆满,一票难求。优雅的环境,精湛的技艺,使一首首世界名曲的内涵得到了成功的演绎和充分的呈现。为了让更多的人能够欣赏世界名曲和自己的演奏,小提琴家连续几天在上下班高峰来到地铁口演奏那些他擅长的世界名曲,可是脚步匆匆的行人却很少有人停下来欣赏。

　　师:想一想,如果你根据这个材料去写一篇文章,你会从哪个角度立意?请你暂且忘记我们刚才叙述的那个长长的故事,现在摆在你面前的只有这一段短短的文字。

　　(生思考)

　　生:可以从音乐欣赏价值的角度立意。

　　师:你要表达什么观点?

　　生:艺术的欣赏必须在适宜的环境中进行呈现。

　　师:反过来,环境是会对人们的艺术欣赏造成影响的。是这个意思吗?不仅仅是艺术要寻找到适当的环境才能有欣赏的价值,人生也是这样。是不是?好的,其他同学呢?

　　生:我们生活节奏太快了。

　　师:对,生活不要太匆匆。

　　师:现在再换一个角度,如果写生活的脚步不要太匆忙,哪些内容是可以去掉的?

　　(生议论纷纷,有人说最后一句。)

　　师:写生活不要太匆忙,最后一句要去掉吗?

　　(生纷纷议论)

　　生:不能去掉。

　　师:第二句能去吗?

　　生:不能。前面的可以。

　　(生意见不一)

　　师:你们的意见说得我不明白了。——我们现在是两个立意。一是不要太匆匆,也可以说慢慢欣赏,慢悠悠地活,或者说留心身边的风景。还有一个观点是,艺术呈现要找到适合的环境,环境对艺术价值的欣赏产生影响,如果从社会的角度讲,还可以引申一下,我们要寻找到适合自己的环境,或者适合自己的舞台。如果写第一个观点，应该删哪些内容？

生：（小声说）第二句。

师：大声说一下。

生：优雅的环境，精湛的技艺。

师：对，我非常认同。删掉"优雅的环境，精湛的技艺，使一首首世界名曲的内涵得到了成功的演绎和充分的呈现"这一句，这与慢慢欣赏没关系。

师：那第一句还要不要？

生：（小声说）也不要。

师：对，也可以不要。那换一个角度，如果我们要表达寻找适合的环境、寻找适合的舞台这个观点，要不要修改？

生：要。

师：怎么改？

生：可删掉"脚步匆匆"。

师：非常好。"脚步匆匆"可以删。大家要知道，删改不仅仅是为了叙述简洁，更重要的是可以突出我们要表达的观点。

课后同学们自己根据选择的观点修改一下自己的材料叙述，再选择一个不同的观点，进行第二次叙述。

听课者说

作文课应该是个训练的过程

江苏省沭阳如东实验中学　冒爱玉

这是一次两节连上的作文课。一连两节课，我们听下来一点都没有觉得疲惫。根据我们的观察，学生也是如此，他们一直积极参与，也一直很兴奋，甚至很亢奋。

为什么会有这样的效果呢？因为他们一直沉浸在紧张的训练之中。

这是一节典型的能力训练课，整堂课都以能力训练为主线，围绕材料的理解和叙述进行了多次训练。

第一次训练：PPT展示小提琴家早上8点在地铁站通道演奏，成千上万的上班族通过，只有三个人注意到了小提琴家：一个中年男子发现小提琴家在演奏，他放慢脚步，停留了几秒钟，然后继续加快了脚步往前走；一个女人扔下一美元，但她没有停下来；一个过路人靠在对面墙上听他演奏，但看了看表就走掉了。黄老师让学生思考：故事到此为止，你会想到什么？你如何理解这个材料？同学们得出了生活节奏很快，人们漠视艺术，艺术家应该得到应有的回报，艺术家应该得到精神上的尊重等观点。

第二次训练：PPT展示一个3岁的小孩对音乐家最感兴趣，要停下来看音乐家演奏，但他妈妈又拉又扯使他离开。黄老师让学生展开讨论：当材料的故事发展到这里，你的理解是不是会有一点变化？有的同学觉得不好说，有的同学看出了人们生活态度的不同。黄老师启发大家注意一个3岁的孩子和前面所有的人之间的对比，要求大家抓住对比理解材料，进行思考。有的同学发现，随着年龄的增长，人的好奇心会发生变化，有的同学发现随着年龄的增长人对美的感受会发生变化，也有同学觉得这个小孩是不懂事，有的同学觉得故事告诉我们，人在成长的过程中，会丢失对别人的同情心。

第三次训练：PPT展示在音乐家45分钟的演奏过程中，只有7个人真正停下来听他演奏。他一共赚了32美元。当他演奏完毕，没有一个人理他，没有一个人给他鼓掌，没有一个人发现他。在地铁站演奏的这个音乐家原来就是斯皮尔——当今世界上最有名的小提琴家之一。他在这个地铁站演奏了世界上最难演奏的曲目。而他的这把小提琴是意大利斯特拉迪瓦里家族在1713年制作的世界名琴。这把小提琴价值350万美元。

黄老师引导学生继续思考：再回去想这个故事，它告诉我们什么道理？有同学认为可能是地铁站的那些人属于一些收入比较低的社会群体，接触不到也辨别不出高雅艺术。有的同学认为或许是人们只有在音乐厅这样的地方，才知道有艺术的存在，那些匆匆走过的人有可能花钱听过音乐厅里的演奏，而在地铁站这样的环境中却无视艺术的存在。有的同学认为这些人并不是真懂得艺术，而那个小孩才是真正理解艺术。有的同学却由此想到同样是艺术家，处境大不相同。有的同学认为，人们对事物的判断往往会受到事物周围环境的影响。有的同学觉得更高层次的艺术境界应该返璞归真。有的同学认为是环境影响人们对音乐的欣赏，这种混乱的环境影响了人们发现艺术的眼睛。有的同学觉得很多人买很贵的门票看演奏会，只是去享受一种感受，并不是真正理解音乐。有的同学发现很多人不是关注音乐所要传达出的情感，而是关注一些外在的东西。有的则认为这个故事告诉我们,曲高常常和寡,但也有同学认为艺术的欣赏不能局限于艺术的表现形式和环境,教室里也能演奏很高雅的曲子。

第四次训练:教师读 PPT 文字——斯皮尔在地铁站演奏的事,其实是《华盛顿邮报》一手策划的,目的就是为了测试人们的知觉、品位和行为形象。最后的结论是:今天人们生活的匆忙影响了人们的品位、感觉、行为。黄老师说故事叙述者的倾向性很明显——千万不要轻易错过生活里的美。这个事件过后,在网络上引起强烈的反应,在舆论界引起了很多人的关注。斯皮尔因此名声大噪,他的小提琴专辑发行量暴增,因此赚了一大笔钱。

黄老师让同学们讨论:知道了这样一个尾声,你又会有什么新的认识?有同学认为,看事情不要看表象,要深入思考。有同学觉得,人们做有些事会产生他们自己都没想到的后果。有同学从中发现了舆论的强大作用。有同学认为制造新闻是丑陋的,制造新闻是对大众的不尊重。但也有同学既肯定《华盛顿邮报》的做法,也肯定斯皮尔的做法。还有同学认为这个事件本身是一件没有意义的事。

以上是围绕材料理解的几次训练,接下来是训练材料的叙述。

第五次训练:请同学们从刚才种种观点中选择一个自己最认可的,用简要的话叙述这个故事,最好不超过 100 字。接着指名同学交流,并组织大家讨论:他们的叙述是否围绕自己的观点。

第六次训练:根据一道命题已经加工过的材料,理解命题人要表现的观点——"一位著名的小提琴演奏家在当地的音乐厅举办了几次音乐会,场场爆满,一票难求。优雅的环境,精湛的技艺,使一首首世界名曲的内涵得到了成功的演绎和充分的呈现。为了让更多的人能够欣赏世界名曲和自己的演奏,小提琴家连续几天在上下班高峰来到地铁口演奏那些他擅长的世界名曲,可是脚步匆匆的行人却很少有人停下来欣赏。"

黄老师要求同学们想一想:如果根据这个材料去写一篇文章,你会从哪个角度立意?同学们得出了艺术的欣赏必须在适宜的环境中进行呈现,环境是会对人们的艺术欣赏造成影响的,生活不要太匆匆等观点。

第七次训练:让同学们再换一个角度思考——如果写生活的脚步不要太匆忙,命题中的哪些内容是应该去掉的;如果立论为环境会对人们的艺术欣赏造成影响,命题中的哪些内容是应该去掉的。

从上面的梳理中，我们很容易发现，这节课自始至终以训练为主线，整节课都是一个能力训练的过程。

必须注意的是，一节作文课，或者说任何一节课，并不是简单地堆积训练就是好的课堂教学。

首先，这节课要有明确的训练点。所谓训练点，既是训练的内容，也是训练的目的。我们应该注意到，黄老师这节课不仅仅是训练次数多，训练量大，更重要的是几次训练都紧扣对材料的理解和叙述这个中心，不枝不蔓。黄老师在其著作和讲座中多次强调，教学内容要具体明确，尤其是初三、高三的课，教学内容更要集中，漫无边际、面面俱到的课堂是很难有好的效果的。而我们平时的作文课常常是从观察生活到认识生活，从主题提炼到材料选择，从结构安排到语言推敲，什么都要教，什么都要讲。

其次是训练要有层次性和成长性。黄老师这节课的几次训练主要包含四个层次。第一个层次是材料的分段理解；第二个层次是选择一个观点根据观点叙述材料；第三个层次是根据已经加工过的材料，理解命题包含的观点；第四个层次是再根据指定的观点修改材料的叙述。这四个层次的训练，螺旋式地推进，学习要求不断变化也不断提升。而要体现训练的生长性，教师就必须在训练过程中充分发挥引领作用，而不是一种自由式的成长。在这节课的训练过程之中，黄老师不仅组织学生的交流和讨论，而且总是适时地加以点拨，引领学生不断深入思考，不断发现新的思考角度，甚至引发学生观点之间的矛盾，让学生在矛盾碰撞中深入理解材料，学会紧扣自己的观点叙述材料。

再次是要追求训练过程的共生性。共生教学是黄老师个性化的教学，而他的共生写作教学效果尤其显著。这节课也很充分地体现了共生教学的特点。无论是对材料的理解，还是对材料的叙述，师生之间、生生之间都具有很好的共生。而我以为这节课的特点是材料的共生。我们的作文教学，常常是一则材料仅仅简单使用一次，而黄老师的这节课则是多层次多角度的运用，先是分层次呈现的理解，然后是学生自己根据观点叙述，再引入别人的叙述分析观点，再根据观点对别人已经加工的材料进行改造。这样一种多维度的共生性的运用，使一则材料在一节课中发挥了非常充分的作用。

当然，训练材料的适当选择和材料呈现方式的恰当，也是这节课取得成功的重要原因。毫无疑问，这是一个很有张力的材料。故事的理解空间很大，能够从不同阶段截取，能够从不同角度着眼，能够有多种多样的解读，这就为课堂的训练提供了丰富的资源和足够的空间。再加上黄老师巧妙地分段呈现，不仅为学生的阅读和理解不断带来新的话题，不断带来新的体验，也不断激发了学生积极思考的欲望和热情，为训练的不断推进提供新的动力。

学生习作

返璞归真，去伪存真

南师附中江宁分校　丁小晏

悠扬的小提琴声在地铁站里回荡，人们脚步匆匆，纵使最好的琴演奏出的最复杂的乐章也无法挽留他们驻足欣赏片刻。唯独懵懂的孩子瞪着好奇的眼睛，留恋地享受着音乐的美好。

在钢筋水泥构成的高楼大厦里，在列车飞驰的地铁站里，忙碌的人们渐渐失去了发现与欣赏身边之美的天性。于是，在心灵极度匮乏纯净的美好滋润时，人们蜂拥至剧院去聆听乐曲陶冶情操，修养身心，同样的乐章在剧院里听得如聆仙乐。林清玄如是说："一味追求物质与现实的享受，其实内心充满迷惘。"迷惘的人们浑浑噩噩，日复一日地匆匆又匆匆，终究体会不到快乐的真谛。

"浮躁是这个时代的集体病症。"人们踏着急促的步伐四处奔波，人群的面容如幽灵般显现，他们游荡、茫然，彼此雷同，拥挤得容不下音乐的空间。热情动感的流行音乐占据了喧闹嘈杂的城市，静谧恬淡的古典音乐正在衰落。疯狂的人们眼中，优雅孤傲的小提琴之音，远及不上激情四溢的架子鼓。

"酒香也怕巷子深。"书店里的热销书架前人满为患，心灵鸡汤、言情玄幻等速食书籍备受欢迎，经典名著、名家佳作却无人问津。不会欣赏的人们只得盲目相信知名音乐家的招牌，奔赴剧院聆听之时，音乐的真正美妙之处无人赏识。

在光怪陆离、世事纷杂的社会里，我们需要返璞归真，洗去铅华。真正的热爱并非赶潮流，追名气，而是对于事物本身的了解、欣赏与赞许。拥有华丽包装的事物应去伪存真，不要苛求其他方面的完美。观众只关注演员演技的优劣，而不是其花边新闻的数量；读者只探究作品的文化底蕴与精髓，不在乎是否热销；音乐无论是在地铁站还是在剧院，动听悦耳便是佳作。"斯是陋室，惟吾德馨",故"何陋之有?"简单才是宇宙的精髓。

  儿童总对万物充满浓厚的兴趣,关心花草的衰败、乐器的奏鸣,可是在懂事后,却被物质与利益蒙蔽眼睛,一心想着奔跑至终点,而忽视沿路新奇与美妙的事物。"不忘初心,方得始终。"此言得之。

  愿流星划过天穹之际,不被绚烂烟花的光芒遮掩;愿花朵散发清香之时,不被刺鼻香水沾染;愿小提琴在地铁站拉响之时,也能有观众欣赏。愿万物返璞归真,去伪存真!

第 11 节课

教学实录

议论文思路的展开

师：2015年高考刚刚结束，有同学来问今年的高考作文怎么写，不少同学都很关注。昨天我们简单地提了下，今天我和同学们集中聊聊这则材料。

今年江苏省高考的作文材料是这样的："智慧是一种经验，一种能力，一种境界。如同大自然一样，智慧也有它自身的景象。请以此写一篇不少于800字的作文，题目自拟，文体不限，诗歌除外。"（师边读材料边板书）

写这个作文最紧要的就是要明确智慧究竟是什么。请同学们在心中默默地思考，你们认为智慧是什么。然后拿出一张小纸条，以"智慧"为开头写一句话并写上自己的名字。（生写）

师：今天，黄老师发现课堂上有个同学可能是心情不好，他一直板着脸，谁都不搭理，包括黄老师。黄老师特别想对这位同学说，智慧就是不想笑的时候……哪位同学来续后半句？

生：还要笑。

师：说得好，黄老师认为，智慧就是不想笑的时候能够笑出来。这可真是一种智慧啊。（板书）下面来看看我们班同学的"智慧"。（师一边读纸条内容一边板书关键词）

有同学说，智慧就是本真。有的说，智慧是一种态度。还有同学说，智慧是淡然地面对生活中的喜与悲。如果用一个关键词，怎么概括好啊？

生：智慧就是对一切都淡然。

师：有同学说，智慧是人生的护身符。还有一个同学是这样说的：智慧是不让人的理性为感性所湮没，不在理性的执著追求中荒芜了感性。这句话很有意思，能不能概括得更明白一点？

生：智慧就是理性和感性的平衡。

师：概括得不错。我们继续看。有人说，智慧是一种心境。还有同学说，智慧是一种退让，可惜这位同学写的时候把自己的名字忘了。我突然想到一句话：智慧就是忘掉自己。（师继续板书，生对此啧啧称赞）还有同学说，智慧是知足。另有说：智慧是随遇而安；智慧是圆滑不失本心；智慧是面对困难的方法；智慧是思想的光芒；智慧是冷静的观察；智慧是学会怀疑；……智慧是以不变应万变，又可以以万变应不变。最后这句话说得也很有意思，能否请作者概括一下？

生：就是灵活应变，随机应变。

师：套用前面一条的思路，就是在变和不变之间寻找平衡。

好的，我们继续梳理。有同学说，智慧是运用知识。还有一个同学说，智慧是一种境界，是一种快乐，是一种品行；智慧是一份思考，是果断，是毅力，是博采众长。这正可谓是一连串的智慧啊。

好了，黑板上都是我们班级同学的智慧语录。

请大家思考：黑板上有关智慧的关键词，除了你自己的，你认为最具智慧的是哪一个？大家可以投票选择。（生投票）

生：智慧就是本真。

生：我觉得是"理性和感性的平衡"。

生：我们喜欢"智慧就是忘掉自己"。

生：智慧是不变和万变之间的平衡。

师：不错，同学们都很有眼光。我认为这四条语录确实也是这么多条里比较好的。其中三条我很赞同，只有一个我不赞同。下面说说黄老师的看法，智慧就是本真，我不赞同。智慧如果是本真，那本真是什么呢？这句话等于没说。

我们写作文时要切记，从原概念到原概念，用原概念解释原概念，这等于什么也没说。材料本来就要求你对"智慧"作具体阐述，"智慧也有它自身的景象"，自身的景象当然是本真，是本色，重复就意味着你没有自己的思考。所以，"智慧是本真"暂且不列入最佳"智慧"。——我们等待有同学对本真的内涵加以明确，加以具体化。

现在，我们换一个思路，刚刚说了你认为最好的，现在看看，黑板上的语录，你觉得哪一条最糟糕？

生：智慧是运用知识。

师：这条确实有点问题，但要删也是轻轻地删掉，谁来说说原因呢？

生：因为"运用知识"跟"智慧"还是有联系的，只是没有说清楚。

师：我们可以稍作修改。只有我们把知识化为生活的素养，"运用知识"才可能变成智慧。这里的"运用知识"不是一般的运用知识，是要"善于"运用知识来处理问题，这才是智慧。也就是说，并不是运用知识就是智慧，要看怎么样运用知识。

生：我觉得从写作文的角度讲，与引言即材料重复的内容完全可以删除。

师：很好。这样说来，黑板上"智慧是能力，是境界"都可以删除了。除了与材料重复的要删除，那些智慧后面一连串的内容之间，你有什么发现吗？

生：我觉得"智慧是一种境界，是一种快乐，是一种品行"，还有"智慧是一份思考，是果断，是毅力"，它们之间没有任何的联系。这种表述我感觉不好，我不太喜欢。

师：你的直觉很准确。议论文是围绕中心观点展开的，接下来文章写到后面是要展开议论的。我们在具体表述一个中心的时候，寻找的关键词应该是彼此联系的。这样才能比较集中地多角度地把问题说清楚、说具体、说深刻。

如果让你从黑板上的词句中选择三个有关联的内容，把它们组合到一篇文章最关键的三段里，你认为哪三条可以有关联地组合在一起，形成文章的角度一、角度二和角度三呢？

生："态度""方法"和"运用知识"。

生："理性和感性的平衡""以不变应万变"和"忘掉自己"可以组合。

生："知足"到"不想笑的时候能笑"，然后是"淡然"。

生：首先是"知足"，然后是"心境"，最后是"态度"。

（师板书序列号，分成四组。）

师：黄老师认为无论是考场写作还是平时写作，有了想法，我们都要仔细推敲。写作就是不断地肯定自己，再否定自己，然后再肯定自己的过程。现在，让我们看看这些组合是否合理，一个个琢磨琢磨。

什么是好的组合呢？首先三者必须有共同的指向，三者有紧密的联系。其次，三者之间的角度又不能相互纠缠、交叉和重复，如果理想一点，还要不断深入。

我们先来看第一个组合，前面讲"态度"，后面讲"方法"，这样很好，但是最后专门讲"运用知识"，这样彼此联系不够紧密，脱节了对不对？（提出这个观点的同学举手）当然，允许申诉，你说说理由。

生：我是想用"运用知识"来具体解释"方法"，否则文章会显得很空洞。

师：我能理解你的意思，然而，获得智慧的方法范围很广，可以是运用知识的方法，待人处世的方法，也可以是面对困难的方法……如果仅仅讲"运用知识"是获得智慧的方法就狭窄了。就算这两者关系紧密，前面的"态度"是不是一定指"运用知识"的态度呢？如果是，对智慧的阐述岂不是也狭隘了？文章可能会变成以运用知识为核心主题的作文了，与原先的"智慧"有所偏离。因此，我们一定要思考、揣摩不同的角度，也就是分论点之间的关系。

我们再来看看第二个组合：理性和感性的平衡—以不变应万变—忘掉自己。

生：我觉得"理性和感性的平衡"和"以不变应万变"本身存在重复，两者虽然有一定的辩证关系，但是，后面的"忘掉自己"和前面就完全没有关系了。

师：你是说，三个有两个重复，还有一个没有关联。我们可以如何改进呢？如果我们去除"忘掉自己"，在原来的分论点后续写一句，你会怎么做呢？（学生思考未果）

师：黄老师觉得，智慧就是理性和感性的平衡，智慧就是不变和万变的平衡，智慧也是得与失之间的平衡。最后归纳成一句话：智慧就是一种平衡。那么，在"平衡"的指引下，原来看似重复的分论点就变得层次分明，区分度明显了。当然，这篇文章写起来很有挑战性，因为三个层次都是思辨性的，一旦写好肯定是高分作文啊。（生笑）

接下来我们再看看第三个组合：知足—不想笑的时候能笑—淡然。

生：它们之间肯定是有联系的。（生笑）

生：我觉得"不想笑的时候能笑"和"淡然"有冲突，有矛盾。

生：我倒觉得恰恰相反。"不想笑的时候能笑"就是淡然的具体表现啊，人在逆境的情况下，能够保持向上的心态，看淡挫折，笑出来的行为本身就是淡然的体现。我觉得还是不错的。

师：你说得很有道理。但是黄老师还有点不同的想法。这个组合看上去联系紧密，实际上有点交叉缠绕。主要是因为"不想笑的时候能笑"是个具体的行为，"淡然"又是一个概括的处世态度，而"知足"又是讲如何淡然的态度，也是淡然的原因，它们又有因果关系。假如我们写"淡然"来表现智慧，一个角度写"不想笑的时候能笑"，再来写另外两个角度，你会写什么呢？可不可以写"该哭的时候不哭"？

生：不能！

师：为什么？

生：因为它们是一层意思，构成重复。

师：不错。那写什么来具体表现淡然呢？写"该死的时候不死"，向死而生？

生：我觉得可以分开来思考，刚刚都是写逆境中人的淡然，我们也可以写顺境中人的淡然。

师：这个想法很好。逆境中该哭不哭，不想笑的时候依然能笑出来；顺境中该笑不笑，平和不张扬，从容不自矜；在绝境中该死却不死，不气馁不自弃，向死而生。这三个层次的顺序就这样安排，好不好呢？

生：可以把顺境放在最后，先谈逆境，再谈绝境，最后说顺境。

师：你为什么这么安排呢？

生：因为人在顺境中能不自矜不自满比在逆境中还要难。

师：是的，顺境中还能淡定从容实在太有难度了，这需要一生去修行。你这样的安排更有层次和梯度。

我们再来看看最后一组：知足—心境—态度。

生：我觉得"态度"和"心境"有重复，"知足"本身也是一种态度。

师：不仅如此，"知足"跟"心境"也是互相交叉的，知足就是一种心境。这一组我们不妨也删除吧。

刚才我们基本上以集体交流为主，然而，写作更多的是自我思考和自我梳理。现在，请同学们围绕自己最初对智慧的理解，结合之前的讨论动笔展开思路。当然，也可以重新调整自己的观点，修改完善自己的思路。

（生写思路）

师：时间不多了，我们请几位同学进行交流。有哪几位同学愿意展示的？先说说观点，再说说展开的思路。

生：我的观点是智慧是为与不为的辩证。三个角度分别是：智慧是当为而为之；智慧是不当为而为之；智慧是当为而不为之。

师：嗯，不错，很集中。

生：智慧是一种心境。第一个角度是：智慧是苏轼颠沛流离的一生中展现出的淡然；第二个角度是：魏晋竹林七贤的高尚德行和超凡气度；第三个角度是：释迦牟尼坐禅时得到成佛那一刻的忘却自我。

生：我的观点是智慧是变与不变的艺术。第一个角度是：以万变应万变；第二个角度是：以万变应不变；第三个角度是：以不变应万变。

师：听起来很智慧，但"艺术"这个词还可以推敲。再请一位。

生：我的观点是：心之明而智之慧。第一个角度是：智慧的意识乃是心境；第二个角度是：智慧的思想行动是态度；第三个角度是：智慧的实际行动是谨行。

师：好的。我们没有时间具体讨论了。大家说说最喜欢哪个一个？

生：第一个。

师：谁的？

生：家鼎的。

生：第三个。

师：谁的？

生：钰轩的。

师：是的，这两个确实比较好，集中，逻辑性也比较强。我更喜欢钰轩的。家鼎的，听起来有点绕，阐述的难度可能比较大。大家说说最不喜欢哪一个？

生：第四个。

师：看来大家的意见比较一致。我的意见也是如此。第四个的思路值得推敲。首先是观点就有问题。"心之明而智之慧"，什么意思呢？不太明确。是并列关系还是承接关系呢？而三个角度和这两种理解似乎都搭不上。先说"智慧的意识乃是心境"，再说"智慧的思想行动是态度"，最后是"智慧的实际行动是谨行"，每句话都不好理解，三者的关系更不好理解。还要梳理自己的思想，好好推敲表达形式。

第二个的思路也不够集中，每一个角度的内涵都比较广泛，竹林七贤各人的志趣、德行和气度也不完全一样，"释迦牟尼坐禅时得到成佛那一刻的忘却自我"，又太过于狭窄。同样要好好推敲。

最后，针对这道高考题，黄老师再说几句：首先，智慧是什么一定要写具体，要加以限制。其次，千万不要把命题提出的一个核心概念转换到一个常见的概念中去，要紧扣"智慧"展开写作。比如我们用"淡然"写"智慧"，必须紧扣"智慧"来写"淡然"，否则就是贴标签了，就是套写了。第三，有人提出材料里的"大自然"究竟要不要，文章要不要扣住大自然这个中心。我认为这个"大自然"思考的时候需要，写作的时候不要。因为它是一个状语——"如同大自然一样"，就是让你关注智慧自身的景象而不是去写大自然。最后，让我们来回顾一下这节课的学习主题，你们知道是什么吗？

生：是议论文如何审题。

师：不错，我们是讨论了对这个题目的理解，可是我们的重点是议论文的审题吗？

生：是如何打开议论文的思路。

师：对。我们这节课的重心是议论文写作的展开。我们写议论文，首先要明确主题，紧扣主题来展开。同学们能不能回顾一下议论文的展开，要注意哪些问题？

生：要从不同角度展开。

生：要紧扣中心观点。

师：这非常重要。

生：角度之间不能重复。

生：角度之间不能交叉。

师：角度之间要能够不断深入。这一点今天讨论不多，今后我们还会再讨论。

生：角度最好新颖。

师：对，这也是一个很高的要求。

生：我觉得还要力求具体。

师：是的。角度还要集中具体，这样才便于写作的真正展开。

这里我还要再提醒，在思考思路的过程中就要兼顾写作的素材，每个角度用哪些素材，这也是我们接下来需要思考交流的内容。就这个高考作文题而言，我们需要根据"智慧"这一主题展开，这是单向的思路；有时候我们也要根据材料进行提炼，这样可能就是双向的，甚至是多向的。这个问题，在今后的作文课上我们再作进一步的交流。

听课者说

共生共长，让思想开花

南京师大附中江宁分校　薛颖颖

黄厚江老师在他的论著中说：和谐共生教学法的核心是共生共长。所谓共生共长，"生"即"生成"，即体验，即感受，即发现，即创造，有教师之"生"和学生之"生"，而教师之"生"是基础；"长"即成长，即提高，即发展，即丰富，即实现，有教师之"长"和学生之"长"，而学生之"长"是根本。研读黄老师的课堂案例，不难发现这是他一贯的追求。几乎所有的课堂现场师生都能相互激活，共生共长，都能呈现出灵活多变、异彩纷呈的景象。

笔者近日观摩了黄老师的一堂《议论文思路的展开》写作课，更具体、直接地感受到共生教学所具有的"共生共长"的教学特征。

一、选好共生原点，带着种子进课堂

议论文写作指导的关键是引导学生思考，而促进学生深度思考的关键就是要指点学生思考的路径，给学生思考的工具。如何引导学生展开思路，深入思考，语文教师常常忽视，甚至失语。黄老师一向主张带着种子进课堂，这粒种子就是共生原点，而共生原点的选择也可见一个教师的教学策略和教学智慧。

黄老师带着 2015 年江苏省高考的作文材料走进了课堂，这一"共生原点"自然激起了高二学生高度的关注和浓厚的兴趣。接着，他让学生以"智慧"开头写一句话并将关键词板书在黑板上。这则材料虽然是这堂课的"出发点"，但还不具有足够的生长性，而让学生各抒己见地写"智慧"则点燃了学生的思维火花，具有很强的丰富性和开放性，仿佛一颗投入湖面的石子，激起阵阵涟漪。

当然，选好共生原点还意味着要选好共生原点基础上的"活动原点"。接下来，黄老师分别让学生筛选出"你以为"黑板上最具智慧的"智慧"和最糟糕的"智慧"并说明理由，以此激发学生对智慧的理解。这样，很自然地将开始的"共生原点"生长出去，逐步形成了一系列的"科学组合"。我们看到，通过教师的适时引导、学生的筛选比较，最后得出筛选舍弃的几个注意点：与原概念相等的概念要删去；与材料内容重复的概念要删去；概念间彼此没有必然

联系的要删去。至此，黄老师又进一步要求学生任选三个彼此有关联的关键词，形成自己的习作思路，这样，学生的思维渐渐地被引向了高地。学生的习作思路形成后，黄老师"穷追不舍"，要求学生动笔修改完善自己的思路。最后，他总结了这节课的教学内容，明确了议论文思路展开的方式方法，并就2015年的高考作文谈了个人的看法。

纵观黄老师整堂课的设计，可见，每一个共生原点的选择都关乎课堂流程的延续，这就好比庖丁解牛，第一刀切在何处，怎么切，至关重要，它是未来游刃有余的前提和基础。从黄老师选择的第一刀，我们可见教师精湛的教学设计所达到的层次和境界。

二、强调多点共生，凸显"树式课堂结构"

黄老师认为，教学设计第一步要确定一个教学的"种子"，一个逻辑起点，即具体、明确、集中的教学内容；再由此长出"主干""分枝"和"绿叶"，分层次、多角度地展开教学活动。这一步可以理解为用"除法"，将那个"种子"作为起点分解为若干层，构成整个课堂清晰的脉络。这就是黄老师提出的"树式课堂结构"，他概括为：一个点，一条线，分层推进，多点共生。

回顾黄老师的这堂课，课堂流程可概括为：解题—定义—筛选—组合—评价—重建。不难发现课堂设计本身就好比一篇逻辑清晰、层次分明的文章。从开头自由的"写"，到最后有指令的"写"，从开始的写一句，到最后的写一串，其间既拓展了思路，又深化了理解，既呈现螺旋式上升的层次感，又体现从原点到终点的圆融感。黄老师一直主张教学活动之间应该具有内在的关联性，前一个教学活动是后一个教学活动的基础；后一个教学活动是前一个教学活动的发展和深入。在不断推进的过程中，共生原点不断辐射，不断生长，从而实现多点共生。特别是当课堂进行到任选三个有关联的关键词，组合到一起形成一篇文章时，不但形式上体现层次感，认知规律上也由浅入深，由简到繁，促使学生必须去思考它们的内在联系，思考联系就是判断逻辑。学生的思维层次必定走向高处，上升到另一个格局。最后环节，重新回到书写上来，学生的习作在修改中完善，在评点中提升，这一内化的过程，使学生真正理解议论文思路展开的意义，既是对思维活动的再次梳理，又是一次思维的共生共长。

正如黄老师说"议论文分论点应该彼此有联系、有层次、有梯度，不雷同、不交叉、不重复"一样，他的课堂设计，每个环节也紧密联系，环环相扣，并能拾级而上、渐入佳境。如果说"思维水平等于写作水平",那么教师的课堂设计水平势必影响学生的思维发展水平。长此以往,黄老师的"树式课堂结构"必定对学生逻辑思维的培养和思维品质的提高产生深远的影响。

三、激活共生现场,开创一个实践写作共同体的空间

帕克·帕尔默在《教学勇气》一书中说:教学就是要开创一个实践真正共同体的空间。帕尔默认为,"教"与"学"的关系不是非此即彼,而是你中有我,我中有你,彼此融合共生共长的关系。

黄老师这堂《议论文思路的展开》写作课,虽有预设,但更多的是随"生"而流,相"生"而动,师生之间、生生之间,一直处在互相交流、互相启发、互相补充、互相促进、互相引领、互相碰撞的状态之中。令人印象深刻的是刚开始上课,黄老师发现班级某个学生的状态不佳,情绪不对,他便灵活机智地联系所授内容,利用"智慧是什么"的问题随机生成"智慧就是不想笑的时候能够笑出来",将学生的课堂状态有机地联系到写作话题中来,不仅恰到好处地提醒了那位学生,而且此处这个"不想笑的时候能够笑出来"的观点,也为接下来的课堂走向提供了思维的依据,可见,教师的教是针对具体教学情境的教,而不是拘泥于既定方案的教;是针对具体学生的教,而不是不顾对象的教;是针对具体问题的教,而不是从经验出发的教。类似的还有学生忘记写姓名,黄老师趁机补充:"智慧就是忘掉自己"。这些课堂"花絮"看似闲话,实则激活了师生交流,丰富了课堂内容,为后期的思维活动起到点化、生发的效果。

再比如,在讨论"知足—不想笑的时候能笑—淡然"这个组合时,黄老师引导学生:假如用"淡然"来表现智慧,一个角度写"不想笑的时候能笑",再来写另外两个角度,你会写什么?可不可以"该哭的时候不哭"?学生发现两者构成重复进而予以否认。黄老师又进一步追问并引导学生,一个角度走不通时,不妨换个角度思考。于是学生发现先前都是写逆境中人的淡然,也可以写顺境中人的淡然。于是,师生共同构建,围绕"淡然"生发出三个角度:逆境中该哭不哭,不想笑的时候依然能笑出来;顺境中该笑不笑,平和不张扬,从容不自矜;在绝境中该死却不死,不气馁不自弃,向死而生。这是一次巧妙的师生共生,然而,黄老师并不满足,他又趁热打铁地追问:这三个层次的顺序就这样安排,好不好呢?于是学生进一步发掘三个角度间的内在关联:因为人在顺境中能不自矜不自满比在逆境中还要难,因此应该先谈逆境,再谈绝境,最后

说顺境。这组课堂对话中,黄老师通过层层追问,让学生对表现"淡然"的角度由模糊混淆变得清晰深刻,而学生的思维从"组合什么好"到"怎么组合",再到"怎么组合更好",思维不断推进,不断提升,不断深化。课堂上获得的思维体验就会转化为活生生的思想,思想开花了,学生的思维品质也就提高了。

我国著名教育家叶圣陶先生指出:"所谓教师之主导作用,盖在善于引导启迪,俾学生自奋其力,自致其知,非谓教师滔滔讲说,学生默默聆听。"观摩黄老师的课堂教学,此言得知。

这堂课,黄老师精心设问、激发点化、巧妙续接;学生积极主动、全员参与,思维活跃而富有质量,师生彼此融合、共生共长。这堂课,不仅体现了当下教育所追求的教育观、教师观,更体现了先进的学生观、学习观,黄老师的这堂课,对扭转当下语文教学的种种怪象,应该具有很好的借鉴和启发意义。

学生习作

智慧是知道自己的季节

江苏省苏州中学 刘雨鑫

人生一世,草木一秋。草木至于春日,遇惠风和畅,天朗气清之时节,则知当萌发;至于夏季,遇烈日炎炎,则知当生长;至于秋天,遇秋风萧瑟,云愁雾扰,则知当凋零;至于凛冬,遇冰雪之封冻天地,则知当休养生息。非如此,则草木无法于大地之上立足。草木如是,人又何尝不是如此?人生之大智慧,也就在于知时,在于知道自己的季节。

不要以为连草木都可以知道时节,那么人要知道自己的季节就一定是一件简单至极的事,自古以来,天底下最不缺的就是不知季节之徒。不知时节,于青春年少之时耽于享乐的,天下不知几多;不知时节,于血气方刚之时为外物所诱惑的,天下不知几多;不知时节,于年岁迟暮之时贪恋权位的,天下不知几多;不知时节,于垂垂老矣之际苟延残喘的,天下不知几多:一切不知自己的季节的人,都将成为"天下不知几多"者中的一个,沦入平庸的泥淖,他们是没有智慧的。

但也不要以为所谓季节,就是依据一个人的年龄来划分的,许多不智之人,就是错在这个问题上。所以当他们误了青春,便不再回头,直奔需要青春的积累的壮年,却不见苏洵廿七始学,不以年长为耻,方得以成文豪之名;当他们自觉年华已逝而功业未立之时,便不再回头,在垂暮之年中声色犬马,却不见古往今来姜尚、廉颇、黄忠等无数老当益壮之辈,于将死之年,创下了何等的功业;当他们自觉风华正茂而不愿赴死之时,却不见曾经有无数的烈士,于正待大展雄风之华年,知道自己的凛冬将至,便毫不留恋,毫不犹豫地选择了赴死。人生的季节,依时局、依世事而变,从来都不能简单地用年龄长幼来划分。

故而,唯有真正大智慧之人,方可以知道自己的季节,方可以在自己的季节里去做这个季节该做的事。他们知道勤奋的季节,所以在沉迷玩乐之徒中的那少数不忘初心奋力学习之人,时间往往会证明他们的智慧;他们知道创功立业的时节,所以即使他们年齿不长,也一样会为国效力,比如卫青、霍去病,以弱冠之龄而扬威万里,比如岳飞未及而立之年便守护家园;他们也知道急流勇退的季节,所以谢安才会于谈笑间破灭百万胡虏后隐退山林,所以郭子仪才会于平定安史之乱后退出朝堂;他们甚至于知道慷慨赴死的季节,所以屈原会在郢都攻破之后抱石自沉,所以王国维方会在无人迫其赴死之际为殉文化而死。

于是,当他们走过了自己人生中的一个又一个季节后,当他们来到人生的终点时,他们便可以说:我的一生始终都清楚地知道自己所处的季节,并行了我在这个季节里所应当做到的事,我这一生问心无愧,我度过了智慧的一生。

第 12 节课

教学实录

格言的改造和思想的提炼

师：高考议论文写作，名言是一种常用的论据。所以，应对高考作文，多积累一点格言是很有必要的。

一、交流你喜欢的格言

师：请同学拿出一张纸，写下一句你印象最深刻的格言。

（学生写格言）

师：好，下面我们交流一下大家写的格言。

生：你对人类最大的贡献，就是让自己幸福起来；你对自己最大的贡献，就是让自己内心强大起来。强大不是因为你战胜了自己，而是接纳了自己。（克里斯托弗·肯·吉莫《不与自己对抗，你就会更强大》）

师：很好，你写出了格言，还指出了它的作者。我们在文章中引用格言，最好要指出作者。——当然，记不准确，就不要写了。（问另一生）你的格言是什么？

生：我没有格言。

师：一句格言都没有吗？

生：写作文不一定要用格言……

师：有道理。不用格言也能写出好文章。（转问另一学生）你呢？

生：一位名人说："痛苦消失了，美也就消失了。"

生：我写了两句，第一句是帕斯卡尔的："人是能思想的苇草。"第二句是罗素的："参差多态，乃是幸福的本源。"

二、用你的格言证明你的观点

师：很好。看来我们班同学还是积累了不少格言的。有了格言之后，当然是引用，现在请大家用自己的格言证明一个道理。

生：路是由"足"与"各"组成的，"足"表示路是用脚走出来的，"各"表示各人有各人不同的路。作者是三毛。

师：你用它来证明一个道理。这句话告诉我们——

生：路要靠自己去走。

师：你的名言是什么？

生：黑夜给了我黑色的眼睛，我却用它来寻找光明。

师：这告诉我们什么道理呢？

生：在黑暗中也不放弃对光明的追寻。

师：你的名言是什么？

生：爱拼才会赢。

师：这个道理我们都懂。

生：上帝为你关上了一扇门，就会为你打开一扇窗。

师：这也是大家熟悉的名言。用它证明什么观点？

生：希望永远存在。

师：很不错。引用名言证明自己的观点是很常用的论证方法。善于写文章的同学，能从一句话里懂得很多道理，或者说能引用一句名言证明不同的观点。这句名言告诉我们什么道理，还告诉我们什么道理……我们班同学能做到吗？

（生沉默）

师：好的。刚才引用三毛"路是由'足'和'各'组成的"这句格言的同学，你能尝试一下用它证明两个不同的道理吗？

生：可以。一是说明路是自己走出来的，告诉我们要敢于实践，敢于尝试；还可以证明不同的人可以选择不同的路。

师：很好。（问另一位同学）你写的格言是什么？

生：是金子总会发光的。

师：这句话告诉你——

生：有才能总会被发现。

师：还能证明什么道理？

生：真正的才能是遮不住的。

师：似乎还是一个道理。

生：要能够禁得住寂寞。

师：这个角度就不一样了。"总会发光",一方面告诉我们迟早是能得到认可的,另一方面也说明,要得到认可常常有一个过程。

师：你的格言呢?

生：柔和的心灵最坚强。

师：好像老子也说过类似的话。这句话说明了什么道理?

生：一颗宁静的心能应对任何风雨。

师：非常好。还能证明什么道理?还能看得出第二个道理是——

生：最坚强的东西不是最坚硬的而是最平和的。

师：刚才那个同学说的"痛苦消失了,美也就消失了"这句名言也很好,能证明什么观点呢?

(学生没有说清楚)

师：看来你记住了这句名言,但还没有好好琢磨。我们大家可以一起琢磨一下。这句话是不是告诉我们,痛苦产生美?

生：就是这个意思。

师：我就知道你是明白的。刚才只是没有想到很好的表达。还能用它证明另一个观点吗?

生：是不是可以证明,能经受痛苦的人才能真正享受到美?

师：我觉得很好。

师：你的格言是帕斯卡尔的"人是能思想的苇草"。能用它说明不同的观点吗?

生：可以。一是可以说明,人必须有思想,否则和草木无异;二是可以证明,人其实和芦苇一样脆弱。

师：很好。看来大家不仅积累了不少格言,而且大多有自己的思考,能够为自己所用。

三、改造加工格言

师：刚才一个同学说,写文章不一定要引用名言。这是很有道理的。真正的高手,不是引用格言,而是改造格言、生产格言,借助对格言的改造提炼自己的思想。正如武侠小说里说的，真正的高手是不带刀的，而是摘叶飞花，皆能杀人。当然这是高境界的。引用格言的最高境界就是改造格言和自己生产格言。

师：接下来，我们尝试改造加工，借助格言生产出属于我们自己的格言来。我在新教高一时，都要让同学们在书前面的空白页上写下一句我的格言：语文好则治人。能写出下句吗？（学生没有反应）知道我这句话是模仿了一句什么话吗？

生：劳心者治人，劳力者治于人。

师：是的。我就是借助于这句话想出来的一句话。现在知道下句了吧？

生：语文好则治人，语文不好治于人。

师：大家都要记住这句话，好好学语文。——比如"爱拼才会赢"，大家能不能由它产生一个新的想法，生产一个新的格言？

生：试试就能行，争争就能赢。

师：你这句话是对它的解释，还没有形成新的想法，而且形式上似乎也算不上格言。

生：不拼也不输。

师：嗯，好。有新想法，形式上也像格言了。但是，不拼是一种逃避，生活中能不能总是逃避呢？黄老师不希望大家总是逃避。

有没有谁能写出一种境界更高的？要紧紧抓住这句话来思考。

生：爱闯才会拼。

师：稍微改一改，会更好。

生：爱赢才会拼。

生：爱拼不为赢。

师：非常好。有高度，有境界。可见，格言加工其实并不怎么难。

一位同学考试考得不好，在随笔中表达了很消极的情绪。他的班主任老师给他写了两句话鼓励他，我一看就是很好的格言："生活永远没有你想象的那么糟糕……"你们能想到这个老师后面一句话是什么吗？

生：生活只是不善于表达它的美好。

师：意思不错。但形式上和上句不相称，对举是格言的基本格式。

生：生活也永远没有你想的那么美好。

师：形式很好，是两个相对的句子。但这是鼓励吗？"生活永远没有你想象的那么糟糕，生活也永远没有你想的那么美好"，似乎什么也没有说。

生：生活永远比你想象的更加美好。

师：这就对了。那位同学，思想还是没有拐过弯来，在老师写的话后面又模仿老师的话也写了两句话。大家想一想这位同学会怎么写？

生：生活永远比你想象的还要糟糕，生活永远也没有你想象的那般精彩。

师：看来大家也有过类似的情感历程，写得和那位同学基本一样。

师：格言的格式很多，最常见的就是并列对举型的，也有的是递进型。比如老子就有一句堪称中国第一的名言，大家知道吗？

生：天地不仁，以万物为刍狗……

师：圣人不仁，以百姓为刍狗。这的确是老子的话。但这句话很难懂，知道的人不是很多。意思一般理解为天地圣人任凭万物自然生长。当然，我说是第一名句，别人未必这样认为。——我说的那句是"道生一，一生二……"，后面怎么说？

生：二生三，三生万物。

师：这应该是大家很熟悉的名言，说不定高考要默写的。意思是，道生一，一是太极；一生二，二是阴阳；二生三，三是阴阳配合而生出的天、地、人；三生万物，万物是万事万物。当然也有不同理解。——这就是递进式的。

我们班经常有同学觉得生活太无聊了。我就送他们一些格言，大家如果觉得有必要就记下来：人生就因为经常做一些无聊的事，才显得不无聊。还有一句是递进式的，希望大家能够和我一起完成：一个人无聊是无聊，两个人无聊——

生：两个无聊更无聊。

师：这递进了吗？不错，也是一种递进，"更"就是递进，但我说的递进，最好意思能够有新的思考在里面。（学生没有反应）那我说出第二句，大家接着说第三句，好吗？一个人无聊是无聊，两个人无聊是浪漫，三个人无聊是——

生：三个人无聊便是无趣。

师：看来，有些同学看待生活比较消极。我弄不懂，这么年轻看待生活怎么会这么黯淡呢？不过也有同学续写得不错的：一个人无聊是无聊，两个人无聊是浪漫，三个人无聊便是故事。——我觉得很有道理。

改造格言最好的方式，是转折。转折之后，就可以有一个全新的观点了。比如有一句名言：冬天来了，春天还会远吗？是谁的？

生：雪莱的名言。

师：这句名言告诉我们什么道理？

生：现在是最困难的时候，越是最困难的时候越要看到后面的希望。

师：是的，这句话告诉我们，黑暗后面就是光明。大家能不能用转折，加一句，形成完全新的意思？能否产生一句新的格言？

生：冬天来了，春天还会远吗？春天来了，冬天也不远了。

师：非常好。用了转折的方法，而且产生了全新的意思。但有两个问题，一个还是显得消极了一点，一是语言还要斟酌。语言达到一个新境界，思想也会达到一个新境界。琢磨语言的过程，其实也是在琢磨思想。

生：然而，我们还要为冬天准备。

师：意思也很好。冬天来了，春天还会远吗？春天来了，还要为冬天准备。但是不是不像格言了？我们写作文，尤其是写议论文，能把中心观点推敲得像格言就好了。其实写记叙文也是，把点题的话推敲得像格言那就不得了。

生：春天来了，后面还有冬天。

师：真的不简单。大家看，"冬天来了，春天还会远吗？春天来了，后面还有冬天"，多好。这告诉我们，生活中永远有希望，最黑暗的时候都要看到希望，但迎来春天的时候，还要想到生活中永远还有冬天，永远还有新的挑战。

师：我们教材中有一篇课文，不知大家有没有学？题目是"不自由，毋宁死"。这是美国人帕特里克·亨利在一次演讲中的最后一句。现在常常被人们引用。这句格言告诉我们什么道理？

生：自由很重要，自由比生命更重要。

师：你能由此引申出新的认识吗？

生：没有自由的人，也应该好好活着。

师：很好。这就是由格言产生的新的思想。能不能用相似的格言形式表达？

生：不自由，也可活。

师：不错。不自由，毋宁死；不自由，也不死。能不能在此基础上，再把思想往前推一步，能否再向前想一想？

生：身不自由，心自由。

生：要自由，无须死。

生：生命是自由的基础。

师：很好很好。"要自由，无须死。"——多好啊！比帕特里克·亨利更有境界！"生命是自由的基础。"——虽然格式和原句不一样，但思想提炼得也很好。生命没有了,自由的价值在哪里呢?"身不自由,心自由。"真正的自由就是心灵的自由,而且没有人能剥夺我们这个自由。

其实,我们还可以逆向思考,跳出来思考。是不是自由了就一定最好?大家想一想,自由了会不会死呢?

生:得自由,也会死。

师:是的。自由是宝贵的,但有时候自由带来的不是幸福而是灾难。我们在高速公路上自由了,其结果必然是——

生:死。

师:而且,有时候,自由了,死去的不是一个人,而是一个团队,一个集体,一个民族。同学们,现在你们应该看到了思想的花是怎样盛开的。

四、改造自己喜欢的格言

师:现在请大家对自己一开始写下的格言进行改造,不管用哪种方法都可以。

(学生改造格言)

师:好,现在交流大家改造的格言。这位同学你的格言是什么?有没有改造出新的格言?

生:顾城的"黑夜给了我黑色的眼睛,我却用它来寻找光明"。——黑夜即有光明,因为黑夜就是眼睛的颜色。

师:似乎很有哲理,但我一下子还没有明白。这位"爱拼才会赢"——你如何改造的?

生:爱赢才会拼——爱拼不为赢。

师:很了不起,一下子改造出两个。这位女同学——

生:我的格言是冯唐《万物生长》中的"我不要天上的星星,我只要尘世的幸福"。我改造的是——我愿与你执手相望于星海,即使屋内的炊烟遮住了我们的眼睛。

师:你是一位很有诗意的孩子,希望你有诗意的人生。这位男同学——

生:我的格言是:己所不欲,勿施于人。我自己改造的是:人所不欲,勿施于人。

师:很机智。这位同学——

生:来而不往非礼也。——不来而往胜礼也。

师:这位——

生：第欧根尼说：不要挡住我的阳光。我说：心灵的阳光是挡不住的。

师：很有气魄。这两位都很有气魄，都比伟人想得更深刻。

五、把故事变成格言

师：改造格言，最重要的是提炼生活，提炼思想。因此，最有意义的是，能把对生活的认识用格言的形式表达出来。

我的一个学生毕业多年后告诉我："黄老师，你的一句格言救了我们。"原来他们夫妻都是我的学生。高一的时候，他们就陷入了朦朦胧胧的爱情。我在班会课上送给大家一句名言："不要把一个美丽的童话变成一个庸俗的故事。"后来他们俩就将这份美好的感情珍藏起来，大学毕业后写成了一个美丽的故事。

现在，我给大家讲一个故事，看大家能不能根据这个故事提炼一个格言。

有一次，我去外地参加活动，由于赶一篇稿子，从家里出发迟了，我估计肯定要赶不上高铁了。结果到了车站，广播里正在通知，我的那趟车延误了，我心里松了一口气：运气不错。可是，过了一会儿，广播又说我乘的那一趟高铁延误，延误时间不明，需要改签的到……需要退票的到……我赶紧到改签窗口，和人家打了招呼插了队，改签了车票。没有想到，一会儿广播里又通知，我改签的这趟车也晚点了。就在我无聊地等着的时候，我原来买的那趟车却来了。

听了这个故事，大家有什么感想？

生：这就是命，人有时候要认命。

师：是的，我当时也是这样想的。我在手机上写下一句话：命运不可改签。但我后来觉得这句话太消极，有点宿命的感觉。同学们能不能帮我加一句话，更积极一点？

生：心态要时时改签。

生：且看窗外风景。

生：心态由你决定。

师：大家的心态都比我好。我后来想的一句是，生活可以选择。我们班有一位同学加的也很好：命运不可改签，生活因意外而精彩。

同学们，用好格言，不仅仅是引用它们来证明自己的观点；更重要的是，要借助格言学会智慧地表达，提炼自己的思想；如果能够从事件中，从生活中，提炼出属于自己的格言，那就更好了。

最后，布置一个作业。选择你喜欢的格言进行改造，也可以选择一个事件，提炼出有一定哲理的格言，然后以这句格言为主旨写一篇作文。

听课者说

思想之花是这样绽放的

西安交通大学苏州附中　张兰芳

学生作文的问题，最根本的还是思想问题。

康德说，教育使人成为人。帕斯卡尔说，人是能思想的苇草。故而，我们的语文课堂，在传授知识的同时，不能忽略提高学生的思维能力，最终的目标应该是让学生成为能思考、会思考的人。

每当我走进同行的作文指导课堂，我常这样问自己："这节课上，教师的教学思维体现在何处？又是如何引导学生思维的提升的？"而我自己上完一节作文课，也常常自我反省："这节课，我有没有独立思考？有没有关注学生的思维发展？我怎样把自己的思维转化为学生的思维？我有没有忽略学生思维的价值？"

学生最需要的作文指导应该是思想的启迪。黄老师的作文指导课《格言的改造和思想的提炼》，让我们亲眼看着思想之花是如何在课堂中绽放的。

一、涉水深者擒蛟龙——思想之花绽放于层层推进的教学环节

文章想要给读者深刻的启迪，写作时必须有"涉深水""擒蛟龙"的决心和勇气。而写作课堂必须通过环节设置，最后涉及水之深处，这样的课，方能既抓住学生的注意力，又引导学生不断提升思维，有所收获。

课堂的推进应该是有层次的，每节课至少要有三到四个环节。据心理学研究，人的兴奋点每八到十分钟会有个倦怠点，所以，在课堂教学的环节设计中，每十分钟左右最好能够变化一下教学方式，让学生活动起来，让学生进行与听说读写相关的语文活动。同时，这几个层次之间，应该是逐层递进的关系，体现逐步深化的过程，最后触及水之深处。学生的思想之花在每一层次绽放开来，

最后，写出有思想的文章。

　　黄老师这节课的教学过程分为五大步：第一步，"交流你喜欢的格言"；第二步，"用你的格言证明你的观点"；第三步，"改造加工格言"；第四步，"改造自己喜欢的格言"；第五步，"把故事变成格言"。从作文指导课的指向上，这节课的目的很清楚："高考议论文写作，名言是一种常用的论据。所以，应对高考作文，多积累一点格言是很有必要的。"而纵观整个教学流程，却可以用一句话概括为："改造格言，提炼思想"。

　　如果细究这五步中的每一步，可以发现，黄厚江老师是针对同一个点，分步提升，每一步都有明显不同的教学指向。第一步，"交流你喜欢的格言"，请学生拿出一张纸，写下一句自己印象最深刻的格言。这是由已知入手，调动学生的阅读积累，了解学生掌握的格言情况，是这节课的起点。第二步，"用你的格言证明你的观点"，让学生尝试用一句格言去证明不同的道理。这已经踏入议论文写作的基本步骤，把学生自己所掌握的格言作为论据，并用这个论据去寻找观点。第三步，"改造加工格言"，正如黄老师所说，这是格言运用的最高境界，改造格言，生产格言，借助对格言的改造提炼自己的思想。第四步，"改造自己喜欢的格言"，学生有了前一个环节改造加工格言的经验，再对自己一开始写下的格言进行改造，是学以致用的个性化思考。第五步，"把故事变成格言"，这是另辟蹊径，换个角度从记叙文写作的角度用格言，提炼主旨，目的是提炼生活，把对生活的认识用格言的形式表达出来。

　　学生在这节课上学习议论文写作中如何用好格言，明白了不仅仅是引用它们来证明自己的观点；更重要的是，要借助格言学会智慧地表达，提炼自己的思想；如果能够从事件中，从生活中，提炼出属于自己的格言，那就更好了。整个教学设计，符合学生的认知规律。由已知到未知，逐步提高学生的分析能力和感悟能力，一步比一步深，步步推进，最后能够透过现象看到事物的本质。

　　"涉水深者擒蛟龙"，这节课以格言为抓手，课堂环节清晰，教学层层推进，在清晰的环节中，启发学生思考，锻炼学生思维，于是，在每个环节中，学生的思想之花都带给我们惊喜：

　　生：我写了两句，第一句是帕斯卡尔的："人是能思想的苇草。"第二句是罗素的："参差多态，乃是幸福的本源。"

　　生：可以。一是可以说明，人必须有思想，否则和草木无异；二是可以证明，人其实和芦苇一样脆弱。

生：要自由，无须死。

生：第欧根尼说：不要挡住我的阳光。我说：心灵的阳光是挡不住的。

生：心态要时时改签。

二、删繁就简花千树——思想之花绽放于把控从容的课堂容量与教学节奏

删繁就简花千树，主张以最简练的笔墨表现最丰富的内容，以少许胜多许。我们的课堂上，常常是教师的思考太多，先导太多。很多不成功的课，往往是因为课堂容量太大，节奏太快，一节课背负的东西太多，被活活撑死。学生总是在我们急匆匆的带领下、驱赶下，跌跌撞撞、踉踉跄跄地向前赶。表现在作文指导课上，就变成了讲写作技巧，读范文，点评范文，机械仿写等等。而写作应有的写作过程却在匆忙中消失了。

我们的脚步何以太匆忙？由于年龄、学识、思维品质等等方面的原因，我们必然比学生年长很多，5岁，10岁，20岁，甚至30岁、40岁；我们必然比学生学养丰厚，我们经过大学教育，本科，硕士，甚至读到博士；我们读的书也必然要比学生多，学生还要去做很多练习题，数学、英语、物理、化学等多门学科的作业，我们所读的书，大多跟学科相关。难道这就是我们居高临下，用大容量、快节奏驱赶学生的理由吗？

写作，是一种精神活动，是个性化的表达，追求摆脱千人一面的学生腔的表达，更在于表达的言之有物，表面看起来是写作技巧问题，实际上是思想问题，是学生能否独立思考的问题。所以，黄厚江老师的作文指导课无论哪一节的课堂容量和教学节奏，其核心都是引导学生学会独立思想，让学生的思想在课堂中绽放。

梁启超先生在《中学以上作文教学法》中主张作文要"少做"，但做一篇要"做通"。可以说，黄老师在这节课中选择"格言"这个小的点来指导作文，就是体现梁启超先生"少做"而"做通"的作文教学思想的一种作文形式。这样的作文指导真正作用于学生的写作过程，对学生的写作真正发挥作用。

在黄老师的这节作文指导课中，我们看到的是这样的景象：

生：试试就能行，争争就能赢。

师：你这句话是对它的解释，还没有形成新的想法，而且形式上似乎也算不上格言。

生：不拼也不输。

师：嗯，好。有新想法，形式上也像格言了。但是，不拼是一种逃避，生活中能不能总是逃避呢？黄老师不希望大家总是逃避。

有没有谁能写出一种境界更高的？要紧紧抓住这句话来思考。

生：爱闯才会拼。

师：稍微改一改，会更好。

生：爱赢才会拼。

生：爱拼不为赢。

师：非常好。有高度，有境界。可见，格言加工其实并不怎么难。

这是格言改造方法的指导，黄老师对学生的引导不紧不慢，极有耐心。不断引导学生换个思路改一改，想一想，说一说，从形式上的修改到境界上的提升，学生的能力就这样提高，思想就这样提升。

黄老师的这节写作指导课，课堂容量看似简单，就是用格言提炼思想，但深入其中，却又感觉浩如烟海，绵绵不绝。课堂节奏看似缓慢，让学生动笔写格言，交流格言；谈格言可以证明的道理；改造格言，创造格言；从故事中提炼格言。内容简单，节奏合理，每一环节，黄老师都从容不迫，学生有动笔写，有口头交流；有自我修改，有生生互动；有前期积淀，有现场激活；学生交流充分，教师耐心启发。最后水到渠成，实现教学目标，改造格言，提高思想。

删繁就简花千树，这节课没有多媒体，也没有印发的所谓范文，就是老师一支粉笔和一块黑板，学生一支笔和一张纸，加上头脑和嘴巴，围绕着格言谈议论文写作，学生随着黄老师的引导，黄老师顺着学生的现场表现，整节课学生逐渐放开，思想的火花时有闪现，精彩纷呈。所以，课堂教学必须学会用减法。减去不必要的环节，减去赘余的内容，减去多余的手段。虽然我们为这节课、为学生准备了很多东西，但课堂应该多一些留白，让我们的脚步再从容一些，让教学节奏更合理一些。我们的脚步不必太匆忙。

三、千江有水千江月——思想之花绽放于尊重学生的课堂表现

在课堂上，我们教师很容易对学生的学习表现感到失望，这是由于我们对

原定的教学方案与学生的实际不完全相符。在课堂上，对于任何一个问题，学生的学习表现都不会是相同的。正如宋朝一个和尚的这句"千江有水千江月"，江不分大小，有水即有月；月只有一个，可是因为水的不同而折射出千差万别的倒影。

事实上，只有我们理解每一个学生的任何表现都是合理的，任何反应都是有道理的，尊重每一个学生的学习表现，学生的思维才能活跃起来，思想之花才能绽放。教学的成功与否，要看是否让学生的思维在课堂现场激活。这就要求教师的教是针对具体教学情境下的教，而不是拘泥于既定方案的教；是针对具体学生的教，而不是不顾对象的教。

在这节课上，我们看黄老师是如何面对现场的每一位学生的：

师：看来你记住了这句名言，但还没有好好琢磨。我们大家可以一起琢磨一下。这句话是不是告诉我们，痛苦产生美？

生：就是这个意思。

师：我就知道你是明白的。刚才只是没有想到很好的表达。还能用它证明另一个观点吗？

这是对待一个讲不出话来的学生，耐心等待，帮助梳理，诚恳理解。一切都是基于对学生的包容。黄老师清楚学生表现的差异，不可能全如教师的期待。而在给予学生鼓励的同时，若仅仅止步于此，就成了虚伪的理解，学生是得不到成长的。所以，黄老师又进一步地追问："还能用它证明另一个观点吗？"该生还要进一步思考。

这节课给我印象最深的还是那个在"交流你喜欢的格言"环节就唱反调的学生，黄老师是这样处理的：

生：我没有格言。

师：一句格言都没有吗？

生：写作文不一定要用格言……

师：有道理。不用格言也能写出好文章。

上课伊始老师就明确交代格言对议论文写作的重要性，可是这个学生在短时间内脑筋短路想不到好的格言的情况下，大胆表达了自己的见解——"写作文不一定要用格言"。黄老师也许内心会有些小小的失望，却没有丝毫的反感，所以他立刻赞同说："有道理。不用格言也能写出好文章。"更难得的是，在"改造加工格言"环节，黄老师再次提到这个学生的观点：

师：刚才一个同学说，写文章不一定要引用名言。这是很有道理的。真正的高手，不是引用格言，而是改造格言、生产格言，借助对格言的改造提炼自己的思想。正如武侠小说里说的，真正的高手是不带刀的，而是摘叶飞花，皆能杀人。当然这是高境界的。引用格言的最高境界就是改造格言和自己生产格言。

黄老师再次提到他的话，还以此为下一个环节的过渡语。显然，黄老师并没有忘记这个学生的话语，并希望他通过这节课能够试着接受格言、学着运用格言写作。我想，这个学生从此以后在议论文写作中对如何运用格言一定印象深刻。事实也果然如此，该生在最后一个环节"把故事变成格言"中，经过思考，说出了那句"且看窗外风景"。可见，这个学生尽管对议论文中格言的使用有自己的见解，但依然在认真听课，学习，思考。

在课堂上，我们教师尊重学生，给他们每个人思考的空间，相信"千江有水千江月"，学生的思维之花方能自由绽放。

四、万里写入胸怀间——思想之花绽放于教师对作文教学的自在追求

"万里写入胸怀间"出自李白的《赠裴十四》，充分显示了诗人极其广阔的视野和博大的胸怀。要上出《格言的改造和思想的提炼》这样的作文课，教师要具备广阔的视野和博大的胸怀，这要求教师必须对作文教学有自己的追求，具备深厚的学养和广阔的思维力。

面对同样的教学内容，每位教师课堂的独特性，看似体现在课堂设计上，而在深层意义上，真正体现的是执教者对作文教学和语文教学写作的追求。课只是外显的形式，内核却是执教者对语文教学的思考与追求。这一点，在优秀的语文教师身上体现得尤其突出。"万里写入胸怀间"，优秀的教师把自己的阅读写作、生活阅历和观察思考借助课堂传递给学生。

与其说黄老师是在给学生们上写作课，不如说他在用自己的课体现他对写作教学和语文教学的思考与追求。黄老师对写作教学的追求充分体现在他的共生教学理念中。他主张,"用写作教写作"。这节写作课,就是用写作教写作的课。黄老师是站在学生的角度组织作文教学,是用自己的写作引领学生的写作,用自己的感受引发学生的写作兴趣,用自己的写作体验激活学生的写作体验,以此激活学生的写作思路。

他自然比学生懂得多。只有如此才能恰当地启发学生,引导学生。但是,当他需要采用一个资源的时候,与其自己说出来,他宁可站在学生的角度,引导学生说,指出改的方向。那么,学生呈现的思考是令人惊喜的。请看下面这个精彩片段:

生:自由很重要,自由比生命更重要。

师:你能由此引申出新的认识吗?

生:没有自由的人,也应该好好活着。

师:很好。这就是由格言产生的新的思想。能不能用相似的格言形式表达?

生:不自由,也可活。

师:不错。不自由,毋宁死;不自由,也不死。能不能在此基础上,再把思想往前推一步,能否再向前想一想?

生:身不自由,心自由。

生:要自由,无须死。

生:生命是自由的基础。

师:很好很好。"要自由,无须死。"——多好啊!比帕特里克·亨利更有境界!"生命是自由的基础。"——虽然格式和原句不一样,但思想提炼得也很好。生命没有了,自由的价值在哪里呢?"身不自由,心自由。"真正的自由就是心灵的自由,而且没有人能剥夺我们这个自由。

其实,我们还可以逆向思考,跳出来思考。是不是自由了就一定最好?大家想一想,自由了会不会死呢?

看,学生在黄老师的点拨下,一朵朵思想之花就这样绽放。而课后胡辰梁同学根据这个交流片段写出了习作《不自由,也别死》,张天阳同学写出了《保留自由的工具》，还有其他的《爱拼不为赢》《文章本天成，格言不可少》等等，恰如绽放出的一朵朵美丽的思想之花。

黄老师还将同事的故事引入课堂，比如关于"生活永远比你想象的更美好"的故事；他将自己的生活体验引入写作课堂，比如"命运不可改签"的故事。

"万里写入胸怀间"，这节课，体现了黄老师视通万里，思接千载。他对写作教学的追求——共生教学法，他对语文教学的追求——原点教学主张，都一一在其中体现。而这种追求正是源于他的视野与学养，源于他对语文教学、写作教学和对生活、对人生的思考。

这只是一节普通的随堂课，不是公开课，不是示范课。接受授课的是我的学生，听课的只有黄老师的几个徒弟。"无论是对什么问题的思考，无论遇到什么新鲜的说法，我的第一反应就是：这在课堂中怎么体现？这在日常教学中能不能做到，这对实际的教学到底有没有效果？"（黄厚江《语文的原点》）他是这么说也是这么做的。黄老师对格言运用有了些思考，就放在课堂中来体现一下，看看效果如何。

作文指导应该是思想的启迪。我坐在下面听着这节课，不仅见证了课堂是如何体现黄老师的教学思维和独立思考，见识了他如何尊重学生思维的价值，并把自己的思维转化为学生的思维，也见证了学生思维的提升。《格言的改造和思想的提炼》，让我亲眼看着思想之花就这样在课堂中绽放。

学生习作

不自由，也别死

西安交大苏州附中　胡辰梁

两百多年前，帕特里克·亨利一句"不自由，毋宁死"，响彻美洲大陆，鼓舞了美国独立战争的万千将士，并在以后的日子为无数追求自由的人所推崇。

时至今日，更成了一些狂放不羁之人的人生格言。

然而，以死为代价追求自由的人们是否想到：坟墓里的人更没有自由？

就像此刻，帕特里克·亨利躺在一方小小的坟墓里，连同说话、行走的自由也没有了。

私以为，以生命为代价追求自由是不可取的，甚至是可怕的。将自由看得比生命更重要的人，付出的不仅是自己的生命，甚至是一个团队，一个国家乃至整个社会。

电影《雪国列车》中，尾车的人们不堪忍受被限制在一个小小的车厢之中和日日点名的不自由，在柯蒂斯的领导下用生命诠释了："生命诚可贵，爱情价更高，若为自由故，两者皆可抛。"然而当柯蒂斯点燃克洛诺的一瞬间，他们似乎得到了自由，可代表整个人类社会的列车也毁于一旦，整个人类社会也岌岌可危了。

不自由，毋宁死。自由了，也会死，甚至，死得更快。

为了所谓的心灵自由在高速公路上一路疾驰，为了所谓的言论自由在网上随意发帖，为了所谓的爱情自由不顾理想、责任甚至一生的幸福……

卢梭说："人生而自由，却又无往不在枷锁之中。"也就是说，我们必须生活在一定的规则之中，而这又必将束缚我们，所以绝对自由是不可能的。帕特里克·亨利所言的"不自由，毋宁死"是一种追求平等权利的决心，一种打破旧有规则的勇气，而绝非恣意妄为的决绝。

真正的自由是拥有独立完整的思想，并且可以表达它的权利，诚如勒鲁在《论平等》中对自由作的解释："人们的自由在于表达的自由，这种自由体现在外界所表达于人，人接受这种表达并对外界作出自己的表达。"

追求这种自由完全无须以死亡为代价。

身不自由心自由。

南非前总统曼德拉身陷囹圄，并没有选择流血的方式去追求，而是以一颗坚定之心静静等待，只要他心灵未被奴役，就算不得完全不自由，谁不是被肉体的牢笼限制呢？只要心灵自由，有形的监狱哪里困得住他？

不自由，毋宁死。这仅仅是一种精神，一种追求的决心与勇气，若是将之视为行走世间的准则未免太过偏激，不如将之改为"不自由，也别死"来得从容积极。

链接之三：

能力训练课的课型特点及操作

方法学习课，它们比较集中地进行某一方面写作能力的训练，或某一写作方法的学习，两者的教学思路基本一样。

能力训练课，有这样一些基本特点：

（1）以某一写作能力的培养为教学目标。

写作教学课，大多是以指导学生进行具体的写作活动，完成具体的写作任务为教学目标，在进行这些活动、完成这些任务的过程中提高写作的综合能力。而能力训练课则直接以某一方面写作能力的提高为教学目标。也许教学过程中会安排一些写作活动，但进行这些写作活动本身不是教学的目标，而是为某一方面能力的训练服务。比如进行思维能力训练，或许教学中也会让学生围绕某一个题目、某一个话题甚至是一组题目、一组话题展开写作思路，但这只是这一节课进行能力训练的一个环节，一个训练点，而绝不是全部，更不是重点，这节课的教学也并不需要完成这个题目或者这个话题的写作。

（2）以某一写作能力的训练为教学重点。

写作能力训练课，不以具体写作知识和写作方法的学习为教学内容，也不以与某一能力相关的知识的学习为教学的重点。尽管在能力训练中，也许会涉及某些写作知识和写作方法，但课堂教学的重点不在掌握这些知识，只是借助于这些知识来帮助能力的训练。换一个角度说，能力训练课中涉及的知识不是教学的重点，常常是不要求掌握的内容。比如进行多向思维的训练，训练中了解一些多向思维的知识，对能力的训练无疑会有帮助，但掌握这些知识却不是教学的目的更不是重点。因为懂得再多的多向思维的知识，并不代表就会进行多向思维。

（3）教学过程紧扣某一能力点展开。

能力训练课，都是紧紧围绕某一个能力点展开多层次、多角度的训练。通常有"观察生活""认识生活""问题分析""思想提炼""审题立意""选材剪裁""结构安排""联想想象"等能力点。一般来说，这个能力训练点切入的角度越小越具体越好。比如进行"认识生活"或者"审题立意"的能力训练，如果只是围绕这些能力泛泛进行训练，就很难有好的效果；必须从某一个更具体的角度切入进行训练。更重要的是，能力训练课的各个环节，不管是知识学习还是方法掌握，不管是案例列举还是训练组织，整个教学过程都是围绕这个能力点，紧扣一条线展开。

能力训练课的基本流程是：

（1）明确训练点。即首先和学生明确具体的能力训练点是什么，也就是明确这一节的教学内容和学习内容。既可以开宗明义，也可以由一些具体问题的解决入手。开门见山，主旨鲜明；先学后教，富有启发性。

（2）出示范例。即通过具体的典型案例对学习内容进行解说，让学生理解有关能力点的内涵和要求。这些案例可以是教材上的，也可以是课外的；可以是名家名篇，也可以是学生的习作。这个环节，不仅让学生加深对能力训练点的理解，而且可以从中悟到具体的学习方法。有时候，这一环节和前一个环节也可以倒过来安排。

（3）迁移训练。即通过具体的训练活动，让学生将在典型案例中所悟到的知识运用到具体的写作实践活动中。这个环节在教学思路中起着承前启后的过渡作用，是教学思路很重要的一环，要充分注意它在前后环节中的衔接作用。

（4）巩固训练。即在迁移训练的基础上，再通过训练巩固前面所学的知识和前期训练所取得的效果。有时候，巩固性训练还可以弥补迁移性训练的不足，拓展训练的范围，提高训练的强度。巩固训练是能力训练课的重点环节，决定着训练的质量和效果，是教学的重点。

（5）交流讨论。可以先是分小组交流当堂完成的写作。然后各小组根据要求推选同学或指名同学在全班交流习作，并组织讨论。

（6）教学小结。即对一节课的学习内容和训练效果，对有关能力运用的方法，对学生写作情况，对有关能力训练要注意的问题等进行概括和小结。

（7）布置作业。

能力训练这种课型，有它自身的特定价值和优势。一是着眼于"点"进行教学，教学内容集中明确，能解决一定的问题，具有一定的效果，而且便于操作。尤其是初三、高三，进行这种点的训练，效果更为显著。因为初三、高三要进行所谓的系统训练已经没有时间，或者说基础的训练已经完成，所以适宜的办法是针对学生的弱点进行点的训练。可以梳理分析班上同学作文的主要问题在哪里，有目的有针对性地进行反复练习，在一定程度上是可以矫正的。这种课型的第二个优点是着眼于怎么写进行教学,通过典型案例,教给学生方法,可见可学,不尚空谈,一定程度上能帮助学生解决无从下手的问题。第三个优点是知识学习、能力训练现场结合,有讲有练,有练有评,注重实效。这和初三、高三复习课有讲有练、讲练结合的特征非常吻合。

但是这种课型也有明显不足。有些老师看了这样的作文课,说非常好,我要从初一开始,从高一开始,就这样一个个点地教。不错,你或许可以这样教,但这样教是不是一定能够教好呢?或者说,学生能不能考好呢?未必,或者说很难。首先遇到的第一个问题是:能把作文分为多少个点?从三年作文或者说从两年作文课来看(初三、高三留作复习),你每学期按6篇作文算,一年12篇,三年只有36篇,或者说36个点。大家想一想,学生的作文,或者说我们的作文教学,初中或高中就是36篇36个点能够包含的吗?据我们粗略作过的分析,无论是初中作文还是高中作文,从写作类型、写作过程和写作方法三个维度看,都远远超过100个点。第二个问题是,一个点(一项能力或一种方法)一次训练,写一篇作文,就能解决问题吗?倘若能够一次解决一个问题,即使时间不够也不是问题,我们可以安排更多的时间。根本的问题是任何一个点,任何一种方法,都不是一两节课,都不是一两次训练能达成目标的。比如记叙文的拟题,你一节课行吗?记叙文的结尾,议论文的立意,议论文的分析,哪怕最小的一个点,你都无法一节课解决问题,甚至三五节课也解决不了问题。第三个问题是一个人的写作能力,一个人的写作素养,能不能进行这样的简单分割,即使能,即使每个点一两节课就能解决问题,最后能不能拼装出我们需要的作文能力和写作素养呢?我们以为不能。写作能力、写作素养,不是玩积木,也不是拼图游戏,不管多少个点,也拼不出写作能力和写作素养。就像作文本身,不是写几个开头、写几个结尾,再写几个段落,就能拼出一篇好文章的。有人试图从写句开始,再写段,最后合成篇,进行作文教学的训练,最后证明这条路是走不通的。我们这样说,并不是否定这种课型的教学价值,只是说用它解决一些点的问题,可能有一定的效果,用这样一种课型进行所谓的系统训练,解决所有问题,似乎不大可行。

能力训练课有这样一些基本要求:

(1)能力训练点要集中明确。

写作能力的训练和写作方法的学习,内容十分丰富。尽管我们说,语文能力,尤其是写作能力的培养绝不是一节课所能达成目标的,但我们认为每一节课的教学还是必须追求尽可能好的效果。这就要求每节课的训练内容要集中明确，一般说选点越小越好。

（2）必须以能力训练为主体。

能力训练课，顾名思义就是要"训练"。以训练为主体，并不是练习的简单堆积和反复，也不是正反例子的罗列。要围绕同一个训练点进行多层次的训练；同时，要尽可能围绕一个点进行比较全面的多角度训练。

（3）示范一定要典型。

"典型案例解析"这个教学环节，是通过具体的案例说明教学的内容，让学生获得对某些能力鲜活具体的理解。这就要求正面案例和反面案例都务必要典型，否则会扰乱学生的思维和认识，也使课堂教学的结构遭到破坏。正面范例未必都要用名家，尤其不要总是用所谓的满分作文。对学生的示范最好要靠得近，摸得着。即使选用名篇名家的例子，也一定要注意选用普适性的，贴近中学生的例子，或者说大多数学生能够学习的例子。

（4）讲解要精要到位。

既然是课内的学习，教师就要"教"。教师的教学除了组织教学活动，主要的形式和手段就是"讲"和"解"。讲什么呢？当然是讲知识。解什么呢？当然是解决问题。但务必要注意的是，一旦讲解多了，就不再是训练课。因此，讲解一定要精要。而所谓到位，是当讲必讲，还要讲到该讲的程度。

能力训练课要注意这样一些问题：

（1）重在针对性，不求系统性。

大家都希望作文教学能进行系统训练。这是可以理解的，但目前似乎还不可能。过于追求训练的系统，或许会陷入更大的混乱。而能力训练课，尤其不可追求训练的系统。一方面如何建立能力系统，如何科学分割写作能力，非常困难；即使可能，那样的教学也可能导致作文教学远离作文。但能力训练课又不是盲目的，也不是随意的。所以能力训练课的科学性首先体现为它的针对性。

（2）处理好"写"与"非写"的关系。

写作能力训练课，比之于作文指导、作文评讲和作文升格等课型，它和"写"的关系似乎有点远，似乎有点距离，这就要求我们在教学中要特别注意处理好能力训练和"写"的关系。比如学会展开思路，学会多向思维，这些对写作都很重要，都非常有价值，很多学生的文章写不长，写不深入，写不出新意，就是思维肤浅僵化。但换一个角度说，思维问题又是一个专门的问题。思维和写作的关系，还是一个没有定论的复杂话题。这就要求立足思维训练和思路展开。所以能力训练课，把教学内容和教学过程置于写作的情景和背景中是至关重要的。

（3）坚持将方法渗透在训练过程之中。

作文教学不能不注意方法。"授人以鱼，不如授人以渔"，是大家都知道的教育箴言。三维目标也非常强调方法。这无疑是对的，但现在出现了"方法中心""方法简单化""方法解决一切问题"的倾向，不能不予以注意。如果把能力训练课变成方法传授课，就背离了课型的特点，也背离了教学的初衷，甚至违背了作文教学的规律。注重方法，但绝不"讲"方法，而都把方法渗透在训练过程之中。甚至连表达的形式都很注意"渗透式"，都让学生去悟方法，而不是教师说方法，更不是让学生练方法。

（4）要融入自己的写作体验和教学经验去选择训练的"点"。

很多老师对这类课型的教学，都按照教科书或考试说明进行点的选择，我们以为效果不会很好。教科书的点往往都是立足教学内容的需要排列的，考试说明往往是从写作要求提出的点，它们对我们的教学固然都有指导作用，但和学生存在的问题往往并不一致，或者说它们都不是为了解决具体的写作问题。有经验的老师常常根据自己的写作体验，根据自己的教学经验，根据自己班级的实际情况，去开发写作的点。学生喜欢听的也是带有教师经验色彩的教学内容；从书本出发的，从理论出发的，可能很严谨但学生可能并不喜欢；学生喜欢的，就是带有自我写作情感经验的东西。如有老师归纳出的"记叙文中物象的选择"，这是教材上没有的，但学生学习了这样的内容，可以把文章写得饱满丰富，可以把文章安排得更加合理，这对学生都是有用的。所以教师要善于发现训练点、分解考试说明的考点，千万不要把考试说明的点直接教给他们。

（5）写作要求的归纳，要力求简明，而不要过分知识化、系统化，尤其不要复杂化。

因为知识化、系统化、复杂化之后，学生的吸收和运用都有困难。比如细节描写，真要下一个定义并不容易，要讲分类也不容易，要说清楚什么时候该用细节，什么时候不要用那个细节，那就更不容易。有的高三老师教学生审题，说高考作文命题有三大类：一是话题类，二是命题类，三是材料类，还有话题加命题，材料加话题，材料加命题。再说材料作文有三类：叙事类，议论类，哲理类。再讲审题步骤，如果是叙事类，哪五个步骤，如果议论类，哪五个步骤,如果哲理类,哪五个步骤。大家想想,学生上了考场,能这样去想吗?谁这样想,谁就完蛋。所以,和学生归纳写作知识一定要立足于有用。

(6)小组交流的样本一定要呈现多样性和典型性。

从目前的实际看,我们老师都喜欢呈现最好的。都是最好的,就没有教学的空间,对大多数学生也没有学习意义。因此应该呈现不同类型的,有好的,有中等的,也有差一点的,这样就有了典型性,也有了发挥老师教学价值的空间。好的大家借鉴学习,不好的让它提高。而教师自己的习作呈现,一定要选择恰当的时机,要有明确目的,要和学生的写作过程相融合,要为学生的写作服务。现在有一个流行的做法,就是教师到最后亮出了自己的习作。但即使文章写得很漂亮,对学生也没有多大意义。

04

第四章
写作理念课

第 13 节课

教学实录

一则材料的多种使用

师：我们今天学习的内容是记叙文的写作。先问大家一个问题，如果让你写记叙文，你第一个环节要考虑什么？

生：考虑写什么事情。

师：对了，思路都很清晰。写记叙文第一个环节是选择一个事件。下面我给大家讲一个事件。大家注意听，看看能写什么样的记叙文，能写什么样的话题。

在一个学校的高二年级，有一位女生长得很普通，成绩很一般，最大的优点就是与同学关系很好。这一学期班主任准备进行班级干部改选，班长是自由竞争。这个同学也萌生了竞选班长的念头，但是又不太自信，于是就找了最要好的几个铁哥们、铁姐们商量这个事情。（你们叫死党，对吗？）几个死党、最要好的朋友都说：你竞选，我们挺你，我们支持你，我们为你加油。然后，这个女同学就安安心心准备去参加竞选，竞选演讲发挥得非常出色。结果她没被选上，不过她觉得自己另外几个同学都很优秀，还是能接受的。但是后来一个偶然的机会，她知道了同学们投票的结果，她只有一票，那一票就是她自己给自己投的。她无法接受这个事实。

故事到此为止，大家想一想，这个故事可以写什么样的话题呢？这个故事能写成什么样的记叙文呢？我们先来讨论一下，这个事件可以写什么样的话题。想好的同学可以发言。（问一男生）你想到的是什么？

生：我觉得没选上应该是她自己的原因吧。

师：你没弄清楚黄老师的问题，我没有问她选不上的原因。

生：做事情要靠自己的能力。

师：同学们，我们是什么课？是班会课吗？不是。是政治课吗？也不是。我们是作文课，我们想一想这个事件可以用来写哪些话题。

生：我觉得可以写友谊。

师：写友谊，非常好。第一个话题可以写友谊。友谊到底是什么呢？怎么样才是友谊呢？对，是个好话题。其他同学呢？

生：写人。

师：写人，不错，但所有写作都可以写人。你可以具体说写人的哪些方面。

生：写人与人之间的关系。

师：写人与人的交往，还是写人与人的关系？

生：关系。

师：很深刻。有时候，想一想人与人的关系有点可怕。当然也不必害怕。

生：我认为可以写关于鼓励的问题。

师：关于鼓励，对，因为她是在同学们的鼓励下竞选的，非常好。一个好材料总是可以写无数个话题，有无数个立意。

生：我认为可以从她死党的角度，写一个关于诚信的话题。

师：可以写诚信，几个死党不太诚信。这个同学的习惯很好，边思考边写出关键词，这个对构思写作非常重要。——是的，写诚信，写承诺，都不错。（转问另一学生）这位同学你想到什么了？

生：要自己相信自己，因为她自己给自己投了一票。

师：可以写自信。好的，再想。构思作文的时候想得越多越好。

生：我觉得还可以写一个做人的话题。

师：做人，做人的话题太大了，所有的事情都是做人。

生：如果这件事发生在我身上，我可能就会发奋学习，用这个来——

师：证明自己。

生：对。

师：你是一个很要强的孩子，但还可以把这个话题再缩小一点，具体一点。

生：我觉得可以写竞争。

师：关于竞争。

生：或者是关于抉择的，因为她的朋友在给她投票之前是在友谊和自己的理智之间抉择的。

师：很好很好。

生：她只得到了一票，可以写一个关于意外或者惊讶的话题。

师：意外。

生：意外的结果。

师：非常好。再想下去，一定还有很多。我们理一理，应该说是两个大的思路，一个是围绕她的几个朋友，围绕她的同学和她的关系，还有一个主要是围绕她自己。现在我们思考一下，一个事件可以写很多话题，写作过程中应该对这个事件怎么进行加工呢？

生：要有侧重点。

师：能再具体些吗？

生：就是有些内容进行特别详尽的叙述，而其余的方面进行略写。

师：非常好，这可是至关重要的一步。我们一定要记住，一个材料可以写很多话题，但是每一个话题对材料的加工应该是不同的。概括一下是：有的地方详写，有的地方略写；有的地方要写，有的地方不写。另外还要注意，如果需要写但原材料没有这样的内容，怎么办？

生：要用自己的想象。

师：对，想象，补充。好的。那现在我们以两个最常见的话题来考虑写作的详略和思路。一个是写友谊，一个是写成长的心路历程。那么，它们应该分别侧重写什么？请同学们各选一个进行思考。请大家认真考虑。

（学生考虑几分钟后，进行交流。）

师：你选择的哪一个话题？

生：成长。

师：好的。你准备重点写什么？

生：主要写她的心理变化和她的情感。

师：非常好，有没有其他同学也选择写成长的？你的想法跟他一致吗？

生：我也选择写成长话题。我主要想把事件当成一个表现的线索，而内心独白穿插在整个写作过程中。

师：两个人都淡化事件，主要写心路历程。现在看来有一点是肯定的，如果要反映这个孩子的心路成长历程，我们一定要突出心理的主线。具体说写什么心理？

生：沮丧。

师：沮丧？

生：因为她得知自己一票后，她觉得她的朋友背叛了她。

师：你的意思是倒过来叙述？如果顺叙，你认为第一个阶段应该写什么样的心理？

生：得知竞选班长的消息，高兴和兴奋。

师：是兴奋吗？她觉得自己的机会来了，很兴奋，是吗？

生：我认为内心是忐忑。

师：忐忑？

生：对，要不要竞选，拿不定主意。

师：大家一起来讨论一下，得知竞选的消息，是兴奋高兴还是忐忑不安？我们分析一下。首先是她对竞选有没有把握？

生：没有。

师：对。没有把握。因为她不是很优秀，成绩很一般，只有人缘关系好一点，所以她觉得有点希望，但是不太有把握。大家还要注意，记叙文要善于写出矛盾来，忐忑就是矛盾，忐，有希望，头向上，忑，头向下，没希望。找几个死党商量以后呢？什么样的心理？

生：自信满满。

师：商量了以后肯定是自信满满，即使不是满满，也肯定有点自信了。接下去写什么呢？沮丧？这样跳得太快了——大家注意，为了文章有感染力、有震撼力，主题更有表现力，要努力写得有变化。准备竞选的过程中是什么心理？

生：紧张的心理。

师：非常好。这个时候心理一定会紧张，似乎很有希望，当然还有些忐忑。这样波澜就出来了。演讲以后呢？什么心理？

生：自信满满。

师：也是自信满满？有没有把握？

生：期待。

师：对，"期待"好。感觉不错，但也没有把握。这个地方我们可以具体想一下，一个女孩子想象着自己做了班长的情景。后来呢，结果出来了。然后是什么心理呀?

生：失落。

师：对，失落。知道仅仅得一票之后呢?

生：愤怒。

师：很生气，很激动。是不是就这样结束了呢? 最后应该写什么?

生：乐观。

师：是不是一定乐观?

生：不一定。

师：不一定。但肯定对这件事情有一个认识理解的过程，而且这个认识和理解一定体现出她的成长。

好的，我们刚才是讨论写成长的重点。其他同学有没有写友谊的? 重点应该写什么?

生：写竞选前她朋友和她的对话。

师：写她的朋友的表态。我也觉得这是一个重点。就写竞选前的对话? 其他呢?

生：竞选之后，她和朋友再次对话的对比。

师：要写出对比。其他同学有没有写朋友两者关系的?

生：我觉得应该重点写她知道结果之后，知道朋友背叛她之后的感受。

师：很复杂的感受。这也是形成对比。

生：我觉得还可以再扩展一下，再写她如何解决与朋友之间的矛盾。

师：写矛盾的解决? 有意思。

生：写分歧怎么消除。

师：也就是她是怎么走出来的。

生：然后再探寻没有被选上的原因。

师：大家觉得要重点探寻没有被选上的原因吗?

生：没有必要。

师：我也觉得没有必要重点探寻没有被选上的原因，在对话中有所交代就行了。看来，大家都强调要前后对比。大家觉得要强调前后的对比吗? 同意这样写的请举手。

（大部分学生举手）

师：黄老师也举一下，我也同意这几位同学的意见。如果要写对朋友的理解，对友谊的理解，前后的对比很重要。那么，前面除了写朋友的鼓励，还要写什么，使前后对比更强烈，表现主题更有力？

生：写她跟死党之间的交往。

师：这位同学说前面还要写她跟死党之间的交往、友谊。大家觉得要不要写？

生：要。

师：对，我也认为可以这样写。一开始把友谊表现得越强烈，后面投票以后就越震撼，她就越痛苦，最后所要表现的主旨就越深刻。从我们的讨论中可以看到，同一个材料写不同的话题，材料的处理空间很大，具体安排又和具体的主旨有关。

下面请同学们来听我读一篇就这一则材料写的习作。请大家认真听，然后来评点一下这篇文章的可取之处和不足之处。

文章题目叫"四叶草"。作者给那个女同学起了一个名字叫臻晨，日臻完善的"臻"，早晨的"晨"。

臻晨是一个默默无闻的高二女生：身高平平，身材平平，相貌平平，就连学习成绩也是不好不差，中上游。臻晨唯一值得自豪的便是在班上有两个死党，三个人一起上学，一起回家，一起上厕所，从同学聊到老师，从班级聊到国家，可以说是无话不谈。

当那个星期五的午后臻晨告诉她的死党们她想竞选班长时，三个人几乎不由自主地同时停住了脚步。那一瞬间静得出奇，似乎连空气都凝住了。幸好小A反应比较快，率先开口打破了沉静："我们一定支持你。"小B似乎想说些什么，被小A抢先开了口："我把这一株四叶草送给你，祝你竞选顺利！"一边说一边从书包里取出一株四叶草轻轻地放在臻晨的手心里，还不忘向小B抛了一个眼神，于是小B把刚到嘴边的话咽了下去。臻晨自然是十分感动，小心翼翼地把四叶草放入笔袋，口中还不忘说道："你们可一定要投我一票哦。"

"当然会了。"小B说。

准备竞选的日子是紧张的，臻晨必须在课间拉选票完成竞选演讲稿，还要准备迎接各种刁钻古怪的提问。每一个周日准时出现在公园的那三个人也少了一个，只剩下小A和小B在商量着什么。

臻晨把四叶草固定在卧室的墙上，以此作为自己最大的动力，但竞选的结果还是不理想。尽管臻晨发挥也很出色，但在强手面前仍不能及。班长没选上，只捞到一个课代表，臻晨已经很满意了。在夕阳的余晖下，与死党们走在回家的路上，她感到很舒畅。有四叶草的陪伴，她晚上会睡得很香。

可是第二天早上太阳没有从东方升起，取而代之的是大片的乌云。臻晨把作业放在老师办公桌上时，不经意地瞥到了票数统计，自己的名字下赫然一条横线。那是她自己投给自己的一票。顿时，好像一块大铁块重重地砸在了她的心头，她踉跄地跑出教室，去找小A和小B讨一个说法——所有认识她的人都说从来没看到过她这么凶——小A的脸上居然还是一如既往地挂满了笑容，说："我看别人都没有选你，我这一票不能浪费呀。"她看了一眼臻晨接着说："别急，下一次帮你多拉两票，那么我一定选你。"

臻晨没说什么，她终于明白了，所谓死党也就是置你于死地的同党，她终于明白了所谓保证都不过是一句空话，所谓礼物都不过是一种形式，所谓朋友也只是为了需要互相利用。臻晨悄悄地把卧室墙上的四叶草取下来，收藏在抽屉里。尽管她看到这个四叶草心如刀绞，但她要记住它，它刻着她成长的印记。

从此臻晨退出了原先的铁三角，取而代之的是当今的班长大人。臻晨变得比原先更加沉默。一年后的班长竞选臻晨没有再参加。

十年后臻晨坐在办公室里，就如许许多多的人一样，堆着笑脸应付着上司，不时地训斥着自己的下属，带着同一种微笑和所有人交往。那株枯萎的四叶草还静静地躺在她抽屉里。

师：请同学们谈谈总体印象，作一个总体评价。如果你认为这篇作文能打80分以上，请举手。举手的同学不少。哪位同学作一个简评？好，这位同学。

生：作者以四叶草为线索，构思比较巧妙。并且揭示了一个道理，一件小事情可能会影响人的一生，立意比较深刻。所以给他打80分。

师：她打80分，理由有两个。一个是构思比较好，第二个是主题比较深刻。哪位再说说？

生：我觉得他前面的铺垫比较好。前面小A和小B两人窃窃私语，把嘴边的话都咽了回去，对后面的结果而言具有铺垫作用。

师：这一点非常重要，后面的情况是出乎意料的，但是前面铺垫充分，就觉得不突然。是吧？

生：而且合理。

师：非常好，而且很合理。这是写记叙文很难处理好的事情。后面要有震撼力就要有突然，但是你要合理，前面就要充分铺垫，所以投票前嘀咕咕咕已经暗示了不投票。其他有没有好的地方呢？

生：我主要是认为她的想象力丰富，有很多情节的创新都非常合理，令人震撼。

师：是的，黄老师原来提供的是干巴巴的小材料，写 900 字的文章，很多内容是自己补充出来的。还有一个小技巧也不错。文章的题目叫什么？"四叶草"。比直接用友谊做话题要好，更含蓄，这个四叶草在全文中起了一个很重要的作用，刚才同学讲了，像线索一样，和自己的内心感受形成一种虚实之间的互补。应该说这篇文章好的地方还有很多。但这个文章也有很多不足的地方，你们有没有发现？

生：如果最后再写小 A 和小 B 的事就好了。

师：再写什么？

生：小 A 和小 B 的事。

师：这里还要写小 A 和小 B 的表现？这是一个观点。其他同学呢？

生：我认为她的结尾比较消极，可以设计一些情节让主人翁走出阴影。

师：比较消极？

生：对。

师：他用了"消极"这个词，其实读了这个文章以后，我还不只是消极，简直是——

生：沉重。

师：对。很沉重。所以我专门找了这位同学，让他把这篇文章的主题调整一下再写成另外一篇文章。不就是没有当班长吗？不就是朋友没有投票吗？你看看，一辈子活得这么累，这么压抑。——好的，道理不多讲了。现在我们先动脑筋，让这个可爱的臻晨快乐起来。大家看怎么写可以让她快乐起来。首先要把问题想通，那两个死党是不是像臻晨想的那么阴险，那么可怕，那么恐怖？

生：不像。

师：我也觉得是。想一想，那两个死党不投票有几种可能？

生：根据实力来说，如果她没有实力也就可以不投她的票。说明她们还是对友谊特别珍惜的。

师：那为什么她们鼓励她参加竞选呢？

生：鼓励她主要是让她充满自信，不希望她做一个——

师：找不到自信的人。

生：对。

师：好的，这可以理解，我们鼓励你去竞选，就是想让你自信。还有没有？大家想一想，如果友谊就是要投票，这是一种什么？

生：是交易。太肤浅了。

师：太肤浅，太庸俗。

生：不真诚。

师：说得多好。这才是真正的不真诚。有的人拉选票，理由就是我们是哥们，我们平时关系那么好，你不投我的票吗？这是对投票的亵渎，这是对权利的亵渎。对不对？票是投给谁的？是投给最适合的人。——大家下面想一想，如何让这位受伤的女同学转变呢？

生：让她再重新相信友情。

师：对。但她已经失落到底了，对朋友们很失望了，如何完成这个转变呢？

生：她们是朋友嘛，她们不可能因为她生一次气，就完全放弃她。

师：怎么办呢？

生：我觉得她们还会试着说服她。

师：能具体一点吗？怎么说服让这个同学走出这一阴影？

生：找老师。

师：这是方法，找老师也可以。还有其他方法吗？

生：可以让她看到一个故事，得到一些启发。

师：我觉得这个方法不错。读书是治疗心灵创伤的灵丹妙药。还有没有其他方法？

生：让同学们来帮她。

师：我觉得这是最好的方法。作为她的朋友应该这样做。朋友心灵受伤了，她们不能不管她。你会怎么做呢？

生：去向她解释一下。

师：聚到一起和她聊聊投票的事。

生：她当时可能太过冲动，想得太偏激。

师：大家把前因后果一讲，她或许就理解了。是的。我甚至想到，可以借鉴刚才那篇习作的方法，让她们十年甚至二十年之后再谈起这件事，让她回头一想，觉得自己当时真的不应该那样。——好的。一定还会有很多种方法，我们就不再讨论了。

我相信我们班的同学在作文中一定能找到好方法消除臻晨的误解。

现在我提醒大家注意刚才有两位同学的发言。一位同学强调前后对比，但是她想把前面的内容放在后面写，一开始就写震撼、沮丧、失落；一位同学还将之前的友谊和后来事件的发展穿插起来。这就涉及一个什么问题呢？

生：倒叙。

师：对。同一个事件可以写不同的话题，同一个事件也可以有不同的叙述方式。可以倒叙，可以顺叙，还可以复杂一些穿插写。

大家有没有想到，除了不同的叙述方式还可以有多种叙述人称？有哪些人称？

生：第一人称。

师：第一人称，还有呢？

生：第三人称。

师：还有呢？第二人称能不能写？

生：写一封信。

师：对。其实不用书信，也可以用第二人称。除了多种叙述人称还可以有不同的叙述主体。有哪些主体？

生：这个竞选的女同学。

生：几个朋友。

师：还有呢？

生：老师。

生：家长。

师：非常好。——这个素材的主角就是我女儿。我女儿后来也写了一篇文章，她的主题是放在自我认识上，文章的题目叫"成长是一道明媚的忧伤"。在她写这个文章之前，她没走出来，情绪极度消极。我想跟她谈谈，但是当面谈不好谈。知道我用什么方法跟她谈吗？

生：书信。

师：你们太聪明了。好的，下课，谢谢同学们。

听课者说

一节带给我们全新感受的作文课

江苏省苏州中学　周　黎

2012年10月19日，和来自全国各地的老师们一起听了黄厚江老师的一节作文课。尽管作为黄老师的同事，听黄老师课的机会并不少，尽管知道黄老师的作文课有鲜明的特色，但听了这节课之后还是有一种全新的感受。一位来自浙江的老师说：原来作文课还可以这样教！我想，他的话说出了很多老师的心声。

首先是全新的理念。

黄老师集自己几十年的实践和研究，形成了自己共生作文教学的理念。他认为作文并不是简单的老师教、学生学就能培养学生的写作能力的，学生只有在写作中才能学会写作。而最有效的方法就是在师生和学生之间互相激发、共同参与的写作过程中学习习作。在这节作文课上，黄老师不仅自己和学生一起参与写作过程，激发学生的写作，引领学生的写作，而且借助于一位同学的写作，让同学们都参与到写作活动之中，一起再创作。这既是运用他自己总结的再度写作的方法，同时也是共生写作理念的充分体现。这位同学的习作激活了大家的写作兴趣，点燃了大家的写作热情，而大家的参与也互相丰富了彼此的写作体验，大家在这个过程中认识了写作的规律，提高了写作素养。而我们平时看到的作文课，或者说我们自己的作文课，基本都是单线型的活动，老师讲或者评，学生听或者记，即使也有一些学生活动，基本是没有张力没有活力的一一对应的简单问答。黄老师的课，使我们对作文教学、作文课以及学生写作能力到底如何提高，都有了一个新的认识。

再次是全新的内容。

作文教学应该教什么呢？我们通常的做法是，要么把写作知识作为作文教学的主要内容，要么把写作方法和技巧作为作文教学的主要内容，要么把各种材料的阅读作为作文教学的主要内容，要么把佳作展示作为作文教学的主要内容，要么把习作的评判作为作文教学的主要内容。而黄老师认为，中学作文教学的基本内容应该是：感受写作过程，体悟写作规律，形成写作经验，丰富写作积累。黄老师的这节作文课，的的确确在实践他自己的教学理念和主张。整堂课，都是学生参与写作的过程，学生思考材料所蕴含的话题，学生根据话题思考加工材料的重点，学生讨论有哪些叙述的主体和叙述的角度。当然不是说这节课没有写作的知识，没有写作的方法，没有优秀习作的呈现，而是这一切都是融合在感受写作过程，体悟写作规律，形成写作经验，丰富写作积累的过程之中。这样的写作知识，这样的写作方法，不再是僵死的概念，而是活的知识、活的方法，优秀学生习作也不再是一个正面的样板，而是激活共生写作的种子。

再次是全新的思路。

作文课的展开，有哪些基本思路呢？如果是指导课，大多是分析题目—讨论立意—组织材料；如果是作文评讲课，大多是回顾题目要求—出示优秀作文—指出存在的问题。现在比较流行的教学思路还有：一种是教给写作方法—运用教给的方法进行写作—小组交流习作—全班交流优秀习作，教师评点—教师出示下水作文；一种是出示佳作或者名家作品—归纳写作方法和技巧—现场训练—评点修改；一种是讲解方法—出示范文—借鉴写作—现场评点。或许不同的老师针对不同的内容会有一些变化，但万变不离其宗，基本程式大体一样。但黄老师这节课的思路和结构全然跳出了种种程式。他首先设置了具体的写作情景，一下子就激活了学生的写作兴趣；然后讨论这则材料所蕴含的话题，充分理解事件的价值；再根据规定的话题讨论材料的加工和处理；接着围绕一位同学的写作讨论其优点和不足，并进行再度写作的初步思考；最后简略讨论故事叙述的多种可能。这样的思路安排，完全依循了自由写作的基本规律，也非常切合学生的认知特点和学习心理，实实在在地让学生感知写作的全过程，并在这个过程中获得丰富的写作体验和积累。

置身于黄老师的课堂之中，我们强烈地感受到语文课堂教学的无限魅力，清晰的层次、自如的收放、课堂的推进不断带给我们喜出望外的感觉，真正达到了"山重水复疑无路，柳暗花明又一村"的审美境界。

在这节课中，教师的角色也是全新的。

什么是教师主导？什么是学生主体？黄老师用他的课堂作了最形象也是最有力的说明。如果从作文教学的特点看，黄老师不是在"教"学生写作，不是在讲作文，更不是指手画脚地评点学生的写作，而是和学生一起写作。我们从写作的整个过程中可以发现，黄老师基本上不主讲，更不强势；但事实上，黄老师又是整节课的设计者、组织者和引领者。最重要的是，黄老师是学生进入写作状态的激发者。在整堂课中,黄老师几乎没有对学生的写作设想、写作思路作简单的肯定和否定,他的一切努力就是激发出学生尽可能丰富的想法。而这样的成功在课堂中不断出现:引发出学生对材料所蕴含话题的多元思考;引发出学生对各种思路和不同详略安排的设想;引发出学生对所引入的一篇习作进行再写作的多个方案;引发出同学们转变那位受伤害的女同学情绪的多个方案。这些活动的成功组织,实现了教学共生,实现了写作共生,也使课堂更加丰厚而灵动。黄老师平时经常和我们说:什么是教学?就是教师教学生学。

学生习作

写作材料:

俄老虎山羊成"密友"

在俄罗斯东部滨海边疆区的野生动物园里,老虎和投喂给它的山羊结为"密友"。如今,这对奇特的虎羊"朋友"在社交网站的持续热捧和电视媒体的跟踪报道下,已成为俄罗斯家喻户晓的"明星"。这座动物园也随之名声大噪,人气陡增。就在园方管理者为此欣喜不已时,不料一场司法风波随之而来。

老虎没吃掉投喂的山羊

事情还得从头说起。大约半月前,动物园饲养员像往常一样给园内一只阿穆尔虎(中国称东北虎)投喂一只活山羊,然而到了晚上,饲养员发现老虎非但没有吃掉山羊,还和山羊一起悠然散步。当饲养员走近时,老虎就冲到山羊前面,朝饲养员发出嘶嘶的威胁声,似乎在说:"走开,别靠近我朋友!"而此前,这只老虎从未对饲养员表现出这样的进攻性。

一连数日,这只体格强壮的老虎与长着两只利角的黑色山羊和睦相处,它们经常在沿着围栏的小路上一前一后地散步,老虎还把自己的"床铺"让给山羊睡觉,而山羊竟然毫不领情地啃食起用作"床铺"的草垫子。晚上临睡前,这对"朋友"把鼻子凑近相互嗅一嗅,像是在互道晚安。

于是园方给它们起了发音相近的名字,老虎叫"阿穆尔",山羊叫"铁木尔"。人们在为这对奇特"朋友"惊喜之余,不免为"铁木尔"今后的命运担心。不少人认为，虎羊之间这种惬意的"田园生活"不会持续太久，老虎在野性和本能驱使下迟早会吃了山羊。近几天，俄社交网站上开始不时冒出"铁木尔"已被吃掉的传闻。

动物园园长梅津采夫坐不住了，他在俄新闻频道上公开辟谣说："老虎和山羊活得好好的！这只山羊被它'朋友'吃掉的风险比人类朋友之间相互残杀的风险小得多！"

惹来动物保护者抗议

然而，动物保护者们仍不依不饶。他们上书给俄联邦总检察院和调查委员会，指控园方给老虎投喂活山羊还把它们关在一起是非常残忍的做法。上书者中的核心人物是俄动物保护中心主任依林斯卡娅，她甚至直接给园长打电话，要求让山羊远离老虎。

对此，梅津采夫回应道："园方严格按照欧亚动物园联合会制定的阿穆尔虎繁育项目行事，而且遵从该项目在俄协调人格卢霍娃的建议，其中包括喂食建议。"格卢霍娃现就职于莫斯科动物园。

事实似乎印证了园长的话，老虎和山羊不仅活得好好的，而且"友谊"与日俱增。新华国际客户端了解到，目前这对"朋友"已然到了形影不离的地步。白天一起散步时，老虎还试图教山羊捕食动作，山羊也很乐意模仿，尽管显得十分笨拙。到了晚上，虽然园方出于安全考虑还是用铁栅栏将二者分开，但它们一定要隔着栅栏相依而睡。

老虎山羊性格都变了

值得一提的是，老虎和山羊交上"朋友"后，它们的性格也发生了很大变化。山羊开始对人充满敌意，在饲养员靠近时显得惶恐不安，而和老虎在一起时则显得非常轻松。老虎则一改往日不分昼夜大吼大叫的"毛病"，显得沉稳了很多。

眼下，动物园管理者们暂顾不上虎羊"朋友"今后的命运如何，也不管是否会官司缠身，他们准备抓住难得的"明星效应"好好赚上一笔。新年将至，园方加紧赶制了一批印有老虎"阿穆尔"和山羊"铁木尔"形象的贺年卡和冰箱贴，目前产品已打开销路。接下来，园方还计划推出"虎羊"足球衫、"虎羊"茶具、"虎羊"套娃……

习作一：

我的山羊伙计

江苏省苏州中学　孙雪怡

我是只阿穆尔虎，本应在山林间称王称霸、雄姿英发，可是却被这群浑蛋囚禁在这牢笼之中，我恨哪！

每天，我都会得到一只活山羊，可它们这些胆小鬼见了我早已吓破了胆，真没意思。日子就这么一天天地过去，我却越活越失落，到了我跟山羊伙计见面的那天，我已经实在是没有胃口了。

我记得那天头一回见到它，全身黑色的毛，乌溜溜的眼睛盯着我，一副什么都不知道的样子。我趴在地上，怏怏地看着它，一点食欲也没有。"你过来，我不吃你。"它睥睨了我一眼。我知道它会跑掉的，山羊们都怕我，可是，它蹬着蹄子，就那么一蹦一跳地过来了。我惊呆了，我说："我是老虎！""老虎是干什么的？"它眨眨眼睛，往我身上蹭了蹭。"我会告诉你的。"

天哪，世上怎会有这么傻的伙计？不过真的，这伙计真是傻得可爱，它一点也不怕我，它把我当成朋友了！

我跟它聊了一下午，这是我最愉快的一个下午了，因为从来都没有人跟我聊天。可是老虎和山羊可能做朋友吗？真是笑话，它那么傻。

晚上，我对它说："我把我的床让给你了。"其实我已经作好了周全的准备了，床有两面靠墙，我冲过去，它就没地方逃了，这样省力一些。是的，我要吃掉它，这是一只老虎的使命，也是一只山羊的宿命。我也知道，它不会睡得安稳，它知道跟老虎待在一块儿是危险的。

月亮躲到乌云后面去了，一阵阵蝉声从树顶上传来，似乎是动手的信号，是时候了。我踱到屋外，弓着背，蓄势待发。我要先望一望它在哪儿，好，它确实在我的草榻子上头，等等！它在干什么？这伙计把我的草榻啃烂了！它还吃得津津有味呢！

我有点不相信自己的眼睛，我真的是老虎吧，它确实是只山羊，它真的不怕我吗？

我和他，可以做朋友吗？我似乎，确实需要一个朋友。

第二天一早，它颠颠地跑来："你还没告诉我，老虎是干什么的。"于是我教它捕食的动作，它学得可真开心。你瞧它那举着两只细脚的样子，真是把我给逗乐了，这伙计实在是太可笑了！人们叫他铁木尔，而我叫阿穆尔，好像我们是兄弟一样，我竟然有一个这么笨拙的兄弟吗？他实在为我的生活带来了太多乐趣。

有一天饲养员夜里把他带走了，我们彼此呼唤才找到对方，却发现还是隔着栅栏，于是我们依着栅栏，望着星空睡着了。后来每天晚上都会这样。我们知道他们在害怕什么，其实我早已舍不得我的山羊伙计——铁木尔老弟了。

习作二：

致梅津采夫园长书

江苏省苏州中学　居　益

尊敬的梅津采夫园长先生：

您好！作为一个孩子，我每天都为老虎与山羊能幸福生活而欣喜；可作为一个能独立思考的人，我恳请您斟酌当前的决定是否有失当之处。

大自然的神妙我们永远不懂，正如我们永远不懂人类的愚蠢与无知。我丝毫不质疑这种可能性，或者这种事实的存在，所以我并不打算为老虎或山羊求情，而是考虑到电视前"欣赏"这则奇闻趣事的观众，他们中不乏尚在童蒙的儿童，可以说，是为他们求情。

动物园是个微缩的世界，或者说，整个社会只是放大了的动物园。您作为一园之长，又借助媒体这部巨形投影仪，将虎羊相亲这幅畸形的画面投到了地球大银幕上。只是由于观看角度不同，有人看到相亲相爱，有人看到野性丧失，有人看到秩序失和……问题在于，尊敬的园长先生，人们透过"金鱼缸"形的扭曲镜面，如何看出事件与世界的本质、真相？

如果我是新闻记者，我首先想到这只老虎是否因养尊处优而体重超标？鲁迅先生的《狗·猫·鼠》说得很好，猫的一大可恶之处不在于吃老鼠，而在于玩弄老鼠——让本已无望的猎物在看到些微希望之后徒劳挣扎，享受这种残痛的快感。抱歉，我想"玩弄"这个词大概会激起您的反感，怎能把这种至高无上的纯洁友谊贬低到尘泥里去？可我觉得"玩弄"一词是极好的。现实地讲，老虎是高高在上的一方，予取予夺是它的权力，高位者向跪在地上者的毫无保证的施舍本质上就是玩弄——所以山羊是可怜的，它错误地相信朝不保夕的施舍就是爱；所以你们是残忍的，把这种明明已充斥在人类社会中的残酷以爱的名义投射到动物世界中去。

我尤为担心孩子们，因为他们会挥着稚嫩的手对我说："不，老虎和山羊就是好朋友！"我怎忍心断然驳斥他们，只得蹲下身来，给他们讲《临江之麋》的故事。这世界上的确有不吃麋鹿的狗，可是，其一，这些狗是真心还是迫于主人淫威而与你友好呢？其二，如何分辨一只友好的狗和一只不友好的狗呢？您又生气了："不要把这些黑暗告诉孩子！"可您却用人造的光明引着他们走向无尽的黑暗，不是吗？

也许会有一天，老虎和山羊成了相亲相爱的族群。我乐于见到那一天，正如乐见人类相亲相爱，一切杀戮停止，世界归于大同。可在这一天到来之前，面对杀戮与虚情假意，我恳求您：

放了山羊，或杀了山羊。

为了人类，为了那些欢呼雀跃的孩子们！

一个正在长大的孩子
×年×月×日

第 14 节课

教学实录

在别人的树上开自己的花

师：现在我要问你们，黄老师读你们的习作，会最喜欢哪一位同学的作文呢？（课前，借班上课班级的同学每人给执教老师提供了一篇自己比较喜欢的文章。）

生：1号。

师：为什么呢？

生：1号同学平时写作文最好。她是我们班的标志。

师：1号同学是哪一位？是这位女同学吗？你太荣幸了！我太佩服你了！你看，全班这么多人都没有异议地赞同你的文章。人气这么旺！不过，很遗憾，我这次最喜欢的不是你的作品，而是6号同学黄津汝的习作。请黄津汝同学读一下她的习作。大家看看，是不是也像黄老师一样喜欢？

（投影显示《我因应试狂》，黄津汝诵读。）

我因应试狂

在这宽敞明亮的大厅中，一片寂静，大家都在沉思着。现在是向美国总统提问的时间。虽然因为见到了这位美国历史上最受欢迎的总统之一，并且还是第一任黑人总统，有些按捺不住地兴奋、激动，仿佛是在经历着人生中一次重大的考试，但我还是以一个久经沙场的应试者的最佳心态使自己平静下来，搜罗着最近社会各界都关注的有关中美的，并且还得是一般人都想不到的问题，使自己的分数尽可能的高。毕竟我是一个优秀的应试者，从小到大，在无数场考试中，我战无不胜。就算是在被俗称为"一生中最重要的考试"——高考中，我也取得了非常满意的成绩,进入了理想的名牌大学,见到了奥巴马其人……我觉得,经历这么多考试,并且取得了这么多优秀的成绩,我便可不必再怀疑自己。我完全可以自信地说:"我很棒!"于是当我的大脑终于搜索到一个问题时,我立刻勇敢地举起了手,首先为自己获取"印象分"。

奥巴马的目光很快被我高举的手吸引了过来。接着,他便以一个国家领导人的风度,十分礼貌地请我提问。我心中甚是紧张,却又不乏沉着冷静,我要求自己发挥得最好。我用自信的声音、流利的英语描述了我的问题。他思考了一会儿后,立刻对我所提出的问题进行了回答。这时,我的心里如同奔腾的流水不断地撞击着岩石,久久不能平静,因为这番回答将是对我提问的最终考评结果。

待台上的演讲者十分认真详尽地回答完我的问题后,我才渐渐感到考试已经完毕。我感到十分荣耀。习惯于试后总结经验,我觉得这次成功主要都归功于应试教育。

如果没有应试教育,我将无法通过公平的竞争,进入重点大学学习,更无法站在这里与美国总统面对面交流,作为代表之一展现中国青年的才智、风姿。我为此感到自豪,我十分适应应试教育,没有被应试教育淘汰,我获得了人生中重要的学分和机遇。

如果没有应试教育,我将不能历练出如此良好的心态,以如此良好的状态来面对这场"考试"。我能够想到去问很少人能想到的热点问题,也还是要感谢应试教育带给我的知识和考试技巧——创新、独特,这也是拿高分的技巧。相比之下,那些于应试教育中失败的人便不会知道怎样很好地应试,也便不懂得如何在这类考试中出彩。

很快所有提问者的问题都被一一答完了,奥巴马的回答确实很有见解。最后当他谈到对所有提问的感受时,我感到异常激动,这可是对我们中国青年的综合评价啊!我仔细地听着从奥巴马嘴里吐出的每一个单词:"中——国——青——年——对——英——语——很——好——学。"那一刹那,我愣住了,我感到全身的血液都凝固了一般。这怎么可能?!我可全是按照应试教育的要求做的啊!没想到它给我们的试卷画上了无数的100分,却又给我们留下一个硕大无比的、鲜红的、凄凉的"0"。

"这怎么可能?……"我的心在颤抖!

师:好,请坐,我想听听同学们的评价和感想。如果你也喜欢,请举手。

好，很多同学举手了，也有很多同学没举手。我们请你们心中的班级代表蔡诗瑶同学说说为什么喜欢这篇作文。

生：我觉得首先她能想到这样一个话题……

师：话题好，材料好，是吧？

生：嗯，材料很特别；然后，她写得也非常——就是——最后的时候，突然——一下子就……

师：她被奥巴马震撼了，你也被她的文章结尾震撼了。是这样的，对吧？

生：嗯！

师：好，其他同学有补充吗？

生：我觉得表现手法很独特。

师：什么表现手法呢？

生：她的主题应该是批判应试教育的，然而她不是直接以自己的身份、口吻写，而是幻想自己是名牌大学的学生——

师：把自己当作是名牌大学提问者中的一个。是吧？

生：嗯。然后，通过奥巴马对她的评价，从侧面反映现在应试教育的一些弊端。

师：嗯，好的，请坐。两位同学提到的三点想法，我都非常赞同。

第一，是这种直面现实的精神，或者说是责任。我们很多同学写作文，写来写去就是写自己的成绩，隔壁家的小狗。可不可以写呢？当然也可以写。但我们已经是高中生了，明年我们大多数就是成年人了，我们不仅是爸爸妈妈的乖孩子，还是中国未来的一代。对不对？你们这么优秀，你们没有这样一种承担责任的意识，那还有谁来承担呢？我们刚才说：好文章是从自己心里流出来的，这是对的。但关注现实，才会让自己的文章更有分量、更厚实！

第二，就是蔡诗瑶同学讲的第二点：结尾很震撼。这是什么手法呢？是欲扬先抑。一开始写得很平常，很琐碎，到最后，异峰突起。

第三，就是刚才这位同学讲的，她用的是什么手法呢？正面去批判应试教育的太多了，说不出新道道来；而且大道理，我们中学生也很难说得好，也不够艺术。对不对？你看她，从一个应试教育的成功者的角度来写，这就是反讽。其中隐含着对比，这就很有张力。

从记叙文的角度看，也写得非常好。——记叙文普遍的毛病，就是泛泛而谈。都是叙述，那不是好的记叙文。记叙文的灵魂，是描写。描写什么？集中描写这个同学的心理感受。细腻，清晰，不枝不蔓。高考作文怎么评价我们暂且不去说它，但是一定要学会这种写法。800多字，不能枝蔓横生。你们的随笔很多是2000字，在考场上怎么写得出来啊。所以，要精致一点，集中一点，枝蔓少一点。有好的素材，会加工就更好了。黄津汝这一篇文章应该说加工得非常好。

那么，黄津汝同学的文章有没有缺点呢？有没有同学发现？——津汝，你刚才进行写作反思的时候，有没觉得自己的文章有什么缺点啊？

生：我觉得思路有点乱。

师：哪儿有点乱？

生：就是有点想到哪里写到哪里的感觉。

师：哦，想到哪儿写到哪儿，那不一定乱，有时候还非常好，可能是写作的高境界。好的。其他有没有？没有？下一次再读，或许就会有发现。——我倒觉得中间"如果没有应试教育……如果没有应试教育……"这两段议论不够好，可以更含蓄一点，简洁一点。因为毕竟是记叙文，议论太多了，会破坏它整体结构的协调，会破坏它的美感。

好的，这篇文章，总体上是非常成功的。那么别人写得成功，我们该怎么办呢？羡慕？妒忌？妒忌，是小人；羡慕，太平庸。我们要善于"据为己有"，对不对？怎么"据为己有"呢？有同学说，下次考试，我就写《我因应试狂》，那叫抄袭。"据为己有"应该理解为"化为己有"。有个成语大家应该知道，叫作"他山之石，可以——"

生：可以攻玉。

师：但这样说不够恰当。好文章本来就是"玉"。他山之石，可以攻玉；他山之玉，可以攻器。现在，我们来看看黄津汝同学的这篇文章，如果我们不套用、不抄袭，怎样化为己有啊？

首先，这样一个话题，这样一个材料，我们可以写不同的文体，表达不同的主题。大家想想，看到这个材料，你最容易写什么文体？

生：议论文。

师：对。写议论文。黄津汝的文章后面还附有一个"写作缘由"。我觉得很有启发。她的写作缘由是什么呢？（PPT出示）

奥巴马来华访问，是件不容忽视的大事儿。可就在奥巴马在上海科技馆演讲，并接受青年学生提问后，网上便起了轩然大波。因为在谈到事后的感想如何时，他只说了一句，中国青年对英语很好学。并且就网民们来看，被提出的八个问题中也只有一两个是有价值的。

大家再看看这几个学生提的是什么问题？（PPT出示有关资料，此处略）看好了吗？觉得这几位同学提的问题质量很高的，请举手。（一位同学举手）哦，这位同学觉得很满意，你说说你感觉最精彩的是哪一条。

生：关于"和而不同"的那一条。

师："和而不同"这条，你比较喜欢？为什么？

生：中国和美国有不同的文化，而在"文化交流"的时候，应该要遵守"和而不同"这条原则。

师：好的。请坐。同样的话题，这位学生的立意和黄津汝就不同了。是吧？大家觉得提得最差的是哪一条？

生：第六条。

师：哦，你认为第六条最差。我也觉得这个提问比较差。黄津汝当时比较关注的，是那位获奖的学生。当然，各人有各人的看法。我们今天不去深入谈这个问题。黄津汝根据这个话题写出了这样优秀的作文。她写出一篇记叙文，我们可以写议论文。对吧？她否定，我们可以肯定。同是否定，立意也可以不同。黄津汝批判的矛头指向应试教育，我们如果不指向应试教育，还可以指向什么呢？

生：我觉得可以批判奥巴马的形式主义。他来中国，只是为了敷衍一下我们。

师：哦，这位同学的眼光很独特。也可以啊！你的意思是，问题不在我们的大学生提问比较差，而是奥巴马这家伙太坏。是吧？可以可以，也是一个角度。

生：我觉得可以批判这几个同学在这种国际性的场合上面为什么不用中文？

师：首先我想纠正一下，我们刚才一个词用得不好——"批判"这个词用得重了。是吧？我们是借八位同学的提问这个话题来思考问题。不是"批判"他们，也不应该批判他们。几位同学是无辜的，像你们一样的无辜。

这位同学说的问题是：几个大学生提问为什么不用中文呢？这个问题我深

有同感。我们现在到处是英语的世界，比方说打个电话查询机票，一接通话筒里跳出来的不是中文，是什么呢？是英文。学英语是好事，但是这样一种畸形的"英语热"就很可怕。这个同学的话题，很值得一说。对母语的冷落，对英语的狂热，从表象上讲没有问题。但这背后隐藏的，是一个民族自尊、民族自信的问题。我觉得这位同学可能也是这样想的。这样的外交场合，你奥巴马到我们中国来，我们中国学生提问，为什么要用英语呢？所以奥巴马的话刺伤了这么多国人的心，恐怕也与此有关。这是一个话题，还有什么可说可写的吗？（指名一位同学）

生：没想好。

师：哦，没想好，没关系，接着想。其他同学有没有想好的？你们有没有想过，那些同学为什么不能提出更大气、更有深度、更有高度的问题呢？你看："你来这里，带了什么呢？""你又从我们这里，带走什么呢？"——多么幼稚！幼稚的背后是什么呢？记得王国维的墓碑上有陈寅恪写过的两句话——"独立之精神，自由之思想"。那些同学缺少的是一种独立之精神，是一种自由之思想！——好，我说多了。其他同学有没有话说？请举手。

生：我觉得他们提的问题都无关痛痒，就是不够尖锐，我觉得是一种精神的丧失。在五四运动时期，青年的思想都是非常尖锐的。到我们现在这个年代，把"中庸之道"贯彻得太彻底了！完全是那种畸形的感觉。

师：我知道你有很多想法没表达清楚，但我能理解你的心，理解你的想法。刚才你说那些学生说出来的话都无关痛痒。为什么无关痛痒呢？因为他们缺少一种担当。对不对？好，你们看，津汝同学这一篇文章，唤起我们这么多想法。文体可以换一换，立意可以有更多不同。这就叫作"借他人之玉，琢我的宝器"。我们今天主要不是谈论奥巴马的问题，我们是讨论写作的问题。

现在请同学们思考一个最难的问题，黄津汝写的是记叙文，如果我们也写记叙文，而且和黄津汝的写法还不重复，大家想一想，可以从什么样的角度写呢？这个问题有意思也有挑战。

生：我觉得可以从奥巴马的角度出发，假设我是奥巴马……

师：假设你是奥巴马，从这一角度来写记叙文——有意思。继续说——

生：假设我来中国提问，然后我看到这样一群学生，我有什么反应。

师：你主要写什么？

生：就写中国学生非常追求英语，但对国语却这样冷漠，然后，对这种东西有一种想不通的感觉,再就是自己没有办法理解中国的学生。

师:很好很好。请坐。这位同学,她很敏感,或者说很敏捷。黄津汝写的是提问者中的一位,她可以用奥巴马的口吻来写记叙文。大家一起动脑筋来想一下,如果写奥巴马的心理,你们觉得应该侧重写什么内容?

生:黄津汝写学生的心情,其实也可以描写奥巴马的心情。可以写他一开始,是满怀期待的心情。

师:他在想中国学生会问些什么。

生:后来感到特别失望。

师:她写一个学生的心理过程,我们可以写奥巴马的心理过程,从期待到失望,他肯定预想会遇到挑战甚至会遇到难堪。当问题一个接一个提出来,他心里就越来越放松;最后心里在暗暗快活,在高兴,在得意。你看中国挑出来最优秀的学生,不过如此,太好对付了。如果想得远一点,他估计再过十年、二十年、三十年……我可以把他的那种得意的心理写出来。对吗?完全可以写得更细一点,说不定他原来想过结束时的那句话说什么,说不定他在家里还学了一句中文之类的准备秀一秀,可是,最后他放弃了。他认为,对这样的人,不要用这样的方式;还是用英语说"你们的英语学得很用功"。——我们一起继续想下去,一定很有意思。可是我们要下课了,大家回家再想吧。——你看,我们由黄津汝的一篇作文,生发出这么多好的想法。这种写作文的方法,叫作"在别人的树上开自己的花"。

好的,我们今天的这节写作课就结束了。

听课者说

每节写作课都是一项微课程

江苏省苏州工业园区第三中学　张兰芳

"所谓他者共生,就是借助别人的文章(可以是好的,也可以是并不精彩、并不优秀的),写出自己的文章。"这是黄厚江老师对他者共生写作课型的阐释。他者共生是黄老师所提出的共生教学法中的一种。在中学写作教学的实践研究中,黄老师一再强调要从课程价值的角度思考其目标定位与实施策略,具体到每一节写作课上,他总是从课程资源的选择、课程价值的实现、课程设计的推进等几个方面来进行写作教学的课程实施。也正是基于这样的思考与实践,他提出了写作教学的共生教学法。《在别人的树上开自己的花》是比较典型的他者共生写作教学课型,主要借一个学生的一篇习作进行共生写作教学,对于其他学生来说,就是一种他者共生的写作活动。

黄老师写作课程思想的方方面面从《在别人的树上开自己的花》的教学里都可以清晰地反映出来。

一、别人的树——课程资源的选择

"别人的树",也就是我们所说的教学凭借。什么是教学凭借?简单地说,教学凭借是支撑和推进教学过程和学习活动的教学设计,它可能是一则或几则教学材料,也可能是一个动态的教学活动。表现在写作教学中,黄老师也称之为课堂的"种子",在"他者共生"写作教学课型中,教学凭借往往就是教师选择的"别人的文章"。

在写作教学中,教学凭借的选择,说容易说难都可以。说容易,是因为可以作为写作指导的文章千千万万,可以选名家的,如学议论文,远的可以选《师说》《六国论》,近的可以选《拿来主义》等;也可以选报刊上的新文章,还可以选学生的习作。说难,却又很难,难在所选的文章是为了写作教学,而非阅读教学,难在选文到底对教学目标起到怎样的作用,难在如何让每个学生都能在写作上有所收获,难在这节写作课上依靠这个教学凭借如何达成写作目标。

从这一点上来看,《在别人的树上开自己的花》对教学凭借的选择,就充分体现了黄老师的眼光和智慧。

黄老师在这节课上选择的教学凭借,是一个,又可以说是三个。

第一个教学凭借是黄津汝同学的习作《我因应试狂》,这是本节课成功的第一步,也是整个教学设计的基石。事实上,因为是借班上课,在课前,黄老师让所借班级的同学每人给他提供了一篇自己比较喜欢的文章。而在上课开始黄老师问同学们,自己会喜欢哪一位同学的作文时,同学们大多猜的是另一位同学,因为那位同学是"我们班的标志"。但是黄老师选择的却是黄津汝的《我因应试狂》。第二个凭借是用 PPT 出示的黄津汝同学文章后面的"写作缘由",黄老师发现了它的资源价值,将之作为另一个课程资源。第三个教学凭借是黄老师自己搜集的有关奥巴马来华这一事件的有关资料。

虽是分三次呈现的教学资源，但也可以说是一个教学凭借。是什么让黄老师在一个班级每个学生都提交一篇自己的习作中，独具慧眼选择《我因应试狂》这一篇？因为这个教学凭借恰恰就是本节课的共生原点。用黄老师自己的话说："所谓共生原点，既是共生教学展开的出发点，又是教学过程展开的支点，它还应该是教学活动的激发点。"

共生教学最重要的是找到合适的共生原点——种子。共生原点的选择，当然由教师自己发现、选择、确定。教师选择什么样的共生原点，必然会从自己的教学需要出发。确定共生原点，必须立足于学生的学习需要。学生会有什么样的困难？会出现什么问题？需要我们教师做什么？我们的问题他们会怎么回答？我们的活动安排对他们是否有意义？这些都是我们教师选择共生原点必须认真思考的问题。"共生原点不能来自教学参考书，不能来自教学指导用书，不能来自复习资料和试卷练习，也不能来自教师的主观想象。"黄老师是这么说的，也是这么践行的。

黄老师在绍兴借班上这节作文课的前期，进行了三个方面的备课：收集阅读每位学生的一篇习作，挑选出《我因应试狂》一文，搜集相关资料确定上课内容。而在一个班级的几十篇习作中挑选出这篇文章作为上课的共生原点，是本节课教学的起点，也是上课推进过程中的教学凭借，有了这篇文章，才有了整节课的生发和推进。

听完黄老师的这节课，综观整个教学过程，我们才恍然大悟，原来黄老师选择这棵"别人的树"至少具有三个方面的深意：其一是有利于培养学生的公民写作意识。"我们很多同学写作文，写来写去就是写自己的成绩，隔壁家的小狗。可不可以写呢？当然也可以写。但我们已经是高中生了，明年我们大多数就是成年人了，我们不仅是爸爸妈妈的乖孩子，还是中国未来的一代。对不对？你们这么优秀，你们没有这样一种承担责任的意识，那还有谁来承担呢？"关注现实，才会让自己的文章更有分量、更厚实，这正是黄老师对学生公民写作意识的培养。其二是这篇习作源于上课班级的学生，从学生中来，能引起共鸣。其三是这篇习作具有很强的丰富性和开放性，通过第二第三两则材料的补充，具有可生发性，而且是多角度的生发。

二、开自己的花——课程价值的实现

选择出那棵"别人的树"不容易,但如果一节课变成了看别人的树,看别人让别人的树开花,即使再绚烂,从写作课程价值上来说,也是失败的。因为我们常常看到有的写作课上成了阅读课,发了很多材料,一节45分钟的写作课,却上成了阅读课。写作教学,既不能是写作阅读,也不能是阅读写作。写作教学的凭借,其宗旨是为了写出自己的文章。写作课程的价值在于让每个学生都能实现自己的写作提升,他者共生写作课型,重要的是如何让每个学生在"他人的树"上"开出自己的花"。这才是写作课程价值的真正实现。

在此意义上,我们来看黄老师的课,他的教学目标很清楚——读读写写,注意,不是普通的读,而是带着写作的目的去读。在黄老师为学生设计的学习单中,阅读他人的文章,是为了自己的表达。

"我想听听同学们的评价和感想。""说说为什么喜欢这篇作文。"学生的回答是:"首先她能想到这样一个话题……""我觉得表现手法很独特。"到这里,似乎和我们很多人上写作指导课分析范文没什么不同,评析文章的优点与不足,学习文章的可圈可点之处。但是,在黄老师的教学设计中,这仅仅是一个起点,接下来的设计,才从他人的文章中指向自己的表达,开自己的花。"这篇文章,总体上是非常成功的。那么别人写得成功,我们该怎么办呢?""怎样化为己有啊?""这样一个话题,这样一个材料,我们可以写不同的文体,表达不同的主题。大家想想,看到这个材料,你最容易写什么文体?"黄津汝的文章已经成为每位学生的写作种子,学生从此出发,思考自己的写作。

显然,黄老师已经有目的地引导学生从黄津汝的文章中走出来,因此他提取了写作素材,更加有意识地呈现第二个教学资源——黄津汝的"写作缘由",引发学生思考文章的缘起——奥巴马来华访问事件。黄老师抛出的第三个教学资源——学生向奥巴马提问的问题,是黄老师自己搜集的,为学生的写作提供了更为翔实丰富的背景资料。到这里,黄老师的设计目的已经非常清楚,黄津汝的文章只是一个引子,包括有关背景资料,都是黄老师提供给学生的写作素材,是课堂的共生原点。"你说说你感觉最精彩的是哪一条?""大家觉得提得最差的是哪一条?""黄津汝根据这个话题写出了这样优秀的作文。她写出一篇记叙文,我们可以写议论文。对吧?她否定,我们可以肯定。同是否定,立意也可以不同。黄津汝批判的矛头指向应试教育，我们如果不指向应试教育，还可以指向什么呢？"文体换一换，一个原点，共生出另一种文体议论文的写作思路；立意换一换，他人的文章是自己写作思考的起点，每个学生可以共生出自己别样的写作立意。每个学生的思考交流就是在开自己的花。这是在黄津汝的记叙文之树上，开了完全不同的议论文之花。

  这还不够，黄老师又让每个学生在黄津汝的记叙文这棵树上开出不同的记叙文之花。"现在请同学们思考一个最难的问题，黄津汝写的是记叙文，如果我们也写记叙文，而且和黄津汝的写法还不重复，大家想一想，可以从什么样的角度写呢？"那个站起来交流的同学说："我觉得可以从奥巴马的角度出发，假设我是奥巴马……""假设我来中国提问，然后我看到这样一群学生，我有什么反应。""就写中国学生非常追求英语，但对国语却这样冷漠，然后，对这种东西有一种想不通的感觉，再就是自己没有办法理解中国的学生。"这朵花开得多漂亮啊，这是几十朵花中的一朵，课程价值的实现在黄老师这节课上就表现在这样开出的一朵又一朵的花上。黄老师觉得，这开出的花还可以变成一棵树，他要让更多的学生借着这棵树再开自己的花。下课之前，他还鼓励学生："我们一起继续想下去，一定很有意思。"

  课程价值的实现，即执教者要实现什么样的教学目标。写作教学我们往往会忘记教学目标，或者忘记课程实现。于是，写作课成了阅读课。读与写结合得不伦不类。而黄老师却是明明白白确定本节课的目标，清清楚楚实现教学凭借的价值，让每个学生通过黄津汝的文章进行自己的写作，思考立意、文体、叙述等等。

  一棵别人的树，在这个课上开出了别样的花朵。学生思维得到了激活，更有意义的是这个写作过程中学生的体验和经历，比之我们仅仅介绍、评点优秀习作的长处要更有意义，这才是写作教学的课程价值实现。

三、树与花的共生——课程设计的层级推进

  北岛和李陀说得好："读散文就像穿越田野，无边无际，遍地开花。合上书打开书，我们眼前会展开更广阔的世界。"听黄老师的课，我也有北岛和李陀读散文同样的感受，总是会随着黄老师前行，眼前展开一幅又一幅画面，一层又

一层风景。黄老师的这节课的层次推进如他一贯的课堂设计，给你推开一扇又一扇窗，你不知道他下一步又将带给你怎样的精彩。

看黄老师上一节课就是欣赏一篇大家之作，层层推进，遍地开花。

树是一棵树——黄津汝同学的《我因应试狂》，黄老师却使用了三次，三次的使用明显不同，又有明显的层级性。每一次的使用都是下一次使用的基础，新一次的使用与上一次的使用采用的角度完全不同，每一次的使用呈现的结果完全不同，每一次开出新的花朵，同学们会再次从那棵树中吸取新的营养。树与花的共生，就在这课程设计的层层推进中实现。

伴随着教学凭借的三次使用，黄老师的这节课也进行着三个层次的不断推进。第一个层次是让学生熟悉习作，了解习作，进行点评，分析其可取之处与不足之处。第二个层次是借助黄津汝同学关注和思考的问题，或者说是借助黄津汝的这篇习作，激发学生对这个问题的关注和思考。同学们的写作欲望被激发后，再引导他们进入写作状态的第三个层次——选择文体、思考立意角度等。这三个层次的推进，既符合写作的基本规律，也符合教学的基本规律。

而在这三个层次中，每一个层次又被黄老师拆分成小的步骤进行推进。在第一个层次"习作点评"环节中，黄老师分成三个步骤。第一个步骤是发现其可取之处。因为这篇习作总体上来讲比较成功，比如取材体现了直面现实的担当，结构采取了欲扬先抑的表现手法，集中描写人物的心理感受。第二个步骤是让作者自己反思自己文章的不足。第三个步骤是黄老师结合习作强调作文的一些要求，指出同学们容易出现的一些问题，比如记叙文中的议论过多不够好，可以更含蓄一点、简洁一点。

在第二个层次"激发思考"环节中，黄老师也分成三个步骤推进。首先是呈现黄津汝的"写作缘由"，其次是呈现自己准备的有关资料，最后才是学生对这个话题的思考和交流。

最精彩的设计是第三个层次"写作状态"环节，黄老师进行了两种不同文体的写作指导。第一个步骤是从议论文的角度思考立意的选择。根据这个话题，黄津汝否定，其他同学可以肯定。同样是否定，立意也可以不同。黄津汝批判的矛头指向应试教育，其他同学可以批判奥巴马的形式主义，可以思考提问者在这种国际性的场合中为什么不用中文，可以思考提问者为什么不能提出更大气、更有深度、更有高度的问题等等。第二个步骤，黄老师让学生回过头来再从记叙文的角度写作，思考与黄津汝不同的立意和不同的叙述视角。

一节课就选择一篇学生习作，却通过三个层次八个步骤的设计，一步一步引导学生思考表达，学生的思维得到了有效的激活，而更有意义的是这个写作过程的体验和经历，学着在别人的树上开出了自己的花朵。多个层次、多个角度、多种方法的学习活动，使教学主线既清晰又突出，就像一颗种子在精心培育下成长为一棵大树。

四、在别人的树上开出自己的花朵——源于课程意识的存在

明朝的心学大师王阳明有一位下属，有一天这位下属这样问王大师："先生，你讲的学问真好，但是我平常有很多的文件、案件需要处理，哪有时间学啊？"王大师听了反问这位下属兼弟子："我什么时候让你不处理公文、案件，而去空空地做学问了？"

听黄老师的课，我总是心生敬佩羡慕之意，他的每一节课就是一项微课程的实施，反映的是他的写作课程思想，而我们后学者呢？忽然我就记起了这个故事，正所谓功夫在诗外，写作教学的根源在教师平时的功夫上。

对作文教学的现状，最痛心疾首的说法是，中学没有作文教学。可能很多老师会奇怪：我明明每两周都要教学生写大作文，还有周记、随笔，考试时也都考作文呀。然而这说明什么呢？只说明我们在让学生写作文，这不等于作文教学。教学，教什么，怎么教，是一个上位系统；具体到作文教学，为什么要教作文，是个总起点，然后是教学生写什么和怎么写；再具体点，教学的目标是什么，方法是什么，更重要的是教学的过程是怎样的，有几个环节，学生的任务是什么，教师给学生提供什么样的教学资源，教师将在哪里给学生帮助，所有这些都包含在教学的整体设计中。"这个难题设计"体现的就是课程意识。黄老师说："在教学设计和教学操作中常常想一想：这样的安排，这样的方法，这样的要求，有道理吗？符合语文学科的规律吗？"（黄厚江《语文的原点：本色语文的主张与实践》）这就是黄老师时刻保持的课程意识，这个课程意识，不是脱离课堂教学的空谈，而是贯穿在教师教学生活的全过程中，正是对王阳明的"我什么时候让你不处理公文、案件，而去空空地做学问了"的解读。

目前的作文教学问题的确很多，原因自然也很多，没有达成教学的共生是一个最为重要的原因。一方面是不关注学生的原初体验，另一方面，是教师自己对写作没有原生的直接体验。教师缺少写作的课程意识，一切都从讲话的知识出发。而黄老师的共生写作教学正是力图改善这样的状况，并取得了显著的效果，激活了学生的现场生成，他人与自己共生，生生共生，师生共生。这样的共生，写作课堂自然是枝繁叶茂，繁花似锦。

去读黄老师的本色语文理论，去听黄老师的讲座，再走进黄老师的课堂，黄老师的课程意识无处不在。从课程设计到课程实施，黄老师通过他的写作课告诉我们，每一节写作教学都是一个微课程，课程的因子全部包含在里面。回头看黄老师的这节写作课，课前意识充分，从学生中选取写作资源，共生原点的选择恰当；教学有法而无痕，层次清晰，共生丰富；他把学生看作一个个有思想的个体，关心每个学生的成长，他总能捕捉到学生发言中的灵光，并给予恰当的引导；他又把思维的种子、写作的方法播撒到每个学生的心里，促使学生得到成长。而一切的成功都源于黄老师深厚的底蕴，源于他写作教学的课程意识。

很多写作课堂教学中暴露出来的教师主体的缺失、学生主体的虚假等问题，是教学理念的问题，也是教师自身素养的问题。比如学生的见解是否正确，学生的回答有哪些应该肯定又有哪些不足需要点拨，这样的瞬间判断，对教师的自身素养要求是很高的。正如《在别人的树上开自己的花》这节课上，黄老师及时指出学生对提问学生的批判："首先我想纠正一下，我们刚才一个词用得不好——'批判'这个词用得重了。是吧？我们是借八位同学的提问这个话题来思考问题。不是'批判'他们，也不应该批判他们。几位同学是无辜的，像你们一样的无辜。这位同学说的问题是：几个大学生提问为什么不用中文呢？这个问题我深有同感。"这是黄老师及时纠正学生发言的问题，是对该生的纠正，也是对全班学生的教育，是议论文写作观点的教学。这是黄老师课程意识的体现，更是黄老师自身素养的修炼结果。

黄老师的每一节写作课都是一项微课程的实施过程，曲终意未尽，这样的课堂才是真正的语文课堂。这样的写作课程体现的是黄老师扎实的语文素养、语文功底和深厚的人文底蕴。

当然，黄老师说很多课他还在不断寻找更好的方案，并坚持说"我至今也没有一节课自己感到十分满意"，而说这话的黄老师就是课程的一部分，始终让自己保持课程意识的警醒。

学生习作

"你们的英文很棒！"

江苏省苏州中学　陈兴绍

"你到中国去，对大学生提问的回答准备了吗？"说真的，要不是米歇尔提醒，我真忘记了这件事。我和我的团队忙于准备的都是两国之间共同关注的一些问题和一直纠缠的矛盾。"你千万不要以为这是无足轻重的小事。"米歇尔很认真地提醒我。

第二天我赶紧组织专门人员来应对这件事。那帮家伙本来对这件事一点都没有重视。是的，米歇尔是对的，很多总统的出访就是被那帮大学生搞砸的，甚至无法脱身，下不来台。尽管对自己的知识修养和机智颇为自负，我也不得不开始重视这件事。我让工作团队模拟了大量问题，然后从中精选100个问题，集中智囊团的智慧对每个问题都准备了不止一个答案。

"你还要学习说一句中文。"就在我花很多时间把这100个问题的答案记得非常熟的时候，米歇尔又提出了新的要求。"这句话用在和大学生结束对话的时候。用中文说，一定会有意想不到的效果。"

我真想亲亲这位普林斯顿的高材生，但我只是对她投过去赏识和感谢的目光。

日子过得很快，一晃就坐上了飞往北京的飞机。访问还算顺利。中国人有中国人的文化和智慧，他们从不为难到访的客人。这一天便是一直让米歇尔牵挂的与大学生的演讲和对话。据说参加对话的几位大学生都是从中国的几个著名大学里选出来的。我感到这一定是一次不轻松的对话。我已经想好，如果遇到难堪，我就用微笑和幽默来化解一切，一定不能在这个自傲的民族面前失态。

"下面请大学生代表向尊敬的奥巴马总统提问。"主持人宣布之后，我还真的感受到自己有那么一点紧张，当然这是短暂的，任何人都看不出来的。

第一个提问的是位女生，看上去很东方，她很大方地说："我是复旦大学的学生，上海和芝加哥从1985年开始就是姐妹城市，这两个城市进行过各种经贸、文化、政治交流，您现在在采取什么措施来加深美国和中国城市之间的关系？世博会明年将在上海举行，您是否准备参加世博会呢？"这两个问题都没有什么难度，尽管并不是我要考虑的，但我还是作了简要回答。

　　"总统先生，我是上海交通大学的学生。我的问题是：您来中国的第一印象是什么？您给中国带来什么？又想从中国带走什么？"说老实话，当我听完这个问题，我感到十分意外：中国大学生，而且是名校的优秀大学生会提这样的问题？有一种怪怪的想法在我心里产生。我不知道是不是一种幸灾乐祸。我都记不得自己是怎么糊弄过去的。以至于后面几个问题我都没有好好听，好像有一个大学生居然问我诺贝尔和平奖和我的大学学习有什么关系，我几乎只是凭本能在回答，而且我感觉回答得不错。我从他们的笑容和掌声中能感受到这一点。当然他们听不到我在心底笑：十年、二十年、三十年之后，中国还能保持现在这样一股势头吗？我开始觉得那些被骂为蠢驴的家伙们的想法不是没有道理的。

　　很快就到了最后一个环节。

　　"请总统先生给在场的大学生赠言！"主持人说。是的，我的确准备了赠言，而且为那句拗口的中文花了不少时间。可是不知为什么，我脱口而出的不是那句准备已久的话。

　　"你们的英文很棒！"我用英语说。

　　是的，他们的英文的确很棒。可是我不这样说，还能说他们什么呢？

　　走出报告厅，我的脚步是轻松的，我的脸上挂着自信的微笑。

第 15 节课

教学实录

自我提升和再度作文

师：同学们，我们准备上课。感谢同学们，在上这一节课之前，我们全班同学每人都给我提供了自选的一篇最满意的——我估计至少是同学们比较满意的习作，然后用电子稿发给我。上课之前先对你们的劳动和支持，表示感谢！下面我们开始上课。

课前把同学们自己的作文发给同学们了，利用上课前的时间又把自己的作文看了一遍的同学，请举手。有部分同学举了，还有部分同学没有举。本来我想可以作为一个要求：先拿到作文再阅读一遍，再诵读一遍。后来我想，我们是绍兴一中的同学，我就不提要求了，观察一下大家。后来我发现：有的同学拿到作文，扣在桌上了；有的同学把自己的作文折好了；有的同学，我凑过去看看，他还不允许——其实我已经看了好几遍了！哈哈！

我要告诉同学们的第一句话是：有空，常看看自己过去的作文，是写好作文很重要的一个途径！千万别一篇文章写好了，就扔了，那太浪费了。

我下面要问的是：有没有同学愿意借这样难得的机会，读一下自己的作品？有没有？不读也可以，评点或鉴赏一下。同学们将这篇文章交给我，肯定是觉得自己的文章还是比较成功的，是吗？谈谈写作的感受，谈谈写作的心得，谈谈自己的得意之处……有没有？啊？一位都没有啊？我等待着，期盼着……我还是等待着……我希望至少能有一位。（一位同学举手）好的，非常好！请把话筒传给这位同学。啊，你的是几号作品？是 15 号作品吗？你稍等一会儿啊，我把你的作品调出来。（调 15 号作品，投影呈现）好的，请这位同学，你是读一下吗？

生：嗯。（读15号作品）

岁月深处的美丽流域

春天过后的夏天。

有蝉的鸣叫声，随时会降下暴雨来，如果傍晚时天边的云红红地烧起来，明天就会是个好天气。古老的枝叶茂密的盘根榕树下，孩子们在玩捉迷藏，也有面容慈祥的老人躺在摇椅上乘凉。

嗯。那是多久以前的——夏天呢？

我们大部分时候都在想，将来我们会走过什么样的路，听到什么样的歌，看到多么感人的画面，遇见多么好的一个人。我们很少会想起，如果有一天重新回到故地，一切都不再是以前的样子，这样的时候，是什么样的心情。那些记忆顽固地存活在脑海深处，抵触着我们再次重新看到一切。

那里并没有那座桥。

那里曾经有一扇门。

早些时候，我有个习惯，在心情不好的时候，喜欢踩着单车绕环城河骑一圈。但常常没出城西就忍不住往迎恩门里拐去，在那里，也有一条河，叫古运河，沿河有一间两层楼的民房是我的老家，有一所用粉色砖砌墙的学校是我的小学，在家和学校中间，还有我的幼儿园。那里该是有一段很崎岖的小路，那里该是有一座坡度很大的桥。上幼儿园时爸爸接送我，每到这座桥，总要停下来，推着走。等到我上小学的时候，爸爸推着就很费力了，常常气喘吁吁。桥的对面是印染厂，常年飘着一种类似橡胶的难闻气味。骑着单车，穿过老城门，是一段青石板路，这里属于古城保护范围，两旁是古色古香的民居，墨黛色的瓦，天青色的窗。家，那个家，自从城中村改造，已经七年没见了。

当河流重新出现在我面前，我知道，家到了，那片美丽流域。

从桥坡上俯冲下去，耳边带着呼啸的风。这里曾经是我读书的地方，还是粉红色的墙，校门口两旁的绿色植物长得很茂盛，虽然它们失去了被人修剪的权利，但依然生机勃勃。玉兰树还在，曾经在树下我和当时最好的朋友值过日；我们丢过沙包，跳过橡皮筋；我们吵架，和好。那些同学，不知如今散落何方。至少他们曾经盛开过，我想。

再往前，沿着河，是幼儿园、文具店、小吃店……附近已经空无一人，只有些钉子户还在。夕阳斜斜地映在斑驳的砖墙上。屋瓦已散落一地，只有门框上挂着的鲜红的"文明家庭"牌子，还依旧耀眼。

就要到家了。还是从前那般，白色的墙，地面上镶着马赛克，黑白色调，中间拼出一只大熊猫，记得是那时很流行的修饰。虽然眼下有钱人家都是光滑的大理石和毛茸茸的地毯。那个时候，刚刚铺完马赛克，凹凸的缝里都是水泥，因为当时粗心没来得及清理，所以后来就凝固在里面。有时候我大半夜起来喝水，会看见妈妈跪在地上，用刷子用力地刷着地面，然后很懊恼地微微叹气。

记忆里是黄色的白炽灯，还是白色的荧光灯，我已经记不清了。

在墙外望了一会儿，感觉心里暖暖的，并不在乎眼前的房子是否衰败，记忆深处的美丽流域，已取代眼前的景象，其实我要的家，只是一种感觉，一种温暖的让人安心的力量。

岁月回转，来去匆匆，这里曾经有过他，这里曾经住着谁，人事变迁，沧海桑田，唯有门前的这条河流，与那人的记忆，铭记着。就像来时路上的老房子记忆着那个年代的古城，就像古城记忆着那个年代的中国。光阴静止，岁月有延。

夏天过去，秋天会来，四季轮回，人生在不断拉长。

我会遇到新的人，听新的歌，做新的事，开始新的历程，怀念新的过去。

（同学鼓掌）

师：我上课一般不大提醒同学们鼓掌。但本来今天我倒是想提醒同学，应该为我们的 15 号同学鼓掌。不仅仅因为作文好，掌声主要是献给她的——这种自信，这种主动，这种对作品的陶醉。下面我们想请这位同学说说：你是怎么写出这篇文章来的？怎么想到写这样的话题？

生：其实，我觉得，我们现在这个年龄的学生，就很喜欢写这种略带感伤的文章。但是，我不想这样，我想把情感基调往上扬，我觉得做人应该是积极的。因为以前写过很多这样的文章，这篇就是把以前写的拼拼凑凑起来，形成一种整体。也没有特别要说的，就是暑假老师布置的作业，就这样写了。

师：噢。就是老师布置作业之后，你把以前的文章这样拼拼凑凑？

生：也不是拼拼凑凑，是把素材集中起来，也不是……

师：好的，请坐。你刚才的敏感告诉我，你是把"拼拼凑凑"当作一个贬义词来看的。是吧？

生：嗯。

师：其实写文章，大多数都是拼拼凑凑出来的。拼拼凑凑，不是贬义词，就是善于把以前的看似废料一样的东西，把各种素材整合到一起，连缀到一起，就能写出很精彩的一篇文章。我觉得这位同学，用她的写作经验告诉我们这样一个启发。其实这篇文章，正如她自己所讲的——内容是怀旧的，主题是积极的，告诉我们：逝去的生活总是美丽的；而今天的生活却是明天的回首中逝去的生活，应该说也同样是美丽的。对不对？

真可惜，今天的时间还是很紧，如果在平时，黄老师在班里上课，我们就可以慢慢地接着欣赏下去。可是我们今天只能是向前再走下一步。

我读我们班同学作文的时候，感慨很多，享受也很多。我觉得我们班同学每人自选一篇作文编印出来，肯定不比外面卖的作文集差。绝大多数作文，黄老师读过以后，都非常有感受，写得很精彩！但是，如果让我说实话，我们的每一篇文章，仍然还有可以提升的空间。哪怕是非常非常好的一篇文章，每一次回头看，都会发现有新的值得提升的地方。

今天我想给大家3分钟时间把手里的自选作文再看一看。找一个点，请注意就找一个点，自己修改，让佳作变得更优秀。好不好？提醒一下修改的角度很多：可以换一个标题，也可以改一下文章立意；可以调整一下结构，也可以改变一下详略；可以改一下开头，也可以改一下结尾；当然，最小的幅度，是改一个词、一个标点……总之，3分钟你找到自己作文的一个不太满意的地方加以修改。还有一个办法，你如果说你这个作文自己看一点缺点也没有，那就改别人的，让别人改你的。好不好？

（3分钟后）我看到大部分同学都有修改，有些同学也会没有完成。估计这个时间安排比较紧。不要紧，后面我们还有另外的环节来弥补。现在，我们请几个已经改好的同学交流一下。哪一个同学来说说你对自己佳作的修改，修改在什么地方，为什么要修改。好，就请这一位。我看他修改的力度还是蛮大的。你是几号作品？

生：50号。

师：50号。好的。已经那么好了，你再怎么修改呢？

生：第一是把表现童年无知的内容写得少一点，与外婆共处的细节描写再多一点。这样的话，表示一种珍惜，或者一种追忆。我想主题也会更积极一点。然后，我想把那没用的闲话删去，那些有点调侃的没用的废话删去，让文章更正经一点。

师：好的。我觉得这个同学改的两点非常好。看这篇文章的时候，我的看法与你完全一样。第一就是这篇文章，应该更正经一点。大家注意，这篇文章是对往昔生活的珍视，中间的调侃确实不太协调。有些文章适宜调侃，有些文章是不能调侃的。对不对？还有，原来的文章内容不太集中，不太精粹。这是我们班级同学比较普遍的一个问题。我估计你们肯定不是从老师布置的作文里选给我的，大多数是从自己的随笔里选给我的。对不对？随笔不是随意！随笔放开一点写不错。但作为文章，它还是应该有所选择，有所取，有所舍。我相信这位同学这次修改以后，这篇文章的主题、主线都会更加集中。其他有没有哪位同学愿意主动谈一下自己的修改的？我上课喜欢同学们能够主动一点。不着急，黄老师等着……我们刚才等来了15号同学的作品，这次也等来一个同学——好，给他话筒。哦，你是哪号作品？

生：47。

师：47。哦，好的。你主要作了哪些修改呢？我们一起看一看。（屏幕投影呈现：47号谢佳烨《失落的美》。生朗读。）

失落的美

今天，与父母一起去爬了香炉峰。

说是一起去拜佛，其实对于佛啊，菩萨啊，我是很不以为意的，因为这等虚无的东西，只是人类给自己找的借口罢了。所以我也只是怀着应付的心情，一路上甚是无聊。

香炉峰向来是人山人海啊，从离大门还有几百米的地方就开始堵车，不管是穷人还是富人，他们都不约而同地来到这座既普通又特殊的山上。大门前五十多米，是一整排商铺，经营的全是香买卖，现在这世道是越来越奇怪了，全球资源越来越少，而香的规模却越来越大，竟可比得上孙悟空的金箍棒了，大的竟可以比得上竹竿了，还得背上山去。大门前有一些零散的小贩，经营着臭豆腐的生意，想必收入肯定颇丰了。

买了票，进了门，仿佛俨然入了一个世外桃源。精心雕刻的石碑，高大的寺庙，金瓦红墙，风中还传来些念经的声音，而唯一不和谐的就是人——这儿的人实在太多了。

看着拥挤的人群,我的心情却越来越焦躁,本来不满的心情,也越想发泄出来。于是乎,我疯狂地跑向山顶,想要脱离这个喧嚣的世界。

跑到山顶时,我已是大汗淋漓、气喘吁吁了,上面的人却更多了,我心中的疑问愈发增加。为什么人们都要到这香炉峰上来,为什么花费大笔的时间和金钱,却把它投到火炉中呢?我走近扶栏,想歇息一下。

还没有好好看看香炉峰的美。扶栏下面是一片新发的树木,嫩芽娇绿,鲜花芳香,也有含苞待放的,蕴含的激情似乎就要喷涌而出。抬头,是茫茫的大雾笼罩了整个山谷,幽谧得仿佛仙境一般,与纷纷扰扰的人群形成鲜明对比。再远些,便是雾中的水城了,想必是没有摇橹声的,有的只是尖锐的鸣笛声和人们匆忙的心。阳光照来,鲜花愈发娇翠,嫩叶更显青葱,水汽也幻化出五彩的颜色,仿佛仙境一般。只可惜,这大好春光却无人欣赏,人们只是奔向那高高在上的峰顶,那熊熊燃烧的大火炉,燃烧着人们的希冀,无影无踪。

我为香炉峰而感叹,为这失落的美而叹息。不,难道人们仅仅失落了美的景色吗?有人失落了节俭,以导致资源的无序利用;有人失落了友爱,以致竟能见人于危难之中而不顾。有人成了拜金主义,有人变得冷漠无情。这失落的美,在世俗的忙碌中越走越远。

那么,是否也让我许一个愿,愿人人都能拾起这份失落的美?

生:我刚才看了一下,觉得前面两段——第二段和第三段——写得太长了。其实这两段不需要写那么长,只需要点一下。第二段,我只是想表明一下我的心情,第三段的话,我只是想说明一下香炉峰上那种场景,不需要那么多,可以把它们缩写一下。然后,就是描写那个景色,我好像转接得太突兀了。最后一段,我也觉得写得太突兀了。可以加上"我不知道人们在这山上许了一个什么愿,但是否也允许我许一个愿?"这样会更顺畅一点。

师:嗯,嗯,会更流畅、更自然一点。这位同学主要调整详略和使衔接更自然。很好。也有许多同学是修改语言的。其实,我觉得,在审题方面也是可以作修改的。比如,有个同学写的是《独自面对》。黄老师也蛮喜欢这个题目的。但什么叫"独自面对"呢?那个同学写了一个小孩,心理有障碍,比较封闭。你们觉得这对"独自面对"的理解是否恰当呢?我觉得不太恰当。所以,审题也可以修改。

也有很多同学的立意不太鲜明——似乎有一点,但又找不到。这样的文章，作为文学作品，从某种意义上来说，还蛮好的，对吧？很含蓄，很朦胧。但从一般的作文，尤其我们面对的现实——考试作文来看，太朦胧太含蓄了，就不太好。你看，老师读一遍，找不到你的主题；读两遍，还找不到；读三遍，有点感觉；读四遍，还不太懂……那很可怕！还是要让主题比较鲜明一点好。

如何修改，我们回去还有的是时间。但有一点要强调，自己的练笔，自己的文章，别轻易扔了，要养成经常看自己的文章、修改自己的文章的习惯。就黄老师自己的写作体会，和很多同学——包括刚才那位读文章的同学——都是一样的：以前写过的东西，尤其是你们的随笔，里面有很多好素材，有很多鲜活的感受。一定要充分发挥它的作用。据我了解，很多同学考场拿高分的作文，并不是看到题目，从零开始，从无到有，写出很精彩的文章。我调查、走访过很多拿高分的同学，其中一个成功的经验，是拿一篇半成品，或者是比较满意的随笔，或者是比较好的素材，或者是以前的习作，然后根据特定的要求进行再加工。黄老师想了一个概念，叫"再度写作"。什么叫"再度写作"呢？这形式很多。比如说同一个素材，把它写成不同的主题，同一个题目写成不同的文体，比如说同一个话题把它写成不同的立意……（板书）同样一个故事，同样一个素材，我上一次是那么写的，我这一次可以这么写；我上一次表达那一个主题，我第二次可以表达另外一个主题。同样是"独自面对"，我上一次是那样立意的，这一次我还可以这样立意。我觉得这样对我们提高写作很有意义。

下面，我们大家抓紧时间尝试一下，就是对你手里的作文进行一次"再度写作"。好不好？当然，我们不一定把文章全都写出来，可以写出一个大纲。以前有没有这样写过啊？

生：没有。

师：那今天尝试一下，好吧？给你们多长时间？哦，我们第一次尝试，也是三五分钟时间吧？我看大家的情况决定，好不好？

（生写作）

师：有的同学已经完成得差不多了，我们再等一下交流。

好的，大多数同学看上去已经准备得差不多了，有少数同学还在酝酿当中，写作文感觉很重要，有的同学构思很快，灵感一来就成了，有的同学慢一点。慢一点没关系，回家再想。好吧？我们先请已经构思好的同学讲一讲。哪位同学先主动交流交流？说的时候呢，说两层意思：一是我原来的作文是怎样写的，二是现在新的构思是什么。哪位同学先来？——好，这位女同学。

生：我是18号。

师：哦，18号。你先说一下原来怎么写的。

（调出，投影呈现：18号徐宽《在这个冬日里》）

在这个冬日里

冬日悄然而至，当我们想起了飞扬的雪花、美丽的圣诞树、那些朝你憨笑的雪人时，当我们沉浸在那份在玲珑冰雕前徘徊的眷恋，那份在雪山上由上而下的飞驰的快感，那份让你的全身沉浸于那个迷人的白色的欢欣时，现实却告诉我们，这只是美好的童话，只是逝去的传奇。

雪花，依旧是六边形的雪花，在它像惹急了的蜇人蜂漫天坠落向你涌来时，早已没有了可爱；冰块，依旧是由水凝结而成的冰块，在它像口香糖那般无赖地粘在马路上时，早已失去了玲珑；白色，依旧是无边无际的白色，在它阻碍了你前进的步伐，像铜墙铁壁般将你孤独地困起，或许，白色的可爱、玲珑、浪漫，已成为了"白色恐怖"。

新疆北部阿勒泰地区，一米多厚的雪层围困了牧民的家，冻死了无数的牛羊，只有直升机才能担当得起救援的重任；内蒙地区，风雪肆虐，一列前进的列车被迫围困了20多个小时，旅客生命垂危；渤海湾沿岸，数十年不遇的海冰冻结了沿海百姓赖以生计的渔船，威胁着都市生活必不可少的电煤。

放眼全球，寒灾殃殃。

莫斯科的交通在风雪中摇摇欲坠；波兰的首都被冻得瑟瑟发抖；英国、法国、德国，无一例外。一边是在寒冷中挣扎，另一边却在与水流搏斗：洛杉矶遭遇泥石流，加利福尼亚五个县告急；印度山洪暴发，数人死亡。在我们还未采取行动的时候，大自然已经出了它的第一招。

一切的一切，似乎都在传递着一个信号，一个我们每个人都畏惧的信号。

《2012》《后天》，在我们被巨大的灾难场面震慑的同时，不禁发问"这会是真的吗？"我不能回答，只能说，如果还没有行之有效的措施，我们会是毁灭自己的凶手。

在这个冬日里，注定了不会宁静：有无数的难民等待救援，有无数的家园渴望重建，有无数的志愿者会奔相呼喊保护地球，有无数的政客会重新权衡和忖度……或许全世界都在瞩目，都想找出端倪，作出些反应。

在这个冬天，"低碳，让生活更美好"的口号已在耳际唱响。对于空调，我们是否会选择提前15分钟关掉；对于煮饭，我们是否会先浸米再上锅；对于上楼，我们是否会选择步行而非电梯……在这个冬天，我企盼：雪花轻盈，冰雕婀娜，雪人欢笑……

回到童话，续写传奇。

生：我写的这篇文章是《在这个冬日里》。这个题目，是老师作为一个命题作文布置给我们的。写这篇文章时是去年冬天，是我们刚刚从初中进入高中的第一个冬天。我当时进入到一个陌生的新的环境当中，失去了原本的人际关系，在新的环境中也没有交到新的朋友，一时难以适应。这篇作文表达了我对于新环境的不适应，有一种孤独的感觉。为了把这篇作文整个基调向上扬，我抒写了大量冬天的美景来表达我对自己心里的一种自我调整，用积极的心态面对未知的新生活。

现在又过了一年，我的想法是，我并没有在原来这篇文章当中提出一个解决问题的方案，也就是说主题不是非常的鲜明。我想到的修改方法是，把在这篇作文当中描写的对新环境的不适应感、孤独感的部分进行适当的删减；然后再增加一些我融入到新环境中的素材。然后，就冬日的美景，在原来的作文中，是作为一种心理自我调整的方式，在这里我想把它作为一种融入新环境的衬托。这样的话，这篇作文的主题，就能从表达对一种新环境的不适应感变为表达我从一种不适应到达适应的状态，主题就可以更鲜明一点。

师：好的，非常好，请坐。大家看，这位同学改得多好啊！原来的那个冬天是写从初中到高中不太适应，觉得那个冬天特别冷；现在一年过去以后，尽管今年的冬天雪来得这么早，却感到特别的温暖。这位同学的再度写作给我们一个很大的启发：好文章都是从自己的心灵里面来的。不过大家要注意，再度作文不一定是对原作的修改——当然刚才这位同学的调整幅度比较大——再度作文完全可以在原作的基础上写出新的文章，新的构思，新的立意。

我觉得她的同位也改了很多，（问她的同位）你愿意说一说你的再度写作的调整吗？好的，你原来写的是——（投影呈现：9号李琛《独自面对》）

独自面对

这段路，我只能独自面对。

年迈的公车引擎停止运作。疲惫的自动门喘息着打开，迎面而来的只是那贪婪地想从我身上取暖的寒风，还有在我脚边挪动的斑驳树影。

缩了缩身子，提了提书包，抬头仰望，夜晚十点的月光是如此清冷。一个人深夜面对回家的路，如此短，却又似乎看不到尽头。低头回想起小时候牵着爸爸妈妈的手回家，掌心是如此温暖。此刻，或许妈妈又在和周公抱怨着生活琐事，或许爸爸还在和各路神探们研究案情，而我也只能自我安慰地想起"月亮走，我也走"这句歌词，迈着故作轻快而又孤独的步伐！

这段路，我必须独自面对。

无法预料爸爸什么时候需要配一副老花眼镜，无法得知妈妈什么时候会想去理发店染一染头发。我必须成为自己的天气预报员，成为自己的导航者，时刻注意着这段路上的井盖是否各司其职，哪怕本已昏暗的灯光突然熄灭。聆听身后异样的脚步声，以及如鹿般敏捷地应对横冲直撞、突如其来的车辆。

小小的一段路，漫长的行进，即使面对如此熟悉的水泥路，我仍惴惴不安。尽管路边墙上的绘画焕然一新，路口的警卫亭仍是空空如也。它独自面对，面对像我一样每天路过却不多赐予几眼的人，抵挡风雨，保留几立方米的温暖空间。

终于进军到楼道口，想到还要在楼道中摸索那未知的灯的开关，很可能遇到两三层楼的灯泡一起罢工，忆起当初胸有成竹、壮志凌云般地要上学校晚自修，并且让爸妈不用到车站接我，现在的我似乎还有悔意。

我承认自己天生缺失方向感，遗憾没能从爸爸那儿得到宝贵的认路基因，对朋友、同学起的"路痴"的绰号也欣然接受。但这段印有千万个我的脚印的路，我相信，我能够独自面对。

或许今后的路还有很多，灯光只能在灰色的道路上投射我孤独而又瘦弱的肩膀，说不准还有那些被盗去井盖而留下的黑咕隆咚的洞在等待着我，还会因踩到干枯凋落的树叶而胆战心惊，在从未踏足的十字路口因找不到路标而团团转，我可能无法应付自如，但我可以在一次又一次的练习、尝试后独自面对。

以后的我没有能力独自处理所有的事，但我一定会拥有勇气去独自面对。

生：我原来的作文是一篇考场作文。作文题目是"独自面对"。当我第一次看到这个题目的时候，我想大部分同学都会写独自面对很大的困难、困境，而我想如果要跳出这一种思维的话，必须寻找另一种方式，我想写独自面对生活中一些平凡的琐事，刮风下雨、黑咕隆咚的回家之路、找不到路标等，这些我们经常遭遇的事情，也需要我们独自面对，这个立意可能会比较独特。但是，当我再一次读它的时候，我的心无法再产生更多的共鸣。我发现这篇文章流于一种非常宽泛、非常空洞的主题，我没有写出自己的真情实感，没有一种非常质朴的情感，如果让我再一次去写这个题目的话，我想写一次真实的经历——我第一次一个人骑自行车。以前因为父母担心不安全所以一直不肯让我骑，最近他们同意我骑自行车了。第一次骑自行车的经历，我有一种非常独特的感受。首先，清新的风让我对自己的认识非常清醒。其次，我遇到了路上的人们，他们都让我感到非常温暖。这是一场孤独之旅。在这场孤独之旅中，我需要面对许多困难，就像我的人生一样，我的人生才刚开始，我也要独自面对即将到来的一切，我希望我能够去贴近那些质朴、纯良的人们，去获得生活给予我最深刻的感动……就是我想在这篇文章中说一些我最想说的话。

师：好的，请坐。你看，这位同学说得多好啊！她的想法有三个层次。命题作文，估计一般同学写"独自面对"都是写怎样独自面对很大的困难，独自克服困难。这个的确是大路货，一般都会这么写。偏题吗？不偏题，但是没有新意。所以我们这位同学当时写的是——独自面对生活中平凡的琐事，就是同学们常常会遇到的小困难、小挫折。但我当时看了觉得还是不够有新意，有深度，主题也不是很鲜明，当然从一般要求看也可以。这一次再度写作，同样一个题目，她的主题调整了，选材也换了。这次是写一次独自骑自行车的经历，有点象征隐喻的意味，将独自骑车的经历和人的生活旅程联系在一起。我想同学们都应该感受到，他对题目的理解，对材料的处理，都要比以前好。其实，即使这一次写得没有前一次好，在这样的再度作文的写作过程中我们也会收获很多很多。希望同学们能够从自己的习作出发，不断写出好文章。

我估计现在还有好多同学都想交流，但今天不能让大家交流了，留着你们自己有时间有机会再交流吧。

听课者说

让学生在自悟中学习写作

江苏省栟茶高级中学　丛　翔

品读黄厚江老师《自我提升和再度作文》教学实录，最大的感受是，黄老师的这节作文课与他的其他作文课不太一样。在这节课上，黄老师似乎变得无所作为，既没有让学生训练具体的写作技能，也没有聚焦于一点进行层层提升，而是让学生各自进行再度写作，整节课甚至显得有些松散。但细读之后发现，黄老师的这节课大巧不工，有着极高明的智慧。

这节课是自我共生写作课型的一个经典课例。黄厚江老师指出："所谓自我共生，就是借助自己的习作——成功的不成功的，完整的不完整的——写出新的习作。"在原有基础上，通过自我努力，完成写作的提升。这是写作规律，但在课堂教学活动实施层面却有很大的难度。课堂教学是集体授课形态，很难顾及所有个体的自我生长，加上学生内部的对话交流的不可控性，这些因素加大了自我共生的操作难度。但品读黄老师的这节课，我们似乎找到了自我共生的教学路径。

一、培育科学的写作理念

这是一次借班上课。课前，黄老师让每位同学提供了一篇自己最满意的作文。课上，主要安排了三个活动。第一个活动是学生自我展示和介绍自己的习作，谈谈自己的感受和写作过程。第二个活动是让学生用3分钟时间再读自己的习作或别人的习作，并找一个点进行修改。第三个活动，是让学生对自己的这篇作文进行再度写作，不同于简单的修改，而是在原文的基础上寻找新的立意。

这节课属于写作理念课，这种课以对写作理念的认识和理解为教学目标，教学过程围绕写作理念的学习而展开。写作理念课较之于写作能力课，对教师的要求更高，它需要教师对写作及写作教学有较为正确的认识，并且要转化为教学活动。这节课上，黄老师反复强调，要经常回头看自己的文章，养成修改自己文章的习惯，进行再度写作，在原文基础上构思新的文章。这个理念符合写作规律，对学生写作的提升有极为重要的意义。学生与其写五篇不同的文章，不如将一篇文章从不同的角度再写五遍。

美国著名作家梅尔维尔把写作比喻成探险，在精神世界的海洋上航行，寻找某个理想的境界，倘使寻觅不到，就"宁可在无底的深海里沉没，也不在浅水滩上漂浮"。的确，对很多作家来说，写作是充满悬念的、没有完结的过程：他们不停地重新安排、组织、增删、挪动，直到最后一稿，即便在稿子已经发给了编辑或出版社，也不完全搁笔。可以这样说，修改是重新认识、重新创造和创新发现的活动，修改贯穿于写作的全过程。

从某种意义上说，这节课的前面两个活动是为第三个活动——尝试再度写作——作铺垫的。再度写作，也是黄老师提出的一个概念。黄老师说："再度写作，是我从学生写作的角度归纳出的一种写作方法，基本的形式是对同一个素材、同一个题目、同一个立意、同一个话题进行多次写作。"再度写作，不同于一般的修改，而是指学生在原文的基础上，多角度地进行新的构思。

再度写作，是在原文基础上进行的自我提升，它和自我共生的作文课型紧密联系在一起。自我共生的作文课，需要学生形成再度写作的基本理念，掌握再度写作的基本方法。培育写作理念，不能靠学习写作知识，只能通过具体的学习活动让学生自己体悟。在黄老师的另一节作文课《在别人的树上开自己的花》上，也充分体现了再度写作的理念。立足于自我共生的再度写作，是引导学生与自我内心所进行的交流，与他者共生有所区别，前者对于写作者言语生命的成长而言，意义显然更大。

二、营造开放的交流语境

大多数老师上作文修改、升格课，可能会选一两篇典型的学生作文，组织学生对所选文章进行集中讨论，寻找不足并明确修改方案。这种课如果选文典型，老师点拨引导到位，效果自然不错。但这种课存在缺陷，如果所讨论的文章难以激发所有学生的写作体验，就容易形成封闭的环境，难以引导学生与自我内心进行交流。而如果组织学生进行自我"内对话",又会形成各自独立的交流系统,大家自说自话,很难产生有机勾连。但是,在黄老师的这节课上,学生既有与自我的对话,也有与他人的对话。真诚而有效的对话,离不开黄老师营造的开放的交流语境。

这节课,"教"的功能明显削弱,"教"的色彩也不浓,三个活动的设计很大胆,学生的学习活动固然很充分,但教师的指导缺少了具体、稳定的抓手,容易产生失控感。黄老师似乎仅仅起到活动组织者与引导者的作用,但教师的"弱"却激发了学生的"强",学生言说的欲望被激发,内隐的对话也逐步显现出来。黄老师的智慧,在于营造了一个开放而自由的交流场。

这节课,黄老师很注重营造与扩大交流场。第一个活动,黄老师让学生自己推荐读读自己的文章,并谈谈写作的感受、心得或得意之处。从教学功能上看,这样的安排似乎价值太大,而且具有很强的不可控因素,其实这一环节的最大教学功能在于营造自由交流的开放语境。黄老师把教者的角色逐渐隐去,而把学习者逐渐推到了教室的中心。

我们惊喜地发现,不少学生在黄老师提供的这个交流场和展示台上,逐渐有了自我"内对话",而且主动表达出来。比如,有一位学生说:"……但是,当我再一次读它的时候,我的心无法再产生更多的共鸣。我发现这篇文章流于一种非常宽泛、非常空洞的主题,我没有写出自己的真情实感,没有一种非常质朴的情感,如果让我再一次去写这个题目的话,我想写一次真实的经历——我第一次一个人骑自行车。"这位学生说如果再写这个题目,会另选一个题材来写。学生在这节课上被唤醒了,拥有了崭新的自我,在跟原有的自我进行对话交流。这就是黄老师的过人之处,让课堂真正以学习者为中心,而不是以教师为中心。

三、尊重个体的写作体验

营造开放的交流场,在此基础上促进学生的自我体悟,体现出黄老师对学生个体写作体验的尊重。作文课应该尊重学生的写作体验,写作知识必须通过写作者的自我体悟才能转化为写作素养。但每位学生的经历、成长背景不同,对写作的认识和体验自然不同,尊重所有个体的写作体验,有很大的操作难度。

在第二个活动中,黄老师要求学生修改自己或他人的作文,并给出了具体的指导:"可以换一个标题,也可以改一下文章立意;可以调整一下结构,也可以改变一下详略;可以改一下开头,也可以改一下结尾;当然,最小的幅度,是改一个词、一个标点……"黄老师并没有要求所有学生共同修改同一篇文章或同一个语段,而是让学生自主选择,改自己的作文或他人的作文,这是对学生个体写作经验的充分尊重。学生的自我评判思维被激活,一位学生说:"我刚才看了一下,觉得前面两段——第二段和第三段——写得太长了。其实这两段不需要写那么长,只需要点一下。……最后一段,我也觉得写得太突兀了。可以加上'我不知道人们在这山上许了一个什么愿,但是否也允许我许一个愿?'这样会更顺畅一点。"学生对自我写作的认识,在这节课上被充分激活了。

黄老师对学生的写作体验大多持肯定、鼓励、赞赏的态度,但尊重不等于迁就。当第一位学生说她的这篇文章是"把以前写的拼拼凑凑起来"后,似乎意识到"拼拼凑凑"是不好的写作行为,而黄老师敏感地捕捉到学生内在的认识,明确地告诉学生:"其实写文章,大多数都是拼拼凑凑出来的。拼拼凑凑,不是贬义词"。在写作观的问题上,黄老师的态度一点也不含糊。

黄老师对学生的尊重还体现在目标的确定和结果的预估上,他并不追求后一次写出来的习作一定要比前一次的好,而强调让学生经历写作过程,丰富写作体验,锻炼写作思维,感悟写作规律。顺其自然地加以引导,并不刻意追求写作成果的显性化,体现出对写作体验的尊重、对写作过程的重视,这也是黄老师一贯的写作教学主张。

这节课在共生写作课例中具有特别的意义,因为它在面向个体的作文教学实践上迈出了可贵的一步。我们欣喜地看到,面向所有个体,让学生通过自悟学习写作,这不再是一种空泛的理念,而已经变成真实的课堂。

学生习作

一则材料的再生写作:

习作一:

嵇康人生:凤头·猪肚·豹尾

伏 宇

中国人说到写文章,很多人以为好文章应该是凤头、猪肚、豹尾。如果用这个标准去看待人生，我以为最贴切的莫过于嵇康。

嵇康生于魏文帝黄初五年，其祖先本姓奚，住在今浙江省绍兴市，其曾祖父后为躲避仇家，迁徙到谯国的铚县，并改姓为嵇。嵇康的父亲嵇昭，字子远，官至督军粮治书侍御史。

嵇康年幼丧父，幼年聪颖，博览群书，学习各种技艺。身长七尺八寸，容止出众，风度翩翩却不注重打扮，用《红楼梦》中的话说，是天生的风流态度。后被沛王曹林看中，将女长乐亭主嫁给他为妻，因为老丈人的人脉，嵇康获拜郎中，后任中散大夫。有容貌，有才华，有娇妻，有后台，有官职，有地位。这样的人生开头不可说不顺利。

而嵇康的中年更是精彩纷呈。嵇康和长乐亭主育有一儿一女（其子即嵇绍）。嵇康崇尚老庄，曾说："老庄，吾之师也！"讲求养生服食之道。他修炼养性，弹琴吟诗，追求自我满足；主张"越名教而任自然"的生活方式，著《养生论》来阐明自己的养生之道。他赞美古代隐者达士的事迹，向往出世的生活，不愿做官。嵇康曾经游于山泽采药，得意之时，恍恍惚惚忘了回家。当时有砍柴的人遇到他，把他当作神仙。到汲郡山中见到隐士孙登，嵇康便跟他遨游。孙登沉默自守，不说什么话。嵇康临离开时，孙登说："你性情刚烈而才气俊杰，怎么能免除灾祸啊？"嵇康又遇到隐士王烈，一道入山中，王烈曾得到石头的精髓饴糖，便自己吃了一半，余下一半给嵇康，这些饴糖都凝结为石头。王又在石室中见到一卷白绢写的书，立即喊嵇康去取，而嵇康便不再相见。王烈于是感叹道："嵇康志趣不同寻常却总是怀才不遇，这是命啊！"其实，王烈的话是不对的。嵇康并没有怀才不遇，而是追求自己精神的满足，蔑视世俗的功名。大将军司马昭欲礼聘他为幕府属官，他跑到河东郡躲避征辟；司隶校尉钟会盛礼前去拜访他，却遭到他的冷遇。嵇康追求的不是所谓"遇"，而是属于自己的最精彩的人生。就此而言，嵇康人生的主体阶段是很充实的。

同为竹林七贤的山涛离开选官之职时，举荐嵇康代替自己。而嵇康毫不领情，写了一篇《与山巨源绝交书》，列出自己有"七不堪""二不可"，坚决拒绝为官。嵇康的好友吕安之妻貌美，被吕安的兄长吕巽迷奸，吕安愤恨之下欲状告吕巽。嵇康与吕巽、吕安兄弟均有交往，劝吕安不要揭发家丑，以全门第清誉。但吕巽害怕报复，遂先发制人，反诬告吕安不孝，吕安遂被官府收捕。嵇康义愤，遂出面为吕安作证，触怒了大将军司马昭。此时，与嵇康素有恩怨的钟会，趁机陷害嵇康，促使司马昭将吕安、嵇康都处死。临刑前，嵇康神色不变,如同平常一般。他看了看日影,离行刑尚有一段时间,便向兄长嵇喜要来平时爱用的琴,在刑场上抚了一曲《广陵散》。曲毕,嵇康把琴轻轻放下,叹息道:"《广陵散》从此失传了。"说完,从容就戮,留下了最经典也最华美的人生绝唱,成为千古传奇。随着《广陵散》的最后一个音符停止,嵇康的生命戛然而止。这样的豹尾又有几人能够?

因此说,"凤头·猪肚·豹尾"是对嵇康的一生最准确的写照。

习作二:

规　则

伏　宇

"顺我者昌,逆我者亡!这是潜规则!"司马昭愤怒地看着眼前的《与吕长悌绝交书》,"来人,把嵇康速速抓来!"

会稽山下,竹林七贤聚在房间里。阮籍不停地踱步,山涛也叹气不止。唯有静坐在桌旁的嵇康,显得镇定无比,只是脸上的怒气还未消尽。

"唉,叔夜兄啊!这吕长悌是司马氏门下成员,你又不是不知道。司马氏向来心狠手辣,你这样做犯不着啊!"山涛显得非常担心。

"没错,"阮籍停下脚步,无奈地看着嵇康,"朝廷里乃至整个京城,谁不知道现在的潜规则?顺着司马氏,就有好日子过,和他们较真,无异于以卵击石,自取灭亡啊!"

"诸位兄弟,"嵇康从容地站起身,"大家先不用替我担心,我只是想告诉你们,你们认为的规则错了。"

"错了!司马仲达的旧将邓艾只因不满司马氏的阴险,被夷灭了三族,这规则还不明摆在那里?"

嵇康嘴角泛起了一丝微笑,眼神里仍旧透着一向的坚定、沉稳。

"其实,真正的规则,是正义,是人心中的善。司马氏下的弄臣吕长悌,奸人之妻,还诬陷栽赃,难道别人看不穿?只是惧怕那些人的一丘之貉,那些人的草菅人命。他们把朝廷弄得乌烟瘴气,下面的贪官污吏趁机而动,人们只敢怒不敢言,这难道就是规则?如果这就是应当遵守的游戏规则,这样的游戏,必会走向灭亡!"

"叔夜兄,你说的一点错没有,可是以你一个人的力量去同他们斗争,实在是太不相当了。我已备好船只,你赶紧逃走吧!"

"用我一人的性命,去维护真正的规则,算得了什么!如果我的死能激发出人们的勇气,去改变社会的不正义的潜规则,我死亦无悔!"

一旁的家人,泣不成声;六位兄弟,也无可奈何。

捕吏到了,三天之后,一曲《广陵散》响彻云霄。

链接之四：

写作理念课的课型特点及操作

中学作文教学的任务主要是培养学生的写作能力。但写作能力的提高，又不仅仅是写作知识的学习和写作能力的训练。让学生懂得一些写作的基本理念，可以使学生对写作过程的理解更加全面，对写作规律的认识更加清楚，这无疑会有助于写作能力的提高。

所谓写作理念，就是关于写作的一些道理。大多数语文教材，都有写作理念的教学内容。比如苏教版高中语文新教材，就有"你的生活很重要""独立思考，善于发现""写作也是对话""言之无文，行而不远"等"写作观"的教学内容。

很多人会认为，中学生没有必要懂得什么写作理念。的确，对于中学生来说，最重要的是培养写作的基本能力，这也是中学作文教学的主要任务。但并不能因此否定中学生了解一些基本写作理念的必要。恰恰相反，对一些写作基本理念有了正确的理解，有了清晰的认识，能有助于写作能力的培养和提高。比如对写作读者意识的把握，对写作和生活的关系的认识，对文章要表达真情实感的理解等等，对学生的写作就非常有意义。事实上，有些同学正是由于对这些问题没有清晰的认识，在很大程度上制约了写作能力的提高。

写作理念课，就是让学生懂得这些写作的基本理念的作文教学课型。一般来说，它有这样一些基本特点：

（1）以写作理念的认识、理解为教学目标。

写作理念课，不同于绝大多数作文课，它不以能力训练和能力培养为目标，而是通过一定的教学过程让学生懂得一些关于写作的道理。可以是对课程写作要求的理解，可以是对写作规律的认识，可以是对写作过程的感受，也可以是对写作方法的领会。

（2）教学过程围绕某一写作理念的学习展开。

作为作文教学课，写作理念课的教学过程也必然由许多写作学习活动组成。但作文理念课的教学，这些写作学习活动都不是直接指向写作能力的训练和培养，而是围绕某一写作理念的学习展开。学习活动的内容和方式的选择，整个教学过程的组织和安排，都服从于学生写作理念学习的需要。

（3）教学内容和教学目标具有一定的隐蔽性。

一方面它把写作理念的学习作为教学内容，把写作理念的认识、理解作为教学目标，另一方面教学过程却由一系列写作学习活动组成，这就必然把作为教学内容的写作理念的学习隐含在写作活动的过程之中。因此，写作理念课会常常和其他作文课型糅合在一起，甚至有时候从表面看很容易和其他作文课型相混淆。

写作理念课教学的基本的操作要领是：

（1）教学活动的主要形式不是写的活动，而常常主要是"阅读""交流"和教师的"点拨"等活动，在读中感悟理念，在交流中认识理念，在教师点拨中加深对理念的理解。常常是以阅读为主要活动形式，读名家的作品，读自己的习作，也适当读一些有关资料。在作文教学的其他课型中也会有阅读，但不同的是，那些课型中的阅读主要是学习写作方法，而在写作理念课中的阅读，则主要是感悟和认识写作理念。除了阅读就是交流，交流自己的习作，交流阅读感受，交流对一些相关问题的理解。教师的点拨，既是教学活动的组织，也是引导学生加深对写作理念的理解。

（2）教学过程的重点不是写作方法的学习，不是写作能力的训练，而是对某些写作理念意识的培养。如果按照其他写作课的要求衡量，写作理念课看上去有时候似乎并不像写作课。其实，可以说这正是写作理念课的特点。因为写作理念课的教学，既不是让学生学习写作方法、写作技巧，也不是训练学生某一方面的写作能力，而是认识写作的一些基本道理，所以在一定程度上和一般写作课有些距离。

（3）相对而言，写作理念课的教学，不像作前指导、作后评讲和能力训练等课型那样都有着规律性很强的教学思路；而因为所学习的写作理念的不同以及呈现载体的不同，教学思路更加多样化。我执教过《在交流和修改中学习写作》的一节理念学习课，先让学生推荐并评点同学的习作，再让同学介绍和评点自己的写作，然后进行习作的自我修改并交流修改的体会。在教学过程中，既互相进行习作的交流，又进行写作感受和阅读感受的交流；既有同学之间的交流，又有师生之间的交流。一切教学活动旨在让学生懂得交流、发表和自我修改对于写作能力提高的意义。一般来说，写作理念课的教学思路，不是层层深入的纵向结构（而其他课型的作文课多为纵式结构），而更多是教学活动的横向组合，是对某一个写作理念认识的反复强化。

写作理念教学的作文课必须体现以下几点基本要求：

（1）学习的写作理念要具体清晰。

既然是写作理念的学习，作为教学内容的写作理念就应该具体清晰。既不能是大而空的口号和概念，也不能是含糊不清、无法表达的模糊认识。作为教学内容，更应该具有通过教学过程加以呈现的可操作性。不要直接表达要学生学习的理念，要通过具体的教学过程和渗透性的点拨语言，让学生认识和懂得有关的写作理念。

（2）要找到理念呈现的适当形式。

尽管作为教学内容的教学理念应该具体、清晰，尽管写作理念课的教学内容就是写作理念的学习，但因为作为教学内容的写作理念具有隐蔽性和间接性，这就要求必须找到适当的呈现形式，即通过一定的写作学习活动来完成写作理念的学习。可以让学生在交流写作的感受、写作的心得，谈自己的得意之处，谈写作的困惑之中感悟和理解要学习写作理念；可以让学生在介绍、评点自己的作品，修改自己的作文，交流修改的意图和体会的过程中认识、理解有关的写作理念。

（3）理念的学习不靠讲解而靠感悟。

写作理念的学习，不是学习写作知识，讲解几乎很难有好的效果；客观上教师也很难讲得清楚，只有通过具体的学习活动让学生自己感悟。或者以品读为主，或者以交流为主，但都要特别注重学生的感受，教师至多对学生的感受交流稍加点拨。尽量不正面讲解写作理念，要用心于组织学生学习活动的开展，让学生在倾听别人的习作交流、写作感受和修改体会的交流之中，以及在自己阅读习作、修改习作的过程中感悟有关写作的理念，懂得有关的道理。

要注意的是，写作理念课安排的次数不宜太多，而且写作理念的学习仅仅依靠集中的写作理念课，也不能解决全部问题，还要将有关写作理念的学习融合到各种课型的作文教学之中，才会有比较理想的效果。

附录　共生写作教学的基本认识及操作要领

莫言获得诺贝尔奖的时候有一个发言，题目是：我是一个讲故事的人。作文写得好的人都是会讲故事的人。小学如此，初中如此，高中也是如此；记叙文如此，议论文也是如此。通过故事讲道理，是议论文的重要方式；没有故事讲道理的议论文，是空洞的。一个不会讲故事的人是写不好作文的。要讲别人的故事，也要讲自己的故事。要会讲故事，首先要会编故事。要乐于大家一起讲故事，更要乐于大家一起编故事。所以，语文老师在跟学生讲作文的时候，一定要强调故事意识。什么叫"共生写作"呢？简单地说，就是大家一起写作文，大家一起讲故事。

一、共生写作教学的基本认识

为了介绍共生写作，我们还是先讲一个案例。

我的班级，高一到高三都有课前演讲。这对作文就很有好处。高三的课前演讲有一个很重要的内容，就是素材分享。每个同学介绍自己比较得意的材料，讲了一个材料后，大家讨论这个材料有哪些可以开发利用的空间。其实这就是共生作文了，尽管不是作文课。因为一个人积累的材料都很有限，善于利用别人的材料，拥有的材料就会更加丰富。说不定在考场上我用的就是某个同学的材料，而这位同学说不定用的是其他同学的材料。你看，这就是共生写作了。而我们以前的作文教学，大多数都是封闭性的，是一个人"关起门"来写作文。

这次是高一的一次课前演讲，内容是"我的故事"。这一天一位同学讲了这样一个故事：

我买了一个新手机，去商场贴膜。商场门口，有很多人在贴膜，我找了一个自己感觉比较老实、可靠点的人，问了价格，要十块钱。我担心贴好后对方加价，又问了一次，那个人平静地说，就是十元。我又担心质量不好，别人都要得很贵。但已经问了，也不好说什么就让他贴了。那个人贴膜时我就在一边看。我发现他贴得特别认真，有一个小小的地方不满意就拉掉重新贴，一个地方的膜有一点点皱，他就毫不犹豫地扔了，重新换了一张新的。我观察了他那双手，冻得红红的，裂开了很多口子，根本不像一个年轻人的手。外面寒风飕飕的，他的衣服很是单薄。我心里很忐忑，担心会不会加价。贴好后，我又问他价钱，他说，十元。我有点不敢相信，又问：就十元？他说就是十元。掏钱的时候多带出了四毛钱，我说：这也给你吧。他说不要，他就要十元。我想是不是他嫌少了，又从口袋里掏出一毛钱，说给他五毛。他竟然生气了，说：就是十元！我很尴尬，拿到手机时心里觉得亏欠他。这么认真，还浪费了材料。我想起了口袋里还有一个旧手机，本来想淘汰掉的，不如一起让他贴膜。这个手机很小，屏幕只有这个新手机的四分之一大。于是我把这个手机拿出来，问他价钱，他说两元。就两元？我不相信。尽管旧手机的屏幕小，但用的材料应该是一样的。"就两块钱。"他很坚决地回答我。他拿出跟刚才一样大的膜，用四分之一把屏幕贴好，其余的裁掉了。这次我再也不敢多给他钱了。离开时，我想起商场门口的一个老大妈，多少年来一直就卖点梳子一类的生活日用品。他们应该是一类人。可是看看身边有很多乞丐，有瘦弱的、健壮的，有残疾的、不残疾的。他们看到有人走过就伸手过来要钱，给他一毛钱都很感谢，给五分钱也要，给一块钱就非常感激了。我觉得：首先，我们关心一个人要尊重他的尊严；其次，一个人要真正有尊严，要靠自己的劳动。

故事讲完了，我让其他同学点评。大家觉得这个故事不错，有波澜，有矛盾，有虚实。但有两个立意：一个是表达同情要维护一个人的尊严；一个是一个人要真正有尊严，要靠自己的劳动。

我说：大家看看这个故事，这样立意好不好？有同学提出异议，认为故事主要都是讲"我"。要写尊严，不妥当。很多同学说如果以"我"为主体写，与其写尊严，不如写尊重。多给钱，是不尊重对方的行为。你尊重人的劳动，更要在精神上尊重他，不要用四毛钱表示尊重，加一毛钱就更不尊重。那么，如果用这个材料写尊重，哪些内容不要写呢？大家展开了讨论。第一，那个卖日用品的老阿姨是不能写的，跟尊重无关。第二，那些荡来荡去的乞丐，也是不用写的。文章要控制在"我"和贴膜人之间。我又问：如果写尊重，写"我"

和贴膜人之间的故事，还要增加哪些内容？有同学说要增加"我"的心理活动，更重要的是要增加对对方的描写。写什么呢？同学们觉得应该增加对对方神情的描写，贴膜时专注的神情，"我"问他价钱时他平静的神情，"我"多给钱时他不愉快的神情，"我"坚决要多给钱时他生气愤怒的神情。这样，就加强了两个人之间的冲突和误解，就写出了矛盾，突出了尊重与理解的主题。

  然后，我们又换了一个角度进行讨论。如果要表现一个人应该如何获得尊严这个主题，故事的哪些内容要砍掉？大家认为，那个老阿姨的故事要砍掉，几十年都在卖梳子，与尊严无关。其次，"我"的心理活动要砍掉。这个时候我必须变成一个次要角色，主要写贴膜的人。周围的乞丐要不要写呢？大家讨论了很长时间，最后觉得乞丐必须写，写他们强壮，年轻，伸手要钱的麻木。可以对比出贴膜人用自己的劳动获得尊严。这个时候，还可以写他生活清贫，衣服单薄，身体瘦弱，这些内容聚焦到一起，要形成对比，突出贴膜人。

  除了写这样两个主题，这个故事还有没有其他角度可以写呢？

  大家再展开讨论。卖梳子的老阿姨也有可写之处。尽管这位同学讲故事的时候对老大妈讲得很少，就说她几十年如一日地买日用品。写老大妈可以写什么主题呢？有同学说：写坚持。我问：这叫不叫坚持？遇到困难还做，叫坚持；跑不动了还要跑，叫坚持；学体操很辛苦，不放弃，叫坚持。一个人很多年卖梳子，能叫坚持吗？能不能找到最恰当的提炼？大家换了一个词，叫"坚守"。如果写这个角度，材料要作很大的取舍，哪些内容不能写了？可以写什么内容呢？大家发现"我"贴膜不能写了，贴膜人不能写了，乞丐不能写了。但是这个材料写坚守太单薄了。如果写坚守，要增加什么内容？这些年间对她有没有其他的干扰和诱惑呢？肯定有。大家想出了各种可能。有的同学想的方案是：20年前卖梳子，收入应该不低。那个时候大学生的工资就40多元，她一天赚个三四元都很可能。但现在卖梳子赚头就不大了，可是她还在卖。有的同学想的方案是：开始一起卖梳子的很多人，有卖梳子的，有卖小玩意的；现在都没有了，就剩下她了，其他人去做更容易赚钱的事情了。有的同学想的方案是：开始家里穷，孩子读书，现在孩子工作了，家里经济好了，儿子坚决不让她再卖小百货了，她还要卖，她不是为了钱。有的同学想的方案是：多少年前，大家都是卖的正宗的手工桃木梳子，现在很多人卖的不再是桃木的，也不是手工的，因为赚钱不多，货也难找，只有她还始终和以前一样。最后，我布置大家用这个材料自己选择角度写一篇文章。

这位同学课前演讲的一个故事,我们从写作的角度整整讨论了一节课。这节课就是典型的共生写作的课。通过这节课,我们可以对共生写作教学有一个基本的认识:共生写作就是大家一起写作文,就是老师带着学生一起写作文。

那么,共生写作教学有什么基本特点呢?或者说它的独特价值在哪里呢?

我们通过几组相近概念的比较来说明这个问题。

(1)"共生"和"对接"。

有老师认为,所谓师生共生纯为多余的教学形式。若学生一时打不开写作的思维,教师可以采用对接的方法,直接呈现生活中让人感动的画面,让感人的画面唤起学生内心的感动,然后引导学生对接生活,回忆、联想生活中感动自己的人、事、物,再现令人感动的情境。

这种"对接"式的作文教学自然不是我们的师生共生作文教学。我们知道有不少老师就是这样做的。他们既为学生准备了写作热身的素材,又为学生准备主题性写作的素材。但我们必须强调,这不是我们主张的师生共生的作文教学。"对接"和"共生"有着许多本质的不同:①从某种意义上说,所谓对接就是相似联想,所唤醒的大都是类似的东西,具有很强的相似性。共生写作,被"唤醒"的则更多的是不同的内容,具有很强的发散性。②对接所唤醒的东西,大都是学生心中本来就有的,只是被激发引起回忆,然后再加以呈现,具有较强的客观性;而共生所唤起的大多是现场生成的内容,具有较强的主观性。③某种意义上,对接被唤起的东西,常常是表面的,大多是由生活现象到生活现象。而共生却是唤醒学生不同的体验和感受,不同的理解和思考,不同的立意和构思。④从思维走向和互相关系看,对接是一种由此及彼的单向关系,主要是由师到生。而共生教学则是一种复杂的多向关系,既有由师到生,也有由生到师,更多的是由生到生。即使对于每一个个体,也是一个不断循环、不断往复、不断丰富、不断深化、不断升华的过程,而不是简单的对接。

(2)"共生"和"对话"。

所谓对话,主要是一种阅读理论,主张在阅读过程中各种不同体验、不同理解、不同认识的相互交流和碰撞。尽管这里讨论的是共生写作,但我们并不从这个角度简单化地区别它们,因为对话理论在写作教学中也大有用武之地,我们是从这两者的本质特征说明它们的不同。所谓对话,是指交流的各方都有自己的体验、感受、理解和认识,即交流各方的体验、感受、理解和认识,都是已有的;而共生中,则有一方从某种意义上说是"未有的",是在共生中被现场"唤醒"的。对话交流碰撞的目的，在于加深对某个文本或对某个问题的认识，甚至有时候是为了形成"和而不同"的共识，即对话的目的有比较明确的集中指向和聚焦的意向，可以说是一种辏合式的关系，而共生则是一种几乎没有指向的向外的辐射式的关系，越广、越丰富、越复杂甚至越"杂乱"越好。

（3）"共生"和"生成"。

所谓生成，基本是着眼于教学资源建设和开发的一个课程理论，是指教学过程中教学资源的现场生产和丰富。它既不是着眼于阅读中的师生间的教学关系，也不是着眼于写作教学中的师生关系，而是立足于教学过程中的资源建设。而共生则主要着眼于教学过程中的师生关系、生生关系的互动，其目的并不是立足于教学资源的建设，而是立足于学生写作体验、写作经验和写作过程的激活和丰富。

（4）"共生"和"下水"。

下水作文，是很多有志于作文教学改革，尤其是有志于改善学生写作过程的老师们采取的一种做法。这种做法的积极意义是不可否认的，这些老师的敬业精神尤为可佩。它和共生写作教学的主要不同在于它主要着眼于示范，在于给学生作出榜样，而共生写作教学，则主要追求通过教师的写作体验、写作经验激活学生的写作兴趣、写作欲望，以及学生之间的互相激发，以优化学生的写作过程。当然，我们不能排除教师下水过程中所经历的过程和所积累的体验会给作文教学带来有益的启发和帮助，甚至会改善教师的作文教学和学生的写作行为。但其目的并不在于直接影响和改善学生的写作过程，更不是唤醒学生的体验和经验，使之生发出更为理想的写作体验和经验。

（5）"共生"和"升格"。

我们也一直认为，升格训练是作文教学着眼于学生写作过程的一种比较有效的方法。但它和共生教学并非一个概念。因为升格训练主要着眼于一个题目一篇文章的写作，一般都是着眼于一篇习作的修改和写作质量的提升，或者写作方法的指导。而共生写作则更多的是着眼于写作的体验、写作的经验和写作的过程。从写作过程看，升格主要是写作初步完成后的修改和完善，而共生主要是写作前期阶段的激发和唤醒。

要说明的是，无论是"对接"还是"对话"，无论是"生成"还是"下水"，无论是"升格"还是其他的写作教学理论和作文教学方法，和共生写作并不是互相排斥的，甚至也不是可以简单分开的。对接中共生，共生中对接都是正常的，互相排斥、互相否定的思维方法是简单的，也是可怕的。

二、共生写作教学的操作要领

由上面的案例，我们不难发现共生写作教学的操作，有这样一些基本要领：

（1）在写作中学写作。

"授之以鱼，不如授之以渔。"什么是"渔"呢？大家都说："渔"就是方法。于是我们语文教学就在讲方法，阅读如此，作文更是如此。可是讲方法有用吗？我说用处不大。大家想想，古今中外的渔民，有哪个渔民会说：儿子，明天就要捕鱼了，今天晚上我跟你讲讲撒网的八种方法。那他的儿子怎么学会捕鱼的呢？很简单，就是跟着爸爸上船捕鱼。今天捕鱼，明天捕鱼，不知不觉就学会捕鱼了。我查过很多工具书，没有发现将"渔"解释为"方法"的，都是一个解释：渔，捕鱼。在捕鱼中学会捕鱼，这是唯一的也是最科学最有效的方法。这对我们的作文教学非常有启发。我们的学生为什么没有学会写作呢？因为作文课上没有写作，总是老师讲怎么写，总是读别人的文章。在作文课上，学生不写，老师不写，老师也不带着学生写。老师只是说，你应该怎么写，不应该怎么写；老师就是说，谁写得好，谁写得不好；老师就是说，哪篇作文好，哪篇作文不好。而共生写作就是把课堂变成写的过程，老师写，学生写，大家一起写，就是在写作中学会写作。我们在谈作文教学的内容时说：作文课就是要让学生经历写作的过程，丰富写作的感受，感悟写作的规律，获得写作的积累，形成写作的经验，总结写作的方法。共生写作就是在写作的过程中去感受，去积累，去感悟，去学方法。这就是我们母语文化的特点。一个人不管干哪一行，等你有了感觉，你就到了一定的境界了。打球的人讲究手感，写作也是这样。感觉从哪儿来？从丰富的感受中来。感受从哪儿来？从捕鱼的过程中来，从打球的过程中来，从写作中来。鱼捕多了，就有了捕鱼的感觉；球打多了，就有了打球的感觉；文章写多了，就有了写作的感觉。经验的形成也是如此。经验是什么？首先是动词，然后才是名词。首先要有经历的体验，才能有经验。纸上谈兵的经验，是没有什么用处的，只能培养赵括那样的人。即使学习方法，也是在写的过程中认识写作的方法，掌握写作的方法。

（2）用写作教写作。

写作怎么教呢？用什么来教写作呢？有的老师用写作知识教写作。或者是教陈述性写作知识，什么是记叙文，什么是议论文，什么是散文；什么是记叙，什么是描写，什么是议论；什么是联想，什么是想象。或者是教程序性知识，审题有哪些步骤，选材有哪些要求，怎样安排文章的结构，怎样学会分析。有的老师用写作方法教写作，有的按考试说明教写作，有的按作文评分标准教写作，有的用范文教写作。

而共生写作是用写作教写作。当然首先是教师用自己的写作教学生写作。用自己的写作感受激活学生的写作感受，用自己的写作体验激活学生的写作体验。即使教给学生写作的方法，也是具有个性色彩的，鲜活的来自自己写作实践的方法，而不是照搬书本的、抄袭别人的现成的死方法。其次是用学生的写作教学生写作。我们有些老师是有这样的意识的，但更多的做法是读读写得比较成功的习作，评点几句。仅仅这样做是不够的，还没有形成共生效应。怎样才能让写得好的同学引导和影响其他同学呢？要充分分享他们的写作感受和写作经验，要通过他们来引领和影响其他同学的写作。可以用名家的写作来教学生写作，可以用名家的写作体验来激活同学们的写作，也可以借助名家的作品来设计和组织具体的写作活动，让学生和名家一起写，让名家带着学生一起写。

（3）带着种子进课堂。

什么叫写作的种子？就是能够激发学生的写作欲望，能够激活学生的写作体验，能够把学生带进并且能够推进学生写作过程的写作教学原点：可以是一个故事，可以是一个情景，可以是一个素材，可以是一个案例，可以是一种心情，可以是一个矛盾，可以是一句名言。写作种子极其丰富，随处都有，只要我们善于发现，几乎什么都可能成为写作的种子。在开头的案例中，那位同学讲的故事就是种子。那节课本来不是写作课，这位同学只是例行作课前演讲。但我发现他的故事是个很好的写作种子，于是就有了那节作文课。

现在大多数老师都是带着一个题目进课堂。当然，题目不是不可以成为一个种子，关键是要能够让这个题目活起来。把题目带进课堂的目的，不仅仅是提出写作的要求，更是要激活学生的写作过程。能够激活，就是写作的种子。比如你要指导学生写作，你自己对题目毫无感触，这个题目就是死的题目，就不是写作的种子。如果你脑子里有了很鲜活的思路，你就可能激活学生更多的思路。所以说，即使是题目，你也要带着活的思路进课堂；即使是题目，你也要带着活的素材到课堂。倘若能够做到这样，你就是共生写作了。

（4）大家一起讲故事。

传统的写作和写作教学，都是个人化的，相对封闭的。而共生教学开放了个体的写作空间，把个人化的写作行为集体化，充分发挥了教学现场的作用，利用教学境界激发学生参与写作活动，丰富写作体验，优化学生过程中的同伴关系，让不想写的被带进写作的境界，让不会写的也能融进写的过程。

美国学者、著名的学习专家爱德加·戴尔提出的金字塔学习理论，用数字形式形象显示了采用不同的学习方式的学习效果。这个理论认为：在塔尖，第一种学习方式——"听讲"，也就是老师在上面说，学生在下面听，这种我们最熟悉最常用的方式，学习效果却是最低的，两周以后学习的内容只能留下5%。第二种，通过"阅读"方式学到的内容，可以保留10%。第三种，用"声音、图片"的方式学习，可以达到20%。第四种，是"示范"，采用这种学习方式，可以记住30%。第五种，"小组讨论"，可以记住50%的内容。第六种，"做中学"或"实际演练"，可以达到75%。最后一种在金字塔基座位置的学习方式，是"教别人"或者"马上应用"，可以记住90%的学习内容。爱德加·戴尔提出，学习效果在30%以下的几种传统方式，都是个人学习或被动学习；而学习效果在50%以上的，都是团队学习、主动学习和参与式学习。我们的共生教学就是一种以交流、讨论、活动为基本形式的团队学习、主动学习和参与式学习。

大家一起讲故事，人人都能成为讲故事的高手；大家一起写作文，会让人人喜欢写作文。

三、共生写作教学的基本课型

共生写作课有着非常丰富的课型。目前，我们已经归纳出共生写作的十二种基本课型。这里介绍最常见也是最基本的四种课型。

（1）师生共生写作。

所谓师生共生写作，就是老师和学生一起写作文：我和学生一起写学生的作文，学生和我一起写我的作文。

有些家长问我：孩子不会写作怎么办？我说：让他读书。家长问我：孩子不肯读书怎么办？我说：你和他一起读。家长问我：读了书孩子还不会写怎么办？我说：让他读书以后讲给你听。家长问我：孩子不肯讲怎么办？我说：你和他一起讲。家长和孩子一起读书，很少有孩子不喜欢读书；家长和孩子一起讲故事，孩子很少不喜欢讲故事；家长和孩子一起讲故事，很少有孩子不会写作文。师生共生写作，就是老师和学生一起写作文，就是老师和学生一起讲故事。

师生共生写作教学，就是我参与学生的写作过程，学生参与我的写作过程。

我经常进行这样的写作活动。我执教的《用"感激"唤醒"感动"》就是一节比较典型的师生共生的写作教学。

学生写作"感动"这个题目遇到障碍，问题出在他们没有感动。怎么办？讲讲写作要关注生活的道理，讲讲做人要懂得感激的道理都是容易的，但往往没有什么效果。我的办法是讲自己的故事，讲自己的写作困惑，让学生参与到我的写作中来。先是让学生为我的材料确定主题；在学生思维停步不前时，我再谈自己的想法，使学生有所感悟；最后，顺势利导，归纳经验，讲评作文，引导学生"再度作文"，以强化写作经验的积累。当然还有很多后续的教学活动，比如学生进行自我共生的再写作，进行生生共生的相互交流和修改。遗憾的是这些已经不再是这节课的内容，作为作文教学的课型，在这里不再具体叙述。

有人认为，师生共生写作教学，教师参与到学生写作的过程中是容易做到的，但要让学生参与教师的写作过程，不大现实。其理由一是教师的写作话题并不适合学生，二是教师如果为"共生写作"而努力设置一些适合学生写作的话题和素材并将其作为自己写作的素材，而不是自己真正需要写作的东西，是多此一举。我自己的大量实践和许多老师的探索都已证明，让学生参与老师的写作过程，和让老师参与学生的写作过程一样都是可以做到的。不仅师生互相参与写作过程是可能的，师生一起参与第三方的写作活动都是可能的。要知道，学生参与"不是自己真正需要的写作"是一种常态的写作。这样做的成功案例非常多。

（2）生生共生写作。

所谓生生共生写作，简单地说就是学生之间互相激活开展写作活动。

皮亚杰认为最有益的社会互动发生在具有社会性对称（知识、权利）的同伴之间。语言学家早就发现，伙伴的语言对孩子语言学习的影响巨大，远远超过成年人，甚至超过学校的学习。所谓生生共生的写作教学，就是在教学中充分发挥"伙伴效应"的积极作用，充分利用学生自己的写作兴趣和写作欲望激活同伴的写作兴趣和写作欲望，用学生自己的写作感受和体验激活同伴的写作感受和体验，生生之间互相交流，互相激活，互相碰撞，互相丰富，在这样的活的写作过程中培养写作能力，学会写作。

我上过一节作文《风》的评讲课，就是一节生生共生写作课。这节课，我不是自己说说这篇文章好在哪里，不好在哪里；也不是让学生讨论，这篇文章有什么优点，有什么缺点；而是努力让学生活动，让学生评，让学生讲，让学生写。在多个层次上，让学生之间形成共生。一是对习作的总体评价。这是有些老师不够重视的环节。其实充分展开习作评价的讨论，对提高写作能力是很有意义的。二是对习作问题的发现。这个活动的过程是先发散后聚焦。学生习作的问题常常不是单一的，即使某一个问题也会表现在多方面。这就要聚焦。所谓聚焦，就是看到问题的关键，看到最主要的问题，明确现场要集中解决的问题。三是修改方向的确定。这是课堂的重心所在。找出问题是容易的，如何解决问题才是关键。特别要注意的是，这样的修改不是立足于把这篇文章改得怎么样，而是要借助这篇文章写出更好的文章，目的不是让这位同学知道文章怎么改，而是让大家知道文章应该怎么写。这个方向不是唯一的，必须是多向的，但又必须是有规定性的，既要从讨论的文章出发，又要紧扣这节课的教学内容。

　　这样的作文评讲课，目的不在于说明某篇习作好还是不好，而是借助于典型的习作来讨论写作，思考写作，在这个过程中体验写作，经历写作，学会写作，获得写作的知识，积累写作的经验。

　　（3）自我共生写作。

　　从写作的角度讲，这是最有用也是最主要的共生写作课型。因为从某种意义上说，写作主要还是一种个人化的行为。一个人要写好文章，就要善于把自己的各种素材、好的作文、不好的作文，不断地进行优化和使用。很多老师和学生都没有这种意识。文章不管好不好，写完就扔掉了；素材不管好不好，写一次就扔掉了。要培养学生有意识地把写好的、没写好的文章和素材进行再生利用，好的可以写出更好的文章，可以写出不同的好文章，不好的可以把它写好。这对学生的写作是非常有用的。你看莫言的创作，写来写去，就是他们山东高密东北乡的故事。先写短篇，再写长篇，又改剧本，又拍电影，然后还写散文，一点材料都不浪费。我们很多老师让学生对付中考高考要准备很多材料，一个题目就要有一个材料，这个可能吗？题目是无限的，好的材料总是有限的。我们要强化学生把自己的素材用好、盘活，尤其是难得一遇的、非常个性化的材料，要充分利用。

　　"所谓自我共生，就是借助自己的习作——成功的不成功的，完整的不完整的——写出新的习作。"在这种发散式、连锁式、裂变式的写作活动和写作过程中感受写作、认识写作，提高写作能力和写作素养。它和所谓的升格作文不同的是，并不追求后一次写出来的习作一定要比前一次好，它的价值在于经历写作过程，丰富写作体验，锻炼写作思维，感悟写作规律，重不在写作结果，而在写作的过程。

我执教的《自我提升和再度作文》这节课，就是一节比较典型的自我共生的写作教学。

所谓再度作文，是我基于共生教学从学生写作的角度归纳出的一种写作方法，基本的形式是同一个素材、同一个题目、同一个立意、同一个话题多次写作。它和自我共生的作文教学方法是紧密联系的。所谓自我共生的作文教学，就是教会学生要形成再度作文的基本理念，掌握再度写作的基本方法。

这节课一开始，我通过检查学生课前学习准备的情况，针对学生普遍的问题，明确告诉他们：有空常看看自己过去的作文，是写好作文的一个很重要的途径。很多学生文章写好之后从不再看。这对写作能力的提高非常有影响。有些老师只要求学生看老师的评语，很少有老师要求学生常常看看自己的习作。现在要求学生写随笔的很多，写日记的很多。写就写了，写完就扔，从不再看，有什么意思呢？

教学过程的第一个活动是学生自我展示和介绍自己的习作。我本来的想法是先展示习作，然后谈谈感受，说说写作过程，说说得意之处，说说写作困惑。可是没有同学愿意。本来这样的写作反思，也是自我共生的写作素养。一位同学主动介绍了自己的习作之后，我让她谈谈体会，她说是拼拼凑凑写出来的。我充分肯定了这种把各种素材拼拼凑凑，或者说整合到一起的写作方法。其实，这种"拼拼凑凑"，就是一种自我共生的写作。很多好文章就是这样写出来的。

第二个主要活动是让同学们用3分钟时间，再读自己认为成功的习作，找一个点进行修改。进行交流后，我和同学们强调，自己的练笔，自己的文章，别轻易扔了，要养成经常看自己的文章的好习惯。经常看看，就能发现不足，也能发现得意之处，更能产生新的写作冲动。这些对写作兴趣和写作意识的培养，对写作能力和写作素养的培养都很有意义。

第三个活动，也是重点活动，就是尝试"再度写作"。某种意义上，前面的活动都在为这个重点活动作铺垫和准备。可是由于同学们平时可能还没有这样的意识，有些同学做得还不够好，基本还是原来习作的修改，但也有同学做得很不错。如写《独自面对》的那位女同学，同样一个题目，她的主题调整了，选材也更换了。前面是写独自面对一段回家之路的各种小困难，这次是写一次独自骑自行车的经历，有点象征隐喻的意味，将独自骑车的经历和人的生活旅程联系在一起,对题目的理解,对材料的处理,无疑都要比以前好。其实,即使这一次写得没有前一次好,在这样的再度写作的过程中,她也会收获很多很多。

(4)他者共生写作。

所谓他者共生,就是借助别人的文章(可以是好的,也可以是并不精彩,并不优秀的,可以是名家的,也可以是普通人的),写出自己的文章。这和借鉴模仿有一定的联系,但又有本质上的不同。借鉴模仿,都是围绕某一个点、某一个方面进行学习。学习《白杨礼赞》,可以借鉴它的结构;学习《师说》,可以借鉴它的对比论证。被模仿、借鉴的都是成功的习作或作品(至少被模仿的某一方面是成功的)。而共生写作,则不一定立足于一个点,而是发散式的,甚至是模糊的,有时候就是受它的启发,而且不一定是学习模仿,可以是对别人的写作予以否定和推翻,被借助的习作或作品也不一定是优秀成功的,甚至是不成功的,只是由它生发出自己的写作欲望。

我执教的《在别人的树上开自己的花》一课就是比较典型的他者共生的写作教学。

这节课,主要是借黄津汝同学的习作进行共生写作的教学,而对于其他同学来说,就是一种他者共生的写作活动。

首先我让大家熟悉习作,了解习作。因为这篇习作,总体来讲比较成功,主要是让大家发现它的可取之处,同时老师结合习作强调作文的一些要求,指出同学们容易出现的一些问题。然后是借助黄津汝同学关注和思考的问题,或者说是借助她的这篇习作,激发大家对这个问题的关注和思考。大家的写作欲望被激发之后,便引导同学们进入写作状态进行思考。先从写议论文的角度思考立意的选择,再从也写记叙文的角度思考和黄津汝不同的立意选择和不同的叙述视角。从不同文体的选择,到不同立意的选择,再到同样文体不同角度的选择,同学们的思维得到了有效的激活。而更有意义的,是这个写作过程的体验和经历。这比之于我们仅仅介绍评点优秀习作的长处,要有意义得多。

遗憾的是,受时间和现场情境的制约,很多有教学价值的环节没能充分展开。比如黄汝津在反思写作过程中说自己是"想到哪儿写到哪儿",没能引发她和大家交流一下"想到哪儿写到哪儿"的具体情形,以及为什么能够做到如此。再比如其他同学进入写作状态后的交流也还不够充分,显得比较简单匆忙。这些都影响了教学效果的达成。

后　记

这是收集我作文教学实录最全的一本著作。从我的作文教学案例中选出15个汇集出版，对我自己是一次梳理和回顾，同时也为热爱作文教学、研究作文教学和关注我的作文教学的专家老师们提供一份资料。正因为如此，我在书中尽量隐藏自己对具体课堂教学的态度，而在每节课的实录之后附上听课老师的评述和学生的习作，努力比较直接、基本真实、多侧面地把课堂教学的现场呈现在大家面前。

需要说明的是，书中对这些案例的分类并不十分严谨。作文指导课、作文评讲课和能力训练课、写作理念课之间本来就不是同一个标准的分类，互相之间有包容也有交叉，大致区分是可以的，严格区分是很困难的。这里的"作文指导课"，是指立足一个具体要求指导学生写作的写作课；这里的"作文评讲课"，是指基于一篇习作或者一次写作活动进行的写作课；这里的"能力训练课"，主要是指着眼于一种写作能力训练的作文课；这里的"写作理念课"，主要是指以一个写作理念形成为目的的写作课。作这样的分类，主要是为了说明问题的方便。坦率地讲，我们上课时一般都不会太多地考虑这节课的课型，只是有个大致的定位和基本的意图。还要说明的是，我的这些案例基本都是第一次上课时的实录，不成熟的地方在所难免，后来再教也会有些不同甚至会有很大的改变，恳望得到您原谅的同时，也恳求得到您的指正。

借此机会，要对徐飞老师表示我衷心的感谢，是他和李永梅社长联系落实了该书出版的有关事宜，并慨然应允将他发表在《语文建设》上的一篇文章作为本书的序言。谨此也对华东师范大学出版社北京分社的李永梅社长、杨坤老师、张思扬老师表达我诚挚的谢意，感谢她们为这本专著出版所付出的辛勤劳动！这本书中，每节课有听课老师的评述和学生的习作，借此我要一并表达对他们真诚的感谢！有些习作的作者，是我多年以前的学生，找到他们的习作时，已经无法确认他们的名字（当年只留了习作的复印件），我只能凭印象回忆，他们的名字很可能有误，这令我非常愧疚和自责！恳求得到他们的宽宥并接受我的歉意！

  当然，最要感谢的还是亲爱的读者，是你们的支持，让我充分享受到一个热爱语文的人所能享受到的最大的幸福！

丙申年正月初一

图书在版编目（CIP）数据

作文课的味道：听黄厚江讲作文/黄厚江著.—上海：华东师范大学出版社，2016.5
ISBN 978-7-5675-5242-5

Ⅰ.①作... Ⅱ.①黄... Ⅲ.①作文课—中学—教学参考资料 Ⅳ.① G634.343

中国版本图书馆 CIP 数据核字（2016）第 109779 号

大夏书系·语文之道

作文课的味道
——听黄厚江讲作文

著　　者	黄厚江
策划编辑	李永梅
特约编辑	徐　飞
审读编辑	张思扬
封面设计	奇文云海·设计顾问
出版发行	华东师范大学出版社
社　　址	上海市中山北路 3663 号　邮编　200062
网　　址	www.ecnupress.com.cn
电　　话	021-60821666　行政传真　021-62572105
客服电话	021-62865537
邮购电话	021-62869887　地址　上海市中山北路 3663 号华东师范大学校内先锋路口
网　　店	http://hdsdcbs.tmall.com
印刷者	北京季蜂印刷有限公司
开　　本	700×1000　16 开
插　　页	1
印　　张	17
字　　数	286 千字
版　　次	2016 年 8 月第一版
印　　次	2024 年 10 月第十三次
印　　数	39 101-40 100
书　　号	ISBN 978-7-5675-5242-5/G·9504
定　　价	35.00 元
出版人	王　焰

（如发现本版图书有印订质量问题，请寄回本社市场部调换或电话 021-62865537 联系）